KU-573-692

JF LONDON

Colección Támesis

SERIE A: MONOGRAFÍAS, 275

DESINTEGRACIÓN Y JUSTICIA EN EL CINE ARGENTINO CONTEMPORÁNEO

GABRIELA COPERTARI

DESINTEGRACIÓN Y JUSTICIA EN EL CINE ARGENTINO CONTEMPORÁNEO

TAMESIS

First published 2009 by Tamesis, Woodbridge

ISBN 978 1 85566 187 5

Tamesis is an imprint of Boydell & Brewer Ltd
PO Box 9, Woodbridge, Suffolk IP12 3DF, UK
and of Boydell & Brewer Inc.
668 Mt Hope Avenue, Rochester, NY 14620, USA
website: www.boydellandbrewer.com

A CIP catalogue record for this book is available
from the British Library

This publication is printed on acid-free paper

Printed in Great Britain by
CPI Antony Rowe, Chippenham and Eastbourne

ÍNDICE GENERAL

Lista de ilustraciones   vi

Agradecimientos   viii

Introducción   1

Primera Parte   17
Introducción a la primera parte   19
1   Una argentina que es más que una: A través del espejo en
    Buenos Aires viceversa   25
2   Padres e hijos: Un legado siniestro en *76 89 03*   45

Segunda Parte   65
Introducción a la segunda parte   67
3   *Nueve reinas*: Ese oscuro día de simulación y justicia   76
4   *El hijo de la novia*: La máscara del Zorro   95

Tercera Parte   115
Introducción a la tercera parte   117
5   *Herencia*: Volver al futuro   124
6   "How do I look?": La mirada reversible y
    el tiempo irreversible en *El juego de la silla*   145

Conclusiones   165

Obras citadas   173

Índice   181

ILUSTRACIONES

1. *Buenos Aires viceversa*: Mario y sus múltiples reflejos   30
2. *Buenos Aires viceversa*: Primer video de Daniela   35
3. *76 89 03*: Wanda en la portada de *Siete Días*   53
4. *76 89 03*: Los niños de "1976" contemplando el contenido del baúl del coche   63
5. *Nueve reinas*: Marcos enmarcado   83
6. *Nueve reinas*: Marcos entre los clientes del banco   89
7. *El hijo de la novia*: La V de la gomera de Rafael   98
8. *El hijo de la novia*: Rafael caído sobre la foto de su madre   112
9. *Herencia*: Olinda cantando la nana y mirando hacia arriba   129
10. *Herencia*: El restaurante modernizado por Peter   142
11. *El juego de la silla*: Nélida en el sillón del peluquero   151
12. *El juego de la silla*: La mirada de Víctor vigilada por Silvia   158

Agradezco, por el permiso para reproducir las ilustraciones en este libro, a Alejandro Agresti, por las figuras 1 y 2; a Cristian Bernard y Flavio Nardini, por las figuras 3 y 4; a Patagonik Film Group, por las figuras 5, 6, 7 y 8; a Paula Hernández, por las figuras 9 y 10; a Ana Katz, por las figuras 11 y 12.

A Jorge Marturano

AGRADECIMIENTOS

Estoy profundamente agradecida a aquellas personas e instituciones que han sido claves para la existencia de este libro. A Ellie Ferguson, Managing Editor de Tamesis Books, por su confianza en este proyecto y su constante ayuda. A Cristian Bernard y Flavio Nardini, por las conversaciones que sostuvimos sobre su película. A Sara Castro-Klarén y Horacio Legrás, por su lectura, comentarios y críticas de una primera versión, más breve, de este libro. A Antonio Candau y Jacqueline Nanfito, por su constante apoyo para la realización de este proyecto. A Steven Wenz, por su atenta lectura y edición de parte del manuscrito. Al College of Arts and Sciences y al Baker-Nord Center for the Humanities de Case Western Reserve University, por su ayuda financiera para mis viajes de investigación a la Argentina.

A Laura Copertari, Lidia Copertari, Alexandra Habershon, Jorge Marturano y Alejandro Yarza quiero agradecerles muy especialmente el haber leído pacientemente infinitas versiones de partes o la totalidad del manuscrito durante su proceso de escritura, el haber discutido incansablemente conmigo mis ideas e interpretaciones, y sus valiosísimos comentarios, ideas, críticas y sugerencias editoriales.

Una versión del capítulo 2 apareció publicada con el título: "'De tal palo tal astilla': *76 89 03* y 'los hijos del Proceso'" en *MLN*, Vol. 121, No. 2 (2006): 439–461 © 2006 The Johns Hopkins University Press. Una versión más corta y en inglés del capítulo 3 apareció publicada con el título "*Nine Queens*: A Dark Day of Simulation and Justice" en *Journal of Latin American Cultural Studies*, Vol. 14, No. 3 (2005): 279–293 © 2005 Taylor & Francis.

Introducción

El año 2001 en la Argentina fue testigo de dos acontecimientos aparentemente sin conexión, y de importancia y consecuencias desiguales. El primero es de sobra conocido. Una suerte de apocalipsis pareció abatirse sobre la Argentina en diciembre de ese año, una crisis gigantesca que se presentaba como el punto culminante de una desintegración definitiva y total: desintegración de la economía; del Estado; de la nación; del lazo social; de las representaciones a través de las cuales la sociedad argentina se entendía y se interpretaba a sí misma o, dicho de otro modo, de las narrativas sociales que habían sostenido una identidad nacional durante más de un siglo. El proceso de modernización o globalización, como quiera que se prefiera llamarlo, de los años noventa, con su promesa de incorporación de la Argentina al primer mundo, había llegado a su fin. De las expectativas e ilusiones que ese proceso había puesto en marcha, nada quedaba, salvo un panorama desolador: gente despojada de sus ahorros y salarios, grandes sectores de la población que caían debajo de la línea de pobreza, desempleo y exclusión social por todas partes, una concentración de la riqueza sin precedentes, una profunda desconfianza en la política democrática representativa, una moneda nacional desvalorizada que ya nunca podría volver a alcanzar el poder adquisitivo de un dólar.

El segundo acontecimiento es bastante más insignificante, y seguramente pase desapercibido entre los agitados sucesos de ese fatídico año: el enorme éxito de taquilla que tuvo el estreno de *El hijo de la novia*, película argentina dirigida por Juan José Campanella, y que habría de ser nominada para el *Oscar* a la mejor película extranjera en el 2002.

¿Qué tienen en común estos dos hechos, en apariencia tan disímiles? La respuesta a esta pregunta es, en esencia, el punto de partida de este libro. El estudio que llevo a cabo aquí tiene como objetivo analizar, en el campo del cine argentino contemporáneo, las interpretaciones y representaciones sociales del proceso de transformaciones políticas, sociales, económicas y culturales que marcan distintivamente la década de los noventa en la Argentina y que habrían de culminar dramáticamente en la crisis del 2001. ¿Qué valores, qué experiencias, qué imágenes e imaginarios, qué ideologías hicieron posible—y fueron producidos por—la implementación del proceso de globalización neoliberal en la década de los noventa? ¿Cómo fue retrospectivamente leído desde la sociedad ese proceso primeramente deseado y luego amargamente lamentado? ¿Qué narrativas sociales vinieron a darle inteligibilidad a lo que había ocurrido? ¿Qué representaciones vinieron a ocupar el lugar de las representaciones sobre la Argentina y de las narrativas autoidentitarias que se desmoronaban junto a todo lo demás? ¿Cómo se (re)construyó el pasado, se leyó el presente, se imaginó el futuro? Frente a la desintegración tanto de un modelo de Estado nacional como del modelo idealizado de una aldea global interconectada en tanto comunidad transnacional de ciudadanos como consumidores, ¿qué tipos de comunidades pudieron ser todavía imaginadas? Al mismo tiempo, me propongo investigar en qué medida—y por qué—las interpretaciones y representaciones puestas en escena en las películas que analizo han sido determinantes en la aceptación entusiasta de algunas de ellas o, por el contrario, en el rechazo de otras, por parte de críticos y audiencia. Esta última pregunta constituye, sin duda, la respuesta a la conexión que puede establecerse entre la crisis de la Argentina y el enorme éxito de una película como *El hijo de la novia*.

Para responder a estas preguntas, he elegido centrarme en el análisis exhaustivo de una serie de películas: *Buenos Aires viceversa* (Alejandro Agresti, 1996), *76 89 03* (Cristian Bernard y Flavio Nardini, 1999), *Nueve reinas* (Fabián Bielinsky, 2000), *El hijo de la novia* (Juan José Campanella, 2001), *Herencia* (Paula Hernández, 2001) y *El juego de la silla* (Ana Katz, 2002). En su conjunto, estas películas ponen en escena la desintegración de ciertas narrativas de identidad nacional; ofrecen modelos de interpretación de la desintegración nacional representada; articulan propuestas de reconstrucción comunitaria; vuelven, en ocasiones, al pasado para construir causalidades y continuidades y, en otras ocasiones, proporcionan al espectador compensaciones y reparaciones simbólicas frente a una experiencia que se representa como desgarrada y desgarradora. Constituyen, en este sentido, un vehículo privilegiado y un punto de partida para estudiar la formación de una nueva configuración cultural en la Argentina que se vuelve visible con toda nitidez en los años noventa pero cuyas raíces pueden rastrearse en el pasado: un conjunto de representaciones, valores e imaginarios que son el resultado de, y a la vez contribuyeron a posibilitar, las transformaciones de la última década.

Las películas que he elegido analizar aquí comparten un conjunto de preocupaciones comunes. Dos ejes conceptuales, por así decirlo, las recorren insistentemente: la comunidad y la herencia; o más precisamente, la comunidad y la herencia frente a una amenaza, sea la de su desintegración y desaparición o, por el contrario, la de su reproducción. La contradicción entre los dos peligros que acechan a la comunidad y la herencia es sólo aparente: la referencia de estos conceptos no es unívoca y, del mismo modo, los mismos entrarán en articulaciones diversas a lo largo de las películas que estudiaremos aquí. La comunidad podrá referir, en ocasiones, a la familia y, en otras, a la comunidad nacional; las más de las veces, sin embargo, a la familia como representación metafórica de la comunidad nacional.[1] La herencia, por su parte, habrá de referir en algunos casos, como el de *Buenos Aires viceversa* y *76 89 03*, a la herencia macabra de la última dictadura militar y sus efectos persistentes de desintegración de la familia y de la comunidad nacional, pero también, a sus efectos *en la familia* como agente de reproducción de los valores de esa herencia y consecuentemente de sus efectos devastadores en la comunidad. En otros casos, como el de *Nueve reinas*, *El hijo de la novia* y *Herencia*, el concepto de herencia se cargará de fuertes tintes nostálgicos y podrá aludir a la herencia de aquella inmigración europea concebida como origen de la Argentina moderna: sea en tanto conjunto de valores a ser trans- mitidos y reproducidos (y cuya desaparición es preciso revertir mediante la administración de una operación de justicia), o en tanto recuperación de la figura de la inmigración europea misma como motor de la historia. O, como en el caso de *El juego de la silla*, la herencia podrá referir a un conjunto de tradiciones y valores familiares cuya continuidad está ligada a la continuidad de un modelo familiar, y de comunidad nacional, amenazados por un fenómeno en expansión en el contexto de la crisis de la Argentina: la emigración al exterior.

Para tener una comprensión cabal de las diversas representaciones y mo- delos de interpretación que estas películas ponen en escena, así como del lugar que ocupan en el conjunto del cine argentino contemporáneo, es necesa- rio inscribirlas en un contexto más amplio: en la historia de los años noventa a la que interrogan insistentemente, por un lado, pero también en el contexto de la reactivación de la industria cinematográfica argentina (prácticamente en extinción para mediados de la década) y de la renovación del cine argentino, que tiene su auge precisamente en los años en que estas películas fueron pro- ducidas. Una renovación que hacia 1997 habría de empezar a celebrarse como el nacimiento de un "nuevo cine argentino" o "nuevo cine argentino inde- pendiente."

Los años noventa se inician con enormes expectativas e ilusiones en la sociedad argentina. Atrás parecían haber quedado para siempre la última dictadura militar (1976–1983), con su cruento saldo de 30.000 desaparecidos, y las amenazas de nuevos golpes militares producidas durante los primeros años de la democracia. Por primera vez en los últimos casi cuarenta años un gobierno civil sucedía a otro en elecciones democráticas. Atrás parecía que- dar también la amenaza de las crisis hiperinflacionarias que asolaban periódi- camente al país, la más terrible de las cuales acababa de producirse en 1989, produciendo como resultado el traspaso adelantado del gobierno del entonces presidente Raúl Alfonsín a su sucesor, el candidato peronista vencedor en las

---

[1] Como observan Ana Amado y Nora Domínguez, "[d]esde los años setenta hasta la actualidad un encadenamiento familiar parece recorrer como metáfora, ficción o consigna política la inteligibilidad cultural del presente nacional" ("Figuras" 16).

elecciones de 1989, Carlos Saúl Menem. El gobierno de Menem habría de
llevar adelante una transformación estructural profunda con la promesa de
una "modernización económica que habría de permitir salir de la crisis y
entrar [. . .] al primer mundo" (Sábato 44). La promesa, como se sabe, no se
cumplió. Dando las espaldas al programa electoral que lo había llevado al
poder, Menem habría de llevar a cabo, junto con el vaciamiento y la corrupción del Estado, la implementación del modelo económico neoliberal iniciada
pero no completada por la última dictadura: "Apertura y desregulación de la
economía; flexibilización laboral; reducción drástica del gasto del Estado a
través del achicamiento de la administración, la disminución de las obras
públicas y la privatización de todas las empresas hasta entonces en manos
estatales; una política monetaria restrictiva" (Sábato 44–45).

Los resultados inmediatos de algunas de estas políticas, y sobre todo de la
más popular de las medidas implementadas, la Ley de Convertibilidad de
1991, que fijaba la paridad del peso con el dólar (la "ficción del 1 = 1, la
igualación imaginaria de la Argentina al club de los países poderosos de la
tierra" [Vezzetti, "Escenas" 35]), despertaron profundas expectativas, adhe-
siones, ilusiones. La inflación cayó, el dólar "barato" posibilitaba el acceso a
bienes de consumo de una manera generalizada en un amplio sector de la
clase media, mientras por otra parte ésta iba progresivamente experimentando
una contracción cada vez mayor de su base poblacional (es decir, cada vez
menos gente podía considerarse parte de ella). La entrada de productos importados debido al dólar "barato" (el "peso fuerte" según el eslogan del momento)
produjo la ilusión de estar de compras en Nueva York, París o Londres.

Pero las ilusiones de haber entrado al primer mundo no durarían para siempre. Las reformas implementadas pronto habrían de revelar sus deficiencias.[2]
Por otra parte, la convertibilidad misma del peso en dólar necesitaba para
mantenerse como ecuación (es decir, para que se pudiera seguir emitiendo
pesos con respaldo en dólares) del ingreso permanente de divisas, que habría
de ser garantizado de diversas formas: inversiones directas de empresas
extranjeras, privatización de las empresas estatales y del sistema previsional
(jubilaciones y pensiones) y, finalmente, un endeudamiento externo cada vez
más agudo. Cuando debido a circunstancias económicas internacionales
adversas (principalmente la crisis en México en 1995, seguida en los años
siguientes por las de Rusia y Turquía), el flujo de capitales cambió su dirección de circulación para cubrirse frente a las posibilidades de pérdidas mayores en los llamados "mercados emergentes," Argentina entró progresivamente
(y sobre todo a partir de 1997) en una recesión pronunciada y prolongada de
la que, a diferencia de otros ciclos anteriores, ya no tenía posibilidad de recuperación: con una moneda sobrevaluada que la sumía en los términos de un

[2] Para una descripción de estas deficiencias, véase Sidicaro 59–62.

intercambio comercial adverso (importaba más que exportaba), sin posibilidad de generar divisas excepto a través de ajustes fiscales cada vez más recesivos y con el acceso cada vez más restringido a préstamos externos. Como consecuencia, se acentuó la pérdida de fuentes de trabajo, la inestabilidad laboral y el crecimiento del desempleo, volviéndose crecientemente visibles las consecuencias sociales del modelo implementado que, pese al cambio de gobierno en 1999, habrían de seguir profundizándose. Ya hacia fines del 2001, cuando el entonces presidente Fernando de la Rúa, para mantener la convertibilidad ante la fuga de capitales y el cese del financiamiento externo, decidiera inmovilizar los salarios y depósitos bancarios, se produjo un estado generalizado de movilización y protesta social que habría de culminar con la renuncia de De la Rúa a la presidencia y el repudio masivo de la población a la clase política. La paridad del peso con el dólar había desaparecido. La fantasía de haber entrado al primer mundo, también.

La reactivación de la industria cinematográfica argentina parece, curiosamente, seguir un curso inverso al del progresivo deterioro de la situación económica y social en el país conforme avanza la década de los noventa. Prácticamente inexistente como dijimos para mediados de la década (en 1994, por ejemplo, se estrenaron solamente 11 películas argentinas, que vendieron 323.513 entradas [Batlle, "De la virtual" 17]), inicia entonces un proceso de recuperación (si bien éste habrá de sufrir también con la crisis del 2001). La aprobación en 1994 de la Ley 24.377 de Fomento y Regulación de la Actividad Cinematográfica Nacional, llamada comúnmente Ley de Cine, contribuyó sin duda a su revitalización.

La nueva Ley de Cine apuntaba a ampliar el Fondo de Fomento para la producción de películas argentinas, a democratizar el proceso de selección de proyectos y asignación de recursos por parte del Instituto Nacional de Cinematografía, y a vincular a éste con otros sectores de la industria audiovisual (como video y televisión), razón por la cual el Instituto pasaría a llamarse Instituto Nacional de Cine y Artes Audiovisuales (INCAA) (Falicov 89). A los efectos de ampliar el Fondo de Fomento, se crearon nuevos impuestos: al alquiler y venta de videos, y a los ingresos totales del Comité Federal de Radiodifusión provenientes de los canales de televisión abierta y por cable (impuestos que vendrían a sumarse al impuesto ya existente sobre las entradas de cine).[3] De este modo, con el incremento de los recursos, se produjo una reactivación de la industria cinematográfica que puede verificarse, por ejemplo, en el estreno de treinta y siete películas nacionales en 1998, pocos años más tarde de la aprobación de la nueva Ley de Cine. Y si bien la reactivación

---

[3] Para más información y detalles sobre estos nuevos impuestos y el modo en que se apuntaba con ellos a incrementar la ayuda a los productores (como por ejemplo a través de la creación del "subsidio por medios electrónicos"), véase específicamente Eseverri y Luka 12, 25–26; Batlle, "De la virtual" 18; Falicov 89.

de la industria no se tradujo automáticamente en la emergencia de un nuevo cine argentino, algunas de las iniciativas contempladas por la nueva ley y puestas en marcha por el INCAA contribuyeron, directa o indirectamente, a su surgimiento como fenómeno.[4]

Tamara Falicov señala que la aparición en la escena cinematográfica de jóvenes cineastas se debió, en parte, "to an institutionally sanctioned effort by the INCAA to provide them with funding opportunities. It did so through a small pool of funds for first-time directors via a variety of competitions: best television movie script, best short film [. . .]" (115).[5] Entre estos concursos, cabe destacar el que otorgaba a directores debutantes diecisiete premios de 40.000 dólares para producir cortos en 35 mm, del cual resultaron, en 1995 y 1997, dos películas formadas por los cortos ganadores: *Historias breves I* e *Historias breves II* (Falicov 118). *Historias breves I* habría precisamente de ser considerada como prueba temprana del surgimiento de una "nueva generación de cineastas," y más tarde, retrospectivamente, como el acta de nacimiento del "nuevo cine argentino" (en la que ya figuraban algunos de los que habrían de ser sus miembros más destacados, como por ejemplo Adrián Caetano, Bruno Stagnaro y Lucrecia Martel [Bernades, Lerer y Wolf, Introducción 11]).

Por otra parte, se volvió a realizar en estos años el Festival Internacional de Cine de Mar del Plata, cuya doceava edición, luego de veintiséis años de ausencia, tuvo lugar en noviembre de 1996. Este festival, y el Buenos Aires Festival Internacional de Cine Independiente (inaugurado en 1999),

> sirvieron de plataforma de lanzamiento de films esenciales en el desarrollo del nuevo cine independiente: *Pizza, birra, faso*, de Adrián Caetano y Bruno Stagnaro; *Buenos Aires viceversa*, de Alejandro Agresti, y el trabajo colectivo *Mala época* surgieron de la competencia de Mar del Plata, mientras que

[4] Para un panorama muy completo del contexto en que se revitaliza la industria cinematográfica argentina y surge el "nuevo cine argentino," pueden consultarse los estudios que hemos citado de Eseverri y Luka, Batlle ("De la Virtual") y Falicov. Estos estudios se ocupan también de otros factores que no hemos mencionado aquí, entre ellos aquellos que no contribuyeron al surgimiento del "nuevo cine argentino" o, por lo menos, que constituyeron un contexto más bien desfavorable para su desarrollo, como, entre otros, las prácticas de corrupción durante la gestión de Julio Mahárbiz, director del INCAA (1995–1999), en la asignación de subsidios y otros aspectos de su gestión; la llegada hacia 1997 de las corporaciones transnacionales con sus complejos multicines; los acuerdos de los exhibidores con las distribuidoras norteamericanas; las violaciones a la Ley de Cine (como la del cumplimiento de la "cuota de pantalla" para el cine argentino); todos los cuales supusieron serios problemas de financiación y exhibición para los cineastas argentinos.

[5] Para una discusión de otros factores que, además del apoyo financiero del INCAA, contribuyeron al surgimiento del nuevo cine argentino, como la emergencia de nuevos productores, el sistema de la "producción segmentada" y la ayuda financiera de las fundaciones extranjeras, véase la Introducción y el Anexo 1 del libro de Aguilar.

Mundo Grúa, de Pablo Trapero, *Esperando al Mesías*, de Daniel Burman, *76 89 03*, de Cristian Bernard y Flavio Nardini, y *Silvia Prieto*, de Martín Rejtman, lo hicieron del certamen porteño. (Batlle, "De la virtual" 21)

Entre estas películas, *Buenos Aires viceversa* y *Pizza, birra, faso*, particularmente, han sido consideradas claves en la renovación del cine argentino y, más específicamente, en el surgimiento del "nuevo cine argentino." Ambas fueron exhibidas por primera vez, como vimos, en el Festival de Mar del Plata, y cuando se estrenaron comercialmente, *Buenos Aires viceversa* (estrenada en 1997) fue vista "por 90.000 espectadores durante veintidós semanas de exhibición" y se convirtió en "comentario obligado de críticos, cinéfilos, estudiantes de cine y jóvenes realizadores," al tiempo que *Pizza, birra, faso* (estrenada en 1998) fue vista por "más de 100.000 espectadores" e "inauguró un nuevo panorama estético," constituyéndose además, "con un costo de 400.000 pesos" en "la prueba de que en Argentina era posible hacer un cine de calidad estética y cierto potencial comercial sin presupuestos millonarios ni actores reconocidos" (Eseverri y Luka 16). Si es a partir de la "euforia inédita" que despertó en la crítica la exhibición de *Pizza, birra, faso* en el Festival de Mar del Plata "que volvió a hablarse, con una convicción casi olvidada, de 'nuevo cine argentino'" (Eseverri y Luka 14), el regreso de Agresti a la Argentina (quien realizó parte de su producción en Holanda adonde había emigrado en 1987) fue clave además en la medida en que su cine, realizado con el apoyo de fundaciones extranjeras, funcionó como modelo de fuentes alternativas de financiación para los jóvenes cineastas (Aguilar 18).[6]

En este contexto, el cine argentino fue adquiriendo una enorme visibilidad nacional e internacional, inmediatamente verificable, como hemos visto, en el hecho de que empezara a hablarse del surgimiento de una "nueva generación de cineastas" o de un "nuevo cine argentino." *Pizza, birra, faso* (Adrián Caetano y Bruno Stagnaro, 1997), *Silvia Prieto* (Martín Rejtman, 1998), *Mundo grúa* (Pablo Trapero, 1999), *La ciénaga* (Lucrecia Martel, 2000), *La libertad* (Lisandro Alonso, 2001), operas primas de jóvenes cineastas en su mayor parte y producidas, también en su mayor parte, de manera independiente, se volvieron, a pesar de los diferentes proyectos estéticos que encarnaban, emblemáticas de una largamente esperada renovación del cine argentino (caracterizada, a veces, como un "nuevo cine argentino independiente" y otras, simplemente, como "nuevo cine argentino"). Un cine que si obtuvo su

---

[6] La diferencia entre la coproducción artística y el financiamiento de fundaciones, como señala Aguilar, es que éste último supone solamente una coproducción financiera que no condiciona aspectos de la labor artística, mientras que la primera sí puede llegar a hacerlo. Las fundaciones Hubert Bals Fund, Fond Sud Cinéma, Sundance e Ibermedia tuvieron una participación clave en el surgimiento del nuevo cine (18–19).

mayor reconocimiento en el circuito de los festivales nacionales e internacionales y en un consistente apoyo por parte de la crítica argentina, tuvo también, en algunos casos, un éxito de público no desdeñable para los parámetros de audiencia del cine argentino.

Pese a la imposibilidad de considerar estas nuevas películas argentinas parte de un movimiento con objetivos comunes, algunos rasgos vienen a confluir en las razones de su aparición como fenómeno, aunque heterogéneo, en la renovación que encarnan. La formación de los nuevos directores en escuelas de cine (y no en la industria cinematográfica, la televisión o la publicidad como es el caso de muchos de los directores de la generación de la década del ochenta que los precede) es, sin duda, uno de esos rasgos; pero fundamentalmente es la búsqueda de vías y modos alternativos de producción y en ocasiones, de exhibición, un rasgo que las une y que les ha ganado el nombre de "nuevo cine argentino independiente."[7] Las estrategias de producción de estos directores provienen, señala David Oubiña, "del cortometraje, el cine amateur y los films independientes: producción en forma de cooperativa, rodajes discontinuos durante fines de semana, escenarios naturales, actores no profesionales, equipos técnicos formados por estudiantes de cine" ("El espectáculo" 29). Lejos de constituir una limitación, la falta de recursos habría obligado a los jóvenes cineastas a "pensar soluciones estéticas" (Bernades, Lerer y Wolf, Introducción 10), a pensar conjuntamente la forma estética y las posibilidades económicas de producción, permitiendo el forjamiento de "un vínculo fecundo entre una forma estética y un modo de producción que se determinan mutuamente" (Oubiña, "El espectáculo" 30). Si el modo de producción independiente no se aplica como característica definitoria a todas las películas consideradas esenciales en el surgimiento del nuevo cine argentino, como por ejemplo *La ciénaga* de Lucrecia Martel, que no calificaría como tal, su utilización no obstante como criterio de valor pone de manifiesto fundamentalmente el carácter experimental que se considera clave en la categorización del nuevo cine argentino como nuevo; carácter que si en general va asociado a las producciones cinematográficas independientes, no es necesariamente una característica intrínseca o esencial de las mismas.

Alejandro Ricagno señala que los nuevos cineastas pueden considerarse "independientes" menos por las formas de producción que por la ausencia en sus películas de "la admonición explicativa, la alegoría redentora, el uso tramposo de realismo mágico a la moda" (126). La observación de Ricagno apunta a un rasgo esencial en la caracterización del nuevo cine argentino: una oposición sostenida y consciente por parte de los nuevos cineastas a la esté-

---

[7] En la introducción al libro *Nuevo cine argentino*, a la vez que se señala lo problemático de la utilización de la categoría "independiente" para el caso argentino ("en la Argentina no existe el sistema norteamericano de estudios que generó esa definición") se la defiende en tanto "sirve para centrar el debate en los modos de producción" (Bernades, Lerer y Wolf, Introducción 10).

tica marcadamente alegórico-pedagógica del cine argentino político de los años ochenta centrado en la representación y denuncia de los horrores de la última dictadura militar. De este rasgo se desprenden otros, que forman sistema con el anterior, y que Gonzalo Aguilar sintetiza a la perfección: el rechazo "a la demanda política (qué hacer) y a la identitaria (cómo somos), es decir, a la pedagogía y a la autoinculpación" (23).[8] Así, se ha subrayado, en las películas del nuevo cine argentino, la ausencia de búsqueda de explicaciones, de interpretaciones, de "totalizaciones" frente a una realidad que se limitarían a testimoniar o documentar (Quintín 113–115; Bernades, Lerer y Wolf, "De la industria" 128–130) y, correlativamente, la ausencia de "narraciones alegóricas": "Estas películas [. . .] perseveran en lo literal y tienden a frustrar la posibilidad de una lectura alegórica: el hotel de *La niña santa* no es la Argentina; sólo se trata, ni más ni menos, de un hotel" (Aguilar 24).

Podemos ahora pasar a la consideración del lugar que ocupan las películas que analizaremos aquí en el panorama del cine argentino contemporáneo. Hemos visto antes que *76 89 03* fue considerado un film esencial en el "desarrollo del nuevo cine independiente" (Batlle, "De la virtual" 21) y, sin embargo, su inclusión en el conjunto de películas, de fronteras por lo demás imprecisas, denominado nuevo cine argentino, ha sido, cuanto menos, polémica. Hemos visto también el papel clave que *Buenos Aires viceversa* y su director Alejandro Agresti desempeñaron en el surgimiento del nuevo cine argentino. Sin embargo, tanto al director como a la película les ha quedado en la reorganización posterior del mapa del nuevo cine argentino el lugar de precursores del mismo. Si bien existen razones particulares en cada caso que podrían explicar el lugar en cierto sentido marginal que ambas películas ocupan actualmente en relación al nuevo cine argentino (la feroz polémica entre diversos sectores de la crítica de cine en Argentina que *76 89 03* desató, como veremos, a propósito de lo que se leyó—o no—en ella como la ideología "reaccionaria" de sus directores; la pertenencia de Agresti a una generación anterior a la de los jóvenes cineastas que pudo hacer de él más un "maestro" que un compañero de ruta, o su posterior—más reciente—desplazamiento a la realización de un cine más convencional estéticamente), existen otras razones que, en parte, se vinculan con las características de las películas en sí.[9] Ambas películas son fuertemente metafóricas y ponen en escena una interpretación *totalizadora* de la Argentina, rasgos que las diferenciarían del

---

[8] Para un análisis de los otros rasgos que se han señalado como característicos del nuevo cine argentino, además de los textos de Aguilar y Oubiña ya citados, pueden consultarse también, entre otros, Amado ("Cine argentino"), Bernini y el debate entre Beceyro, Filipelli, Oubiña y Pauls.

[9] De hecho, el lugar mismo de precursor de Agresti ha sido cuestionado debido a ciertos rasgos de sus películas que lo diferenciarían del nuevo cine argentino, como por ejemplo, el hecho de que "en sus guiones los largos parlamentos tienden a crear una pedagogía que no pasa por la imagen sino por lo que los personajes dicen" (Aguilar 26).

nuevo cine argentino y que comparten con otras dos de las películas que estudiaremos aquí: *Nueve reinas* y *El hijo de la novia*. El caso de *Herencia* y *El juego de la silla* es, en este sentido diferente, ya que no constituyen narraciones deliberadamente metafóricas, lo que no impide sin embargo que pueda hacerse de ellas, como haremos aquí, una lectura alegórica.

El lugar que ocupan, por otra parte, *Nueve reinas* y *El hijo de la novia* en relación al nuevo cine argentino es diferente al de las otras películas. No es sólo la articulación de narraciones alegóricas que vehiculizan una interpretación totalizadora de la Argentina lo que las aleja del mismo. Ambas son, en alguna medida, películas *mainstream*, producidas por productoras privadas responsables asimismo de los *blockbusters* argentinos; ambas siguen los moldes narrativos de géneros tradicionales dentro o fuera de la Argentina. *El hijo de la novia* es, en este sentido, un melodrama costumbrista; *Nueve reinas*, un policial de estafadores. Asimismo, ambas tuvieron un éxito de público arrollador: más de un millón de espectadores en el año de su estreno—cifra ciertamente insólita para los parámetros de audiencia del cine argentino—y, además de recorrer también como sus compañeras independientes el circuito de reconocimiento y premios de los festivales nacionales e internacionales, alcanzaron rápidamente una amplia distribución comercial en Europa y los Estados Unidos. Realizadas por dos directores de una generación anterior a la de los directores independientes, contaron también con una favorable acogida por parte de la crítica local (prácticamente unánime en el caso de *Nueve reinas*; bastante menos pareja en el de *El hijo de la novia*). Si su carácter industrial, masivo y más convencional las excluía en principio del fenómeno renovador consagrado como nuevo cine argentino, pasaron a constituirse sin embargo en los exponentes más exitosos de un cine comercial de calidad (integrado asimismo por otras películas también más convencionales realizadas por jóvenes y no tan jóvenes cineastas) o, si se quiere, de lo que los críticos han bautizado como el cine de los "autores industriales" que aunque "buscan insertarse dentro de un modelo de cine industrial [. . .], al mismo tiempo, desarrollan una mirada cinematográfica personal" (Bernades, Lerer y Wolf, "De la industria" 119) y habrían así "logrado reformular el cine *mainstream*" (Bernades, Lerer y Wolf, Introducción 13).[10] Por otra parte, la vasta presencia de *Nueve reinas* y *El hijo de la novia* en diversos circuitos del exterior las volvió allí representantes también, junto a otros films argentinos, del renacimiento del cine argentino, y al mismo tiempo parte de una suerte de *boom* del cine latinoamericano, que integraron junto a las mexicanas *Amores perros* (Alejandro González Iñárritu, 2000) e *Y tu mamá también* (Alfonso

---

[10] En el grupo de los autores industriales, Bernades, Lerer y Wolf incluyen, además de a Bielinsky y a Campanella, a Marcelo Piñeyro, Lucho Bender, Daniel Burman, Eduardo Milewicz y Fernando Spinner ("De la Industria" 119).

Cuarón, 2001) y las brasileñas *Central do Brasil* (Walter Salles, 1998) y *Cidade de Deus* (Fernando Meirelles y Kátia Lund, 2002).[11]

Herencia y *El juego de la silla* son, por su parte, películas independientes, y han sido saludadas por la crítica como parte del nuevo cine argentino. Operas primas de directoras jóvenes egresadas de la Universidad del Cine, ambas películas recorrieron el camino de los festivales internacionales, cosechando numerosos premios, antes de poder estrenarse comercialmente en la Argentina (un destino común de las películas independientes), y tuvieron una acogida muy favorable tanto en los medios argentinos como en los festivales internacionales.

En su conjunto, las películas que analizaremos aquí son representativas de formatos narrativos, estilos cinematográficos y modos de producción diferentes (y también de distintos tipos de recepción por parte de críticos y audiencia): formalmente más experimentales o exponentes de un modelo narrativo realista-clásico, independientes o comerciales, éxitos de taquilla y/o aclamadas por la crítica. Todas ellas comparten, sin embargo, como hemos anticipado, una constelación de preocupaciones comunes que, en última instancia, remiten a la experiencia de desintegración vivida en la Argentina en los años que rodean el cambio de siglo.

Lo que quisiera proponer aquí, precisamente, es que, más allá de las múltiples diferencias estéticas, formales, genéricas, temáticas y de modos de producción de las películas que conforman el vasto panorama del cine argentino del último fin de siglo, hay, en el éxito de las mismas, sea éste de audiencia o de crítica o de ambas a la vez, algo que debe leerse como consecuencia no sólo de la renovación que suponen sino de la contemporaneidad que encarnan, de su estricta contemporaneidad con el presente. "Con una apertura de la que carecen otras artes del período," señala Gonzalo Aguilar, "el cine se transformó, en los últimos años, en el lugar en el que se plasmaron las huellas del presente [. . .]" (8). No casualmente su *renacimiento* hacia 1997 habría de coincidir con el momento en que empieza a fracturarse socialmente el conjunto de expectativas e ilusiones que puso en marcha el proceso de globalización neoliberal o, más precisamente, cuando los efectos negativos de ese proceso empiezan a hacerse crecientemente visibles.

Me gustaría proponer que esa contemporaneidad reside en la persistente puesta en escena de *narrativas de desintegración* (comunitaria, política, social, económica, cultural, moral, familiar, personal), que dan cuenta precisamente de una experiencia social de pérdida: una integración previa—o experimentada como tal—que *se ha desintegrado*. Hemos visto ya que esa experiencia social de pérdida tiene que ver con un proceso bien concreto: la retirada del Estado (y su virtual desaparición en el contexto de la globalización

---

[11] Sobre las razones del éxito internacional de estas películas, véase Hart, y Shaw (*Contemporary*).

neoliberal que marcó los años noventa en la Argentina) y, correlativamente, la desintegración de la comunidad nacional—por más imaginaria que su real integración previa en tanto tal hubiera sido—y de las representaciones a través de las cuales la sociedad argentina se interpretaba o se imaginaba a sí misma. Pero no menos tiene que ver con un desencanto o desengaño que una parte importante de la sociedad argentina experimentó respecto de las ilusiones que puso en marcha ese proceso de globalización neoliberal: la promesa de bienestar y progreso que la imaginaria incorporación de Argentina al primer mundo (a partir de la paridad del peso con el dólar) suscitó y que no hizo en realidad más que acentuar los procesos concatenados de concentración de la riqueza y empobrecimiento generalizado.

Las películas que he elegido analizar aquí comparten una ventaja a los efectos de mi estudio: no sólo articulan narrativas de desintegración sino también algunos de los modos centrales en que esa experiencia de desintegración fue socialmente interpretada y representada o, por el contrario, negada, a nivel de la fantasía, y los valores a partir de los cuales esas interpretaciones y representaciones pudieron formarse.

Me gustaría sin embargo señalar que al elegir centrarme, para estudiar estos valores y representaciones, en el análisis de algunos films que han literalmente enamorado al público, como *Nueve reinas* y *El hijo de la novia*, quiero separarme, primeramente, de aquella visión, omnipresente en la teoría del cine de inflexión psicoanalítica de la década de los setenta, de que "the cinema works to acculturate individuals to structures of fantasy, desire, dream, and pleasure that are fully of a piece with dominant ideology" (Mayne 18).[12] Más específicamente, me alejo tanto de la teoría conspirativa de los medios masivos como "aguja hipodérmica," que conceptualiza a los espectadores como "passive drugged patients getting their nightly fix, reduced to 'couch potatoes' and 'cultural dupes'" (Shohat y Stam 163), como de su inversión populista, que supone en manos de los espectadores libertad total en el modo de apropiarse de ellos. Mi concepción del cine aquí le debe mucho a la idea del cine como fantasía, en el sentido en que Jacqueline Rose define la fantasía, siguiendo a un primer Freud:

> Freud links fantasy to what makes group identifications possible and impossible at one and the same time [. . .]. Fantasy is not therefore antagonistic to social reality; it is its precondition or social glue. But fantasy surely ceases to be a private matter if it fuels, or at least plays its part in, the forging of the collective will. More simply, you don't have to buy into Freud's account of hidden guilt to recognize the force in the real world of the unconscious dreams of nations. (3)

---

[12] Para una excelente revisión del desarrollo, las tendencias y los debates dentro de la teoría del cine, véase Mayne.

El concepto de fantasía así definido me permite interrogar estos textos en el punto preciso en que se encuentran con la sociedad, en el ámbito de una fantasía que es social, política y colectiva: la precondición o aglutinante de la realidad social (Rose 3).

La dinámica excesiva de amor-odio que sobre todo *76 89 03*, *Nueve reinas* y *El hijo de la novia* establecieron con la crítica y/o el público muestra precisamente que este cine se constituye en exitoso (o fallido para algunos) en razón de una relación paradójica entre los imaginarios y valores sociales que articula pero a los que a su vez contribuye a dar forma. Ni en sus versiones más convencionales el cine es simplemente una máquina de reproducir; más bien es una máquina de "articular" en el doble sentido de transmitir lo ya existente y, a la vez, paradójicamente, crearlo. Lo que me interesa de las películas que he elegido analizar aquí es, justamente, de qué modo encarnan por excelencia una fantasía colectiva—reaccionaria o progresista—que pone en escena una narrativa de autocomprensión y definición, de imaginación individual, política, social y comunitaria. La posibilidad que ofrecen estas películas de hacer de ellas una lectura alegórica—una posibilidad que si viene fuertemente inscripta en el diseño de algunas de ellas, en otras se trata más bien de una posibilidad que las películas no parecen ocluir deliberadamente (si es que tal cosa fuera en verdad posible)—contribuye, sin duda, al objetivo que guía mi análisis de las mismas.

La alegoría como forma de relación con el contexto social e histórico, y la proyección política que la caracteriza, no son sólo impopulares entre las películas del nuevo cine argentino. El concepto de alegoría también ha experimentado un cierto descrédito en la crítica latinoamericanista desde hace ya tiempo a partir de la polémica generada por la declaración de Fredric Jameson, en su ensayo "Third-World Literature in the Era of Multinational Capitalism," de que "[a]ll third-world texts are necessarily [. . .] allegorical, and in a very specific way: they are to be read as [. . .] *national allegories* [. . .]" (69). Aunque hago mías ciertamente las objeciones a la generalización que preside la afirmación de Jameson y a las presuposiciones en que esta generalización se funda, que tan certeramente Aijaz Ahmad ha deconstruido,[13] el concepto

---

[13] El argumento de Jameson se funda en dos presuposiciones básicas: en primer lugar, que lo que caracteriza a los países del tercer mundo es el tener en común el haber sufrido "the experience of colonialism and imperialism" (Jameson 67). En segundo lugar, el hecho de que en el tercer mundo la escisión entre lo público y lo privado no se habría producido, lo que posibilitaría siempre una lectura de lo personal o privado como público o político (Jameson 69). Sin embargo, como señala Ahmad, "if one argues that the third world is constituted by the 'experience of colonialism and imperialism,'" es preciso tomar en consideración también "the forced transfers of value *from* the colonialised/imperialised formations, and the intensification of capitalist relations *within* those formations," y por lo tanto, el hecho de que si el capitalismo es "a shaping force within those formations, [. . .] the separation between the public and the private, so characteristic of capitalism, has occurred there as well [. . .]" (12–13).

de "alegorías nacionales" resulta particularmente acertado para caracterizar las películas que analizo en este estudio. Si no todo destino individual en un texto admite o quiere ser leído como alegoría del destino de una nación, si no todos los "[t]hird-world texts [. . .] necessarily project a political dimension in the form of national allegory," *Buenos Aires viceversa, 76 89 03, Nueve reinas, El hijo de la novia, Herencia* y *El juego de la silla* sí lo hacen: en ellas, *"the story of the private individual destiny is* [. . .] *an allegory of the embattled situation of the public third-world culture and society"* (Jameson 69). Es precisamente como reacción frente al avance del capital transnacional o frente a los estragos producidos por la globalización neoliberal que los films aquí analizados vuelven a poner en un primer plano la preocupación por la nación, es decir, ponen en escena conflictos individuales, amorosos o familiares que representan alegóricamente la desintegración de la nación; y pueden de este modo ser leídos como "alegorías nacionales."[14]

Mi hipótesis es que las "alegorías nacionales" que pueden leerse en estos films articulan, por una parte, dos narrativas centrales en el procesamiento y conceptualización de la experiencia social de pérdida y desintegración producida por la globalización neoliberal en la Argentina de los noventa e intensificada por el fracaso de las expectativas que ésta despertó y, por otra parte, dan cuenta de la desintegración de ciertas narrativas de identidad nacional (una desintegración que constituye una parte importante de esa experiencia social de pérdida), al tiempo que proponen, en su mayoría, alternativas de reconstrucción, reparación y/o negación de lo que se ha perdido.

Este libro se divide en tres partes. En la primera parte (capítulos uno y dos), propongo que *Buenos Aires viceversa* y *76 89 03* representan la experiencia de la desintegración nacional como la otra cara, el lado oculto, del espejismo massmediático de una Argentina próspera y global, resultado de un proceso de transformaciones económicas, políticas, sociales y culturales neoliberales, iniciado y activamente determinado por la última dictadura militar; y analizo los diversos modos en que ambas películas exploran la continuidad entre pasado dictatorial y presente neoliberal en los noventa, a través de la puesta en escena en ambos casos de una comunidad desintegrada que es metafóricamente representada como heredera de la dictadura militar. Propongo que mientras que en *Buenos Aires viceversa* esa herencia dictatorial en la sociedad de los noventa es representada como una continuación de la violencia del Estado dictatorial en la del Estado neoliberal en términos de las exclusiones producidas por ambos (los desaparecidos por el primero, los excluidos

---

[14] En este sentido, me gustaría plantear también, siguiendo a Jameson, que el modo en que estas alegorías han de ser leídas no es en tanto "an elaborate set of figures and personifications to be read against some one-to-one table of equivalences" (Jameson 73), sino prestando atención a "the capacity of allegory to generate a range of distinct meanings or messages, simultaneously, as the allegorical tenor and vehicle change places [. . .]" (Jameson 74).

sociales por el segundo), en *76 89 03* esa herencia, en cambio, es representada, en términos de los valores y deseos que la dictadura habría activamente producido a través de diferentes discursos y estrategias de interpelación (fundamentalmente los medios masivos), y que habrían contribuido a la constitución de ciudadanos-consumidores hipersexualizados y despolitizados, defensores de un modelo neoliberal de país que sin embargo no habría dejado de excluirlos desde el momento mismo en que fueron exitosamente interpelados para desearlo y apoyarlo.

En la segunda parte (capítulos tres y cuatro), a través del análisis de *Nueve reinas* y *El hijo de la novia*, examino una interpretación muy diferente de la experiencia de los años noventa, que en principio libera de responsabilidades a la clase media, representada en las películas, en el proceso de empobrecimiento que la amenaza. Propongo que ambas películas representan alegóricamente a la Argentina como una sociedad desintegrada y victimizada por haber sido víctima de un engaño por parte de un gobierno corrupto que, mientras prometía la integración de la Argentina al primer mundo, habría de vender en realidad el patrimonio nacional al capital transnacional y habría de producir una sociedad individualista, consumista y moralmente corrupta, en la cual los valores tradicionales del trabajo como camino del ascenso social y de la unión familiar heredados de los antepasados inmigrantes, junto con toda forma de justicia estatal, se perdieron. Esta pérdida y el "engaño" perpetrado desde el Estado generan en estos films una demanda de justicia que es satisfecha a través de la administración de una justicia privada (implementada a través de un engaño o simulación), que es la que permite a su vez la reconstitución de la comunidad inicialmente representada como desintegrada. De este modo, estas películas ofrecen al espectador una compensación simbólica y una reparación frente a la experiencia social de pérdida, falta de justicia y corrupción estatal durante los años noventa (y de ahí su éxito masivo)

En la tercera parte (capítulos 5 y 6), me concentro, en cambio, en el análisis de la representación que hacen *Herencia* y *El juego de la silla* de una imagen tradicional de la Argentina que llegó a constituirse en una importante narrativa de identidad nacional: la de la Argentina como una sociedad de recepción inmigratoria, en tanto tierra de las oportunidades, el progreso y el ascenso social; y analizo las consecuencias que tiene en ambos films sea la desintegración de esa narrativa (en el caso de *El juego de la silla*), o la *negación* misma de la desintegración de esa narrativa (en el caso de *Herencia*), a los efectos de proponer modelos de reconstrucción nacional y comunitaria. Propongo que mientras que en *Herencia* esa negación redunda en la construcción de una fantasía reparatoria que recupera la figura de la inmigración europea como "agente de la civilización y el progreso," y por tanto, como motor de la historia, volviéndola, así, artífice de la posibilidad de la reconstrucción nacional, en *El juego de la silla* la transformación de la Argentina en una sociedad de emigración se erige en una condición insoslayable que vuelve imposible toda vuelta atrás en el tiempo para recuperar un modelo de comunidad familiar y nacional "plena," que se habría perdido con los cambios históricos de los que la emigración como nuevo camino de progreso constituye apenas un signo, pero un signo que vuelve manifiesto a la vez el carácter mismo de la plenitud comunitaria del pasado como una idealización.

PRIMERA PARTE

Introducción a la primera parte

Los años inmediatamente posteriores a la caída de la dictadura militar en 1983 son años cultural y políticamente eufóricos, marcados por las expectativas desencadenadas por el retorno a la democracia y el enjuiciamiento a los crímenes de la dictadura. Son los años en los que el entonces recién electo presidente Raúl Alfonsín impulsa la derogación de la ley de autoamnistía decretada por los militares antes del final de la dictadura, la creación de una "Comisión Nacional sobre la Desaparición de Personas" (CONADEP) a cargo de la investigación y reunión de pruebas sobre lo sucedido (cuyo informe habría de publicarse con el título *Nunca Más*) y el juicio civil a los ex-miembros de las Juntas Militares (a cargo de la presidencia del país durante la dictadura) en 1985. Son asimismo los años en que florece una producción cultural fuertemente caracterizada por la voluntad de relectura, representación y resignificación de la experiencia traumática de la dictadura. En la representación y denuncia de los crímenes y atrocidades cometidos por los militares, las distintas ramas del arte y la cultura en general (la literatura, el teatro, el cine, la televisión) encontraron una vocación única y sostenida. El cine, en particular, tuvo al respecto un lugar central, a través de películas como *El arreglo* (Fernando Ayala, 1983), *Darse cuenta* (Alejandro Doria, 1984), *La historia oficial* (Luis Puenzo, 1985), *El exilio de Gardel* (Fernando Solanas, 1985), *Los días de junio* (Alberto Fischerman, 1985), *Hay unos tipos abajo* (Rafael Filipelli y Emilio Alfaro, 1985), *Hombre mirando al sudeste* (Eliseo Subiela, 1986), *La noche de los lápices* (Héctor Olivera, 1986), *Sur* (Fernando Solanas, 1988), por nombrar sólo aquellas películas en que el tema, explícita o alegóricamente, ocupa un lugar central, pero la lista podría ampliarse a casi todas las películas del período que más indirectamente rozan en definitiva el mismo tema. Los juicios de valor respecto de las películas dedicadas a mostrar los horrores de la dictadura son menos unánimes que los referidos a la literatura postdictatorial (en general positivos respecto de esta última) y van, desde las más abiertas acusaciones de oportunismo y especulación comercial en la elección y tratamiento del tema de los desaparecidos (Poggi 15–23), pasando por la valoración de esas películas en función del tema tratado (Avelar 75), hasta la defensa de sus procedimientos *mainstream*, convencionales, en tanto constituirían la mejor estrategia para lograr un impacto en un público amplio (Torrents 95–96).[1]

Hacia 1987, sin embargo, la atención prestada a las violaciones de los derechos humanos durante la dictadura y el interés en la recuperación de la memoria de lo que no debería suceder nunca más empiezan progresivamente a desvanecerse. Razones políticas y económicas confluyeron en la desviación de la mirada hacia afuera de un mundo que hasta entonces había sido interrogado exhaustivamente,[2] además de la incidencia que naturalmente tuvo en ello la propia evolución intrínseca de las distintas esferas de la producción cultural y artística, fundada en debates específicos entre distintas ideologías estéticas acerca de la representación y entre distintos grupos generacionales. Entre las razones políticas deben citarse sin duda la sanción, ante las presiones de los militares para evitar que se continuara con los juicios a todos los responsables de la represión, de las "leyes de impunidad" (tal como luego se las denominaría) que eximían al resto de los militares (con excepción de los ya juzgados) de su responsabilidad en la represión.[3] Estas leyes vendrían a asestar un golpe definitivo a las expectativas de que el nuevo orden democrático traería justicia para las víctimas y, a través del castigo a los responsables de

[1] Sobre la producción cultural de la postdictadura (entendida ésta en un sentido amplio, es decir, no acotada sólo a los primeros años de la democracia), pueden consultarse, específicamente sobre el cine: España, Foster, Kantaris, Torrents, Triquell; sobre la literatura: Avelar, Avellaneda; sobre producciones culturales diversas (incluyendo revistas de humor y tiras cómicas): Newman. Los estudios de Gundermann (*Actos*) y Kaplan (capítulos tres y cuatro) se ocupan tanto de literatura como de cine, y abarcan producciones recientes vinculadas con un imaginario postdictatorial (el libro de Kaplan las aborda, en particular, desde una perspectiva de género).

[2] Kathleen Newman distingue un punto de inflexión en el terreno de las prácticas culturales contrahegemónicas precisamente hacia 1987, y señala que mientras que desde 1984 a 1987 se produce "an energetic confrontation with the State terror of the recent past and the possibilities of a democratic future," de 1987 a 1990 existe "very little sense of a potential solution to the nation's problems given its place in the ongoing process of global capitalist restructuring" (163). Claudio España señala asimismo que en 1986 "se disipa un tanto la preocupación por la revisión del pasado inmediato" en el cine (36) y John King nota que el cine argentino, "which had been dominated by a discussion of the military dictatorship in the years immediately following the return to democracy," parece compartir el proceso de olvido que judicialmente culminaría con la amnistía declarada por Menem: "For whatever reason—a perception of audience fatigue, a sense that enough stories have been told, an awareness that these topics might no longer be financially viable and attractive to private investors—the topic largely disappeared from the screens" (*Magical* 265).

[3] La primera de estas leyes, la Ley de Punto Final, fue sancionada por el Congreso el 23 de diciembre de 1986, y establecía "a sixty day limit on civilian courts for questioning military personnel about their participation in the repression. Anyone not summoned by the deadline was to be exempted from further criminal prosecution except in cases involving children or where the accused has absconded" (Potash 56). La segunda, la Ley de Obediencia Debida, sancionada el 8 de junio de 1987, absolvía "all military and security personnel below the level of zone commanders from criminal liability from their conduct during the repression" y "in effect exempted all but 20 retired generals and admirals from further prosecution" (Potash 60).

las atrocidades cometidas y el compromiso con la memoria de lo sucedido, posibilitaría la reconstitución simbólica y material de una sociedad en pedazos. Como afirma Ricardo Sidicaro, estos "retrocesos posteriores" respecto del Juicio a las Juntas "deterioraron su valor simbólico en tanto instancia de fundación de un nuevo orden estatal basado en el pleno imperio de la ley y de la justicia" (47).

Por otra parte, en el terreno económico, tampoco se produjeron los cambios esperados. Los problemas económicos arrastrados desde la dictadura (el déficit fiscal, la inflación) y particularmente, "la desarticulación de la estructura industrial y las obligaciones de la deuda externa" se hicieron más graves "y en unos pocos años el radicalismo [el partido de Alfonsín] desgastó su gran legitimidad inicial" (Sidicaro 47), hasta desembocar en la crisis hiperinflacionaria de 1989, que produjo un alto grado de conflictividad social y que habría literalmente de acabar con el gobierno de Alfonsín. Así, los problemas económicos de los que el país no se recuperaba, sumados al desencanto respecto de lo que desde un punto de vista político y cultural hubiera podido ser un nuevo *nacimiento* a partir de un ajuste de cuentas con el pasado, relegaron a un lugar marginal del debate político y cultural la cuestión del lugar de la memoria y la justicia en la reconstrucción democrática del país. Sólo las organizaciones por los derechos humanos, como las Madres y las Abuelas de Plaza de Mayo, entre otras, siguieron activamente comprometidas con la causa de la memoria y la justicia, y la búsqueda de las víctimas y de sus hijos, nacidos y secuestrados durante el cautiverio de sus madres y entregados a otras familias.

Desde entonces y hasta principios de este siglo (en el contexto de una industria cinematográfica también en estado crítico, por lo menos, como hemos visto, hasta mediados de los noventa), muy pocas películas argentinas volvieron a ocuparse de la dictadura y sus desaparecidos; entre ellas: *Un muro de silencio* (Lita Stantic, 1993), *Amigomío* (Jeanine Meerapfel y Alcides Chiesa, 1993) y *Garage Olimpo* (Marco Bechis, 1999).[4] Un caso que merece una explicación aparte es precisamente el cine de Alejandro Agresti. *Buenos Aires viceversa* no es la primera película de Agresti marcada por un imaginario postdictatorial, donde el tema de los desaparecidos y las consecuencias de la última dictadura militar tiene una presencia decisiva; por el contrario, basta pensar en algunas de sus películas tanto anteriores como posteriores a *Buenos Aires viceversa*, como *El amor es una mujer gorda* (1987), *Boda secreta* (1988), *El acto en cuestión* (1993) y *El viento se llevó lo que* (1998), para verificar que el tema tiene una presencia sostenida, más o menos explícita según el caso, en gran parte de su

---

[4] Sobre la producción cultural de los noventa pueden consultarse los libros editados por Birgin y Trímboli, Antonelli, Amado y Domínguez, Hortiguera y Rocha.

obra.[5] Sin embargo, el hecho de que Agresti haya vivido entre 1987 y 1996 en Holanda, donde realizó algunas de estas películas, puede perfectamente explicar que los factores que incidieron en el paulatino desvanecimiento de la dictadura como debate central en la cultura argentina no lo hayan afectado de la misma manera y que sus películas, por lo tanto, constituyan una excepción importante dentro del cine de la década de los noventa.

De hecho, el nuevo cine argentino que habría de emerger como tal hacia finales de la década del noventa fue desde el comienzo consistentemente caracterizado *en oposición* al cine de los ochenta y su "oportunismo" en la representación del tema de la dictadura y sus desaparecidos. Afirma al respecto Oubiña:

> In comparison with the strong connection between cinema and politics during the '70s and the opportunistic use of politics in the films of the '80s, the new cinema of the '90s seems less committed. But even when they don't explicitly deal with military repression or the social and economic terror during democratic reconstruction, the new filmmakers have not given up on showing the consequences of these things. ("Between")

Y, en la misma línea argumentativa, observa Quintín: "Curiosamente, la política parece estar ausente de este [nuevo] cine. No hay referencias a las atrocidades de la dictadura militar ni a los desaparecidos. Pero ese fue precisamente el mayor cliché de las décadas anteriores y también una excusa perfecta para no ocuparse del terror económico, social y administrativo de estos años" (114).

Es preciso notar, además, los cambios que se han producido en los últimos años en relación a la ausencia de representaciones sobre la dictadura en el cine. Las políticas impulsadas por el gobierno de Néstor Kirchner (2003–2007) con respecto a la revisión de lo actuado por los gobiernos anteriores en materia de justicia y derechos humanos han producido no sólo la reapertura masiva de juicios a militares por su actuación durante la última dictadura sino también la anulación de las "leyes de impunidad." Del mismo modo, el tema de los desaparecidos y los derechos humanos ha vuelto a ocupar un lugar central en el debate público, y con él han vuelto a surgir, en los últimos años, una serie de películas focalizadas en la reconstrucción de diversos aspectos de lo sucedido durante la dictadura militar (algunas realizadas incluso por cineastas representantes del nuevo cine argentino): documentales; films que juegan con los límites entre documental, ficción y autobiografía; films testimoniales y películas de ficción. Entre ellos: *Papá Iván* (María Inés

---

[5] Además de estas, y otras, películas, Agresti, uno de los directores contemporáneos más prolíficos del cine nacional, ha dirigido, en los últimos años, *Una noche con Sabrina Love* (2000), *Valentín* (2002), *Un mundo menos peor* (2004) y *The Lake House* (2006).

Roqué, 2000), *Hijos* (Marco Bechis, 2001), *En ausencia* (Lucía Cedrón, 2002), *Kamchatka* (Marcelo Piñeyro, 2002), *Los rubios* (Albertina Carri, 2003), *Nietos: Identidad y memoria* (Benjamín Ávila, 2004), *Hermanas* (Julia Solomonoff, 2004) y *Crónica de una fuga* (Adrián Caetano, 2006).

Tanto *Buenos Aires viceversa*, en 1996, como *76 89 03*, en 1999, resultan, en consecuencia, películas atípicas para la década del noventa, en la medida en que vuelven sobre las preocupaciones centrales de la producción cultural postdictatorial: la dictadura militar y sus consecuencias para la sociedad, en este caso, para la sociedad de los años noventa. Más específicamente, ambas películas se centran en la representación de los diversos y duraderos efectos de la dictadura en la sociedad de los noventa o, dicho de otra manera, del pasado dictatorial en tanto condición de posibilidad de la transformación neoliberal de la Argentina.

El lugar de la dictadura en tanto condición de posibilidad de la implementación de un proyecto económico neoliberal en los noventa no es, por supuesto, una novedad. El crecimiento desmedido de la deuda externa durante la dictadura militar (debido a préstamos tomados con fines presupuestarios fundamentalmente) habría de representar para el país "una temprana entrada en el entonces incipiente proceso de globalización, cuyas consecuencias perjudicaron la autonomía de toma de decisiones de todos los gobiernos posteriores a la dictadura" (Sidicaro 43). Los intentos de desarticulación del Estado y desregulación de la economía durante la dictadura se han interpretado, así, como un primer paso en el tránsito "del Estado al Mercado" (Avelar 88), en el contexto de una interpretación de las dictaduras militares en el Cono Sur como agentes principales de la instalación del "mercado global" a través de "la eliminación física y simbólica de toda resistencia a la imposición de la lógica del mercado [. . .]" (Avelar 284).[6] En tanto tales, se ha insistido en que "*las verdaderas transiciones son las dictaduras mismas*" (Avelar 84–85):

> No entendemos aquí "transición" como el proceso posdictatorial de redemocratización de las sociedades latinoamericanas; sino, más ampliamente, el proceso de "modernización" y tránsito del Estado nacional moderno al mercado transnacional postestatal. En este sentido, para nosotros, la transición es primordialmente la dictadura. Es la dictadura la que habría operado el tránsito del Estado al Mercado. Tránsito que eufemísticamente se denomina "modernización." (Thayer, cit. en Avelar 85)

En el caso de la dictadura argentina, argumenta Idelber Avelar, aunque son los gobiernos democráticos postdictatoriales (sobre todo el de Carlos Menem)

---

[6] Para una crítica de la posición que relaciona el terror de Estado implementado por la dictadura con motivaciones económicas, véase Vezzetti, *Pasado y presente* y "Lecciones de la memoria."

los que llevan a cabo la desregulación total de la economía y el desmantelamiento del Estado, "sigue siendo correcto hablar de una transición epocal del Estado al Mercado, quizás no llevada a cabo completamente, pero sin duda posibilitada y preparada por el régimen militar" (87–88). Las razones aducidas por las cuales la dictadura argentina no habría completado este "tránsito" (lo prometido "en materia de reducción de las funciones intervencionistas del Estado y de desregulación de la economía") son diversas: el peso de las "prerrogativas corporativas y personales" de los militares (Sidicaro 40), el "grado de organización y sindicalización" de la clase trabajadora (Avelar 86); pero en cualquier caso, la dictadura habría creado, tanto en un sentido negativo (represivo) como positivo (ideológico), las condiciones de posibilidad para la transformación neoliberal que habría de completarse en la década de los noventa.

Tanto *Buenos Aires viceversa* como *76 89 03* conceptualizan la desintegración de la comunidad nacional que representan en tanto resultado de la serie de transformaciones que habrían empezado a producirse durante la dictadura. Sin embargo, mientras *Buenos Aires viceversa* se centra, sobre todo, en las consecuencias del aspecto represivo del poder dictatorial, *76 89 03* se enfoca en lo que, tomando prestados los términos de Michel Foucault, podríamos caracterizar como los "efectos de positividad" del poder dictatorial. Así, mientras en *Buenos Aires viceversa* se representa una sociedad en tanto víctima, primero del terrorismo de Estado y luego de decisiones políticas y económicas que el primero habría posibilitado y que lo continuarían en la forma de nuevas exclusiones, en la producción de un nuevo tipo de víctimas, en *76 89 03* se explora otra de las maneras en que la dictadura habría creado las condiciones de posibilidad de la Argentina neoliberal: una manera que tiene que ver con la constitución misma de los sujetos, de una sociedad activamente producida a través de su discurso.

1

Una argentina que es más que una: A través del espejo en *Buenos Aires viceversa*

No es coincidencia que *Buenos Aires viceversa* haya sido considerada una película inaugural del nuevo cine argentino.[1] Más allá de las razones que, como hemos visto en la Introducción, hicieron finalmente de Agresti sólo un precursor de la nueva generación de cineastas, es indudable que *Buenos Aires viceversa* constituye una película *gozne*, en tanto vuelve sobre las preocupaciones centrales de la producción cultural postdictatorial (la cuestión de los desaparecidos, la necesidad de hacer el duelo y de resignificar la experiencia traumática de la dictadura, la impunidad) y las articula con aquellas representaciones sobre la Argentina que empezarán a circular cada vez con más fuerza en el cine de los años subsiguientes: las de su desintegración y pauperización. Más precisamente, la película señala una continuidad entre el pasado dictatorial y la desintegración social del presente de los noventa que representa, al volver visible el papel de la dictadura en tanto condición de posibilidad de la globalización neoliberal.

Desde su título mismo, *Buenos Aires viceversa* promete mostrarnos una imagen, el "viceversa," el revés, de Buenos Aires, o mejor dicho una imagen alternativa de Buenos Aires, su lado oculto. Quisiera proponer que la película muestra que la desintegración de la trama social del país (el desempleo, los excluidos sociales, la polarización social) es el lado del revés, el viceversa de una Argentina imaginada y massmediáticamente celebrada y publicitada como una sociedad rica, globalizada y, en ese sentido, la película quiere invitarnos a ver lo que se encuentra detrás del espejo/pantalla que nos devuelve una imagen invertida de Argentina. ¿En qué consiste, entonces, ese espejo en el que Argentina contempla su reflejo distorsionado? Se trata de la imagen especular creada, como hemos visto en la Introducción, por políticas económicas como el plan de convertibilidad implementado durante el gobierno de

---

[1] Además de los premios que ganó en el Festival Internacional de Cine de Mar del Plata de 1996 (entre ellos el premio a Mejor Film Iberoamericano), *Buenos Aires viceversa* obtuvo el Premio Especial del Jurado en el Festival Internacional del Nuevo Cine Latinoamericano de La Habana de 1996 y, en 1998, cuatro Cóndor de Plata de la Asociación de Cronistas Cinematográficos de la Argentina: Mejor Película, Mejor Guión Original, Revelación Femenina (Vera Fogwill) y Mejor Montaje.

Menem en los años noventa. Deberíamos decir, entonces, que la imagen que este espejo devuelve no es sólo una imagen especular distorsionada, invertida, sino más bien un espejismo: el espejismo neoliberal en el que Argentina vivió durante gran parte de los años noventa, mientras "se estaban instalando los índices de desocupación y comenzaba el vértigo descendente de las capas medias" (Sarlo, *Tiempo* 14). La película nos invita a pasar a ver qué hay del otro lado del espejo y, en última instancia, a *romper el espejo* y el espejismo neoliberal.

Buenos Aires viceversa está formal y temáticamente estructurada alrededor de la problemática de la visión, de la oposición ver o no ver, que metafóricamente equivale a la oposición saber o no saber. La narración sigue las historias separadas pero paralelas de una serie de personajes cuyos encuentros entre sí y con otros personajes a lo largo de la película constituyen la trama de la misma. Los diferentes personajes—particularmente aquellos que podríamos considerar los principales—parecen tener algo en común: una cierta *ceguera*, literal o metafórica, voluntaria o involuntaria, consecuencia, en algunos casos, de una obsesión con el pasado. Es la trayectoria de estos personajes la que me interesa reconstruir brevemente en primer lugar, para contextualizar el análisis que haré luego de algunas de las escenas de la película en las que están involucrados.

Daniela, uno de los personajes principales, es una joven de 18 años que, sabemos desde el comienzo, es hija de padres desaparecidos durante la dictadura, a los que nunca conoció. Vive con sus tíos y tiene un novio, Mario, con el que no acaba de llevarse bien y con quien se pelea hacia la mitad de la película, en parte, se sugiere, porque Mario no puede entender la obsesión de Daniela con la desaparición de sus padres (será precisamente esta "obsesión" de Daniela con el pasado la que la volverá "ciega" hacia el final de la película, precipitando el desenlace de la misma). Es importante señalar que la película sugiere que Mario es el hijo adoptivo de una familia rica, implicando, por tanto, que él también podría ser hijo de desaparecidos. Antes de la ruptura con su novio, Daniela es contratada por una pareja de ancianos pudientes amantes de las Bellas Artes para llevarles imágenes de video de Buenos Aires, una ciudad que hace diez años que no ven, ya que no han vuelto a salir de su casa desde que su nieta desapareció, aparentemente diez años atrás.[2] Mientras Daniela recorre las calles de Buenos Aires en busca de las imágenes particulares que los ancianos desean ver, establece una relación muy estrecha con

---

[2] Parece haber aquí cierta contradicción o confusión con las fechas, ya que si asumimos que la acción de la película transcurre contemporáneamente al momento de su realización, "diez años atrás" correspondería a los primeros años de la democracia, momento improbable para la desaparición de la nieta, quien, por otra parte, en ningún caso podría tener la misma edad que Daniela, como dicen los ancianos que tendría si estuviera viva, ya que desapareció a causa de sus actividades políticas.

Bocha, un niño pobre y huérfano, que vende aspirinas—y eventualmente roba—como modo de vida.

Otro personaje central es el joven Damián, quien, cuando empieza la película, ha empezado a trabajar como recepcionista en un hotel. Con su "padre," ha diseñado un aparato que le permite escuchar secretamente las conversaciones en las habitaciones del hotel, gracias al cual se entera, y nos enteramos, de que no es quién creía ser, es decir, que es en realidad uno de esos bebés nacidos en cautiverio durante la dictadura, robado a su madre biológica desaparecida presumiblemente por el hombre a quien cree su tío— un ex-torturador que trabaja en el presente de la película como guardia de seguridad en un shopping center—y que lo habría entregado a la familia con la que actualmente vive (la hermana del ex-torturador y su marido). Damián tiene, también, una novia con la que rompe hacia la mitad del film.

El otro personaje central es una joven ciega, a quien vemos por primera vez cuando está terminando la relación con su novio, también ciego, porque quiere "ver las cosas de otra manera." La persona que la "ayudará" a ver las cosas de otra manera terminará siendo el presunto tío de Damián, en una escena de tortura que analizaré más adelante. Baste decir por ahora que esa escena abre la posibilidad de que ella también pudiera ser hija de padres desaparecidos.

Otro personaje importante en tanto encarna otro tipo de ceguera—y de pérdida—es Cristina, "la loca de la TV," según los créditos del film se refieren a ella. Cristina se sienta cada día frente al televisor a ver el noticiero de "América Noticias," que conduce su presunto ex-marido, Alberto, del que se habría separado hace doce años pero a cuya imagen en la televisión sigue tratando como si fuera el Alberto real, hablándole y sirviéndole comida y bebida en una habitación presidida por un retrato de Jorge Luis Borges son-riendo y mirando ciegamente hacia arriba—una puesta en escena que subraya su propia "ceguera." Con ocasión de la descompostura de su televisor, conoce a un técnico que repara televisores (que a su vez ha perdido a una novia en un accidente de tren), quien se enamora de ella sin esperanzas por el momento, dado que Cristina parece ser incapaz de distinguir fantasía de realidad y se encuentra imaginariamente casada con Alberto, está "ciega" como resultado del hechizo producido por las imágenes de los medios masivos. Es significa-tivo en ese sentido que Alberto, el imaginario marido, trabaje en uno de esos noticieros oficialistas que promueven el espejismo de un país "entre los mejores de este año," una Argentina que "se va para arriba."

Con su insistencia en la indeterminación de los orígenes de los personajes, la película sugiere que casi todos ellos podrían ser hijos de desaparecidos, que, como sociedad, la Argentina ha sido despojada de la verdad sobre sus orígenes. No casualmente la película se abre con una dedicatoria a "los hijos que dejaron [los desaparecidos y que] recién hoy están en edad para *pedir respuesta* a la sociedad" (mi énfasis).

Por otra parte, la película subraya que sus personajes están o bien presos del pasado, como Daniela, los ancianos y Cristina, y en consecuencia voluntaria o involuntariamente ciegos a lo que los rodea, al presente (o, por lo menos, a parte del mismo); o bien, como Damián, Mario y la mujer ciega, involuntariamente ciegos a un pasado personal y colectivo. En cualquier caso, todos ellos parecen incapaces de mantener o establecer vínculos amorosos con otros, metafóricamente, de constituir una comunidad.

Buenos Aires viceversa representa así una comunidad ciega, fragmentada, incomunicada, y lo hace a través de una mirada discontinua, fragmentaria, enfatizando a través de su mismo estilo la fragmentación social que representa. En la película se corta de una secuencia o escena, y muchas veces de un sólo plano, centrados en un personaje, a escenas o planos con foco en otro personaje. El montaje alterna con poca o ninguna transición entre la vida de los distintos personajes.

Hacia el final, sin embargo, varios de estos personajes terminarán *reunidos*, ante un evento que les abrirá los ojos, permitiéndoles u obligándolos a *ver*, y que, en consecuencia, producirá, de alguna manera, un principio de rearticulación de una comunidad.

En lo que sigue, me propongo analizar los diversos modos de relación con el pasado—individual y colectivo—y, en consecuencia, también con el presente, que la película explora a través de estos personajes; los distintos tipos de ceguera que exhibe y el modo en que los personajes adquieren—o no—la habilidad para ver; el modo en que la continuidad entre pasado y presente es representada; y finalmente, lo que la película sugiere en cuanto a la posibilidad de reconstrucción de la comunidad fragmentada que representa, y a su propia capacidad de representación—de *ver*—en tanto medio cinematográfico.

La escena inicial de la película, que es también la secuencia de créditos, nos muestra a Damián en su habitación, decorada con pósters de músicos de rock y equipos de fútbol, entre los que se destaca uno de Luis Alberto Spinetta (uno de los músicos de rock más importantes de la Argentina que comienza su carrera hacia fines de los años sesenta), mirando hacia la cámara. Damián empieza a tocar la batería con los auriculares puestos, escuchando una canción que es presumiblemente la misma que nosotros escuchamos: una música que viene del pasado podríamos decir, ya que se trata de una canción de *Pescado rabioso*, banda que formó Spinetta a principios de los setenta. La canción se llama "Poseído del alba" y sus versos iniciales aluden a alguien que habrá de ser sorprendido por el alba teniendo la mirada "sumergida en el mar"; son, en ese sentido, un equivalente auditivo de lo que estamos viendo. Damián no mira en ningún momento a la cámara, hacia nosotros, tiene la mirada perdida, siguiendo el curso de sus pensamientos o de la música. Estos planos iniciales sugieren tempranamente el objeto de exploración de la película: qué vemos y hacia dónde miramos para ver. La imagen de Damián escuchando y ejecutando—repitiendo—una música del pasado, ajeno a los sonidos del presente, con la mirada perdida, anticipa lo que será el punto clave en la representación que realiza la película de la relación de los personajes con su pasado: cómo recordar sin dejar que nuestros recuerdos nos cieguen en relación al presente, tal como habrá de volverse evidente en una de las escenas finales que duplica casi exactamente esta primera escena, y en la que esta pregunta adquirirá todo su sentido.

Esta escena inicial nos posiciona, además, como espectadores. Estamos contemplando el pasado (la cara de Spinetta mirándonos desde el póster), y escuchando la misma música que Damián. La película nos está ofreciendo la figura de Damián como un lugar de identificación, nos pide que nos identifiquemos con un personaje que se volverá emblemático de una sociedad que es "hija," heredera, de los desaparecidos y del Estado que los hizo desaparecer. Esta identificación es reforzada en la siguiente secuencia, en la que vemos una serie de planos subjetivos de las habitaciones del hotel en el que Damián está a punto de empezar a trabajar, que están siéndole mostradas por un hombre a alguien a quien nunca vemos. Suponemos que ese alguien es Damián porque la secuencia aparece cortada por planos intercalados de Damián tocando la batería (de la secuencia de créditos) que funcionan así como contraplanos. Nuestra identificación con el punto de vista de Damián mientras recorre las habitaciones prepara el terreno para nuestra posterior identificación con Damián mientras escucha secretamente la conversación en una de esas habitaciones y descubre la verdad sobre sus orígenes, y nosotros, con él, que también somos los herederos de los desaparecidos y de que el descubrimiento de esos orígenes nos concierne.

Es importante señalar que este hotel no es un hotel común, sino un hotel donde se alquilan habitaciones a parejas por horas.[3] En Argentina, estos hoteles son popularmente conocidos como "telos," hotel al revés (el "viceversa" de hotel) para distinguirlos de los hoteles familiares. Si esto es importante es porque el "telo" es un tropo lingüístico del revés o viceversa anunciado por el título del film. El telo es el *viceversa* del hotel familiar, un lugar destinado al sexo, no a la familia, la procreación o, en un sentido más amplio, la comunidad. Se trata, a la vez, de un lugar donde, en tanto enormes espejos cubren las paredes y los techos de las habitaciones, el concepto de imagen especular como inversión se vuelve literal, tal como se pone de manifiesto en los planos

[3] Sería interesante investigar, aunque está afuera del alcance de este estudio, la relación de *Buenos Aires viceversa*, en cuanto a la utilización narrativa de un "telo" u hotel alojamiento como uno de los espacios centrales representados, con aquellas películas argentinas de los años sesenta que tenían como tema y escenario este tipo de hoteles, como *La cigarra no es un bicho* (Daniel Tinayre, 1963), *Hotel alojamiento* (Fernando Ayala, 1966)—y su *remake* de los ochenta, *Abierto día y noche* (Fernando Ayala, 1981). Sobre el origen de la idea para *Hotel alojamiento*, véase Ciria (59–60).

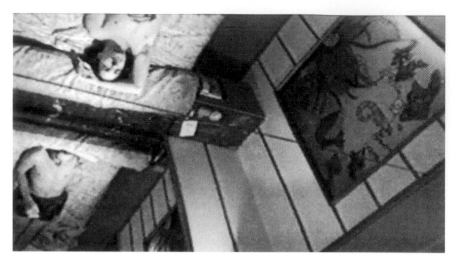

Figura 1

que abren la película, luego de finalizada la secuencia de créditos intercalada por la de las habitaciones del hotel. Vemos en ellos un primer plano de la cara de Mario, como si estuviera cabeza abajo; inmediatamente la cámara se aleja y vemos que lo que habíamos creído que era una figura cabeza abajo es en realidad el reflejo en un espejo de Mario, que está tendido en la cama. La imagen aparece ahora dividida en dos por una línea que figura el borde inferior de un espejo: vemos dos imágenes de Mario, una al derecho, cabeza arriba; otra al revés, cabeza abajo. Ninguna corresponde sin embargo al Mario real. Lo que estamos viendo en realidad es cómo el espejo del techo refleja simultáneamente a Mario y a su reflejo en el espejo de la pared (Figura 1). En este sentido, en la estructura de este plano (el cuadro dividido en dos, una imagen y su inversión, su viceversa), cristaliza el procedimiento y apuesta principal de la película: mostrar una imagen (de Buenos Aires, de Argentina), un espejismo, y su viceversa.

Es en la secuencia en la que Damián descubre sus orígenes, que transcurre en este hotel, donde quiero concentrarme ahora. El tío de Damián, del cual todavía no sabemos que es un ex-torturador, se encuentra en la calle por casualidad con el personaje de la mujer ciega, le ofrece ayudarla a cruzar la calle, y finalmente la invita a su casa ("Para conocernos"). Dos líneas del diálogo entre ellos en la calle resultan particularmente relevantes respecto a lo que veremos después, en la escena del hotel. El tío de Damián dice, refiriéndose a la ceguera de la mujer: "Por lo que hay que ver en este mundo." Y ella responde: "Yo escucho, yo puedo escuchar." La mujer ciega acepta finalmente ir a la casa del hombre, pero él, en vez de llevarla allí, la lleva al hotel donde trabaja su sobrino, sin que ella se dé cuenta. Resulta especialmente significa-tivo que, antes de entrar al hotel, el ex-torturador le pida a la mujer su bastón y sus gafas oscuras, presumiblemente porque no quiere que su sobrino sepa que la mujer es ciega y no sabe, por tanto, donde está. Pero en tanto las gafas oscuras y el bastón son precisamente los signos mismos de la identidad de la mujer como ciega, podemos leer en ese gesto de *expropiación* una metáfora visual de lo que los militares—a quienes este ex-torturador emblemática-mente representa—hicieron con los niños nacidos en cautiverio que robaron: privarlos de su identidad, dejándolos ciegos en cuanto a sus orígenes. Una metáfora que anuncia, precisamente, lo que estamos a punto de descubrir, junto con Damián y la mujer ciega, en esta secuencia: que Damián (y quizá también la mujer ciega) es el hijo robado de una madre desaparecida.

Luego, cuando el ex-torturador se aproxima a la ventanilla de la recepción, donde está Damián, para pedir la llave de la habitación, vemos un plano de la cara del tío de Damián a través del vidrio de la ventanilla de recepción, y yux-tapuesta a ella, sobre el cristal, el reflejo de la propia cara de Damián—mirando. Tanto la imagen de su tío como su propio reflejo aparecen poco nítidos, difuminados. Y luego de que el tío se marcha con la llave de la habi-tación, continuamos viendo un largo plano del reflejo de Damián en el vidrio de la ventanilla. Damián parece estar mirando su reflejo, pensativo, como si estuviera contemplándose en el espejo. Nos encontramos aquí con una nueva metáfora visual, en dos sentidos diferentes. Por un lado, el reflejo de Damián en la ventanilla de recepción anuncia lo que él escuchará y descubrirá en esta escena: que su identidad—su imagen en el vidrio—es literalmente un reflejo distorsionado, una inversión, una mentira. Pero por otro lado también sugiere que Damián terminará identificado con la mujer ciega, en tanto la situación de ella *refleja* la de él (ella también ha sido despojada de su "identidad" en esta escena; ella también podría ser, como la escena sugiere, la hija robada de una madre desaparecida). Una identificación subrayada por el hecho de que en esta escena, Damián, como ella, no puede ver, pero puede escuchar (como la mujer ciega dijera antes).

La escena que sigue en la habitación del hotel—que Damián escucha a escondidas—es una suerte de representación o reactualización de una sesión de tortura de los tiempos de la dictadura. El tío de Damián que, según descu-brimos a lo largo de esta escena, ha sido un torturador, juega con, humilla, tortura psicológicamente a la indefensa mujer ciega (no puede ver, ha sido privada además del bastón que le permitiría orientarse). Es significativo en este sentido que los espejos proliferen en esta escena: el torturador se mira en el espejo del baño de la habitación mientras se lava una y otra vez las manos antes de entrar a torturar a la mujer; ella no puede ver los espejos que pueblan las paredes—y el techo—de la habitación pero al ir palpándolos con las manos se da cuenta de que no está en la casa del hombre. Pero, fundamentalmente, la presencia de los múltiples espejos refuerza la idea de que el torturador tiene el control total de la situación (él puede ver a la mujer desde todos los ángulos mientras ella no puede verlo a él en absoluto) y, por lo mismo, metafóricamente, la idea de que la *imagen dominante* de la sociedad—el espejismo que en esta escena habrá de empezar a fisurarse—está fuertemente relacionada con la persistencia misma de la figura del torturador en primer lugar.

Es particularmente importante en esta escena lo que el torturador sugiere cuando le dice a la mujer ciega: "Te parecés a esa zurdita que a mí me gustaba . . . me recuerda a esa zurdita de los años ahí, hace como veinte años atrás," ya que el parecido de la mujer con esa "zurdita" del pasado que el torturador señala una y otra vez evoca la posibilidad de que la mujer ciega sea también hija de desaparecidos (de aquella mujer que se le parece y que habría estado presa bajo el control de este mismo torturador, según sus palabras sugieren). Después de todo, no sabemos nada acerca de la mujer ciega, quiénes son o fueron sus padres, si están vivos o muertos. La mujer podría también ser uno de esos niños robados y entregados a otras familias. Significativamente, después de que el torturador acaba con el breve relato en que revela que tiene "un sobrinito que nació allá," la mujer, que ha recuperado su bastón, empieza a romper con él los espejos de la habitación, llorando e insultando al torturador.

Al romper los espejos con el significante mismo de su identidad como ciega (su bastón), de su *ciega identidad*, la mujer accede metafóricamente a *ver*, a *saber*, y por tanto a *romper* la imagen especular, distorsionada—el espejismo—no sólo de sí misma (su identidad ciega, de sujeto que no sabe) sino fundamentalmente la imagen de una sociedad que ha negado su pasado. Imagen especular, espejismo, ceguera que son, como la escena sugiere, producto de los que tienen el control de la mirada, en este caso, de la imagen, y por tanto, el control sobre la negación del pasado, que en su negación se perpetúa; control emblemáticamente representado en esta escena por el torturador impune. Al destruir la ilusión, la negación del pasado, el espejo, la mujer accede a ver, a saber, lo que hay detrás del espejo, detrás de esa imagen invertida de la sociedad, a atravesar el espejo y ver su viceversa y, en consecuencia, a identificarse con aquellos que la negación del pasado ha ocluido de la vista.

El verdadero desenlace de esta secuencia consiste, pues, en cómo afecta esta escena de tortura a los principales personajes implicados en ella: la mujer ciega y Damián. Cuando volvemos a ver a la mujer, luego de una serie de planos con foco en otros personajes, la vemos bajar del metro y participar, del brazo con otros, en una marcha de protesta contra la impunidad: "La única lucha que se pierde es la que se abandona"—reza el cartel en el que la cámara se detiene en un primer plano—y, a continuación, vemos a la mujer palpando con las manos las figuras de trapo de los generales y de un cura en una jaula. La mujer ha tomado un rol activo, actuando en solidaridad e identificación con otros, reconociendo que ella también podría ser—es—uno de ellos. La clave en el desenlace de esta secuencia es, por consiguiente, que no importa realmente si ella es efectivamente o no hija de desaparecidos. El punto es que ella aprende a identificarse con otros, a reconocer que el pasado es una herencia compartida, a trascender su ignorancia, aislamiento y soledad metafóricamente figurados por su ceguera. Y así también somos nosotros invitados a hacerlo por la película, a identificarnos con la mujer y los otros como ella, y a romper con ella el espejo/espejismo de la Argentina y acceder a ver su viceversa.

La lucha por la memoria y la justicia—representada por la marcha de protesta—es uno de los viceversas que la película nos invita a ver: el lado del revés de la negación del pasado, la persistencia—la continuidad—del pasado en el presente (tanto en la figura de los que, perdonados e impunes, perpetúan la violencia del pasado, como en la de los que, frente al olvido y la impunidad, siguen reclamando justicia).

El otro viceversa, que presupone asimismo como condición de posibilidad esa misma continuidad (los efectos del pasado en el presente), se anuncia en los planos de Damián que siguen al final de la escena de tortura. Luego de verlo marcharse del hotel llorando, vemos a Damián sentado en el banco de una plaza, mirando, pensativo. La cámara nos da un primer plano de la cara de Damián y del casi imperceptible movimiento de sus ojos. Una rápida sucesión de planos nos muestra lo que podrían ser los objetos de su mirada: un hombre sentado con auriculares en los oídos; un hombre viejo, pobre, en cuclillas con los pantalones bajos, presumiblemente defecando; un primer plano de dos cadenas, detrás de las cuales se ven, borrosos, unos niños columpiándose en unas hamacas. La mirada de Damián, al principio de la película "sumergida en el mar," ahora está fija en las cadenas que lo (nos) atan al pasado.

Ahora bien, la sucesión de los diversos planos subjetivos en esta escena es significativa, ya que establece una continuidad entre la figura de aquel que no tiene aparentemente siquiera un baño propio y las cadenas que nos atan al pasado dictatorial.[4] Es la continuidad entre el pasado dictatorial y el presente

---

[4] Luego de la escena de Damián en la plaza, se corta a una serie de escenas en las que asistimos al monólogo de Paolucci, un personaje secundario que acaba de quedarse sin trabajo (con el que termina la secuencia). Christian Gunderman destaca la importancia que tiene el "monólogo del técnico sobre el desempleo como naufragio nacional" en esta secuencia que acabamos de analizar y el modo en que evoca "los análisis políticos de las Madres [de Plaza de Mayo]" que "plantearon (antes que ello se convirtiera en ideologema común de izquierda en los últimos dos años) que los desempleados son los nuevos desaparecidos del sistema neoliberal" ("Filmar" 89), y señala que es a partir del análisis de esta secuencia que puede concluirse que "la película plantea aquí un modelo analítico que privilegia el argumento histórico de que la violencia dictatorial habría apuntado, en última instancia, a establecer el modelo de la economía neoliberal, que ha provocado la situación de desempleo masivo, aquí simbolizado por la figura del técnico" ("Filmar" 91).

neoliberal de vastas exclusiones sociales el otro aspecto de la supervivencia del pasado en el presente que la película explora en el otro viceversa que nos invita a ver: la pauperización y desintegración de la Argentina como el reverso de una Argentina próspera, global.

Viceversa que la película nos mostrará finalmente en las secuencias que involucran a aquellos personajes que pueden ver, pero eligen no hacerlo, que no han logrado superar el pasado y, consecuentemente, no pueden o no quieren ver el presente: fundamentalmente la pareja de ancianos amantes de las Bellas Artes, pero también, aunque en un sentido diferente al de los ancianos, la misma Daniela.

Como anticipé al comienzo, Daniela es contratada por una pareja de ancianos amantes de las Bellas Artes, que no han salido de su casa desde que su nieta "desapareció," para llevarles imágenes filmadas en video de Buenos Aires, una ciudad que no han visto en diez años. Ante el primer video que Daniela les lleva, los ancianos reaccionan con disgusto y enfado ("Esas son patrañas que vos inventaste para shockearnos"—la acusa el anciano) y le encargan entonces un segundo video, que merecerá esta vez su profusa admiración y entusiasmo.

La pareja de ancianos representa uno de los modos de relación con el pasado que la película explora. Es, en sí misma, un acabado ejemplo de un estancamiento melancólico en el pasado. La pareja habita literalmente en el pasado. No han podido superar la desaparición de su nieta y, por tanto, rechazan *ver*, es decir, conocer el presente, saber lo que está sucediendo afuera del mausoleo en que han convertido su casa, el monumento que simbólicamente han construido a su nieta desaparecida, en el que están enterrados vivos con ella.

Si no salen de ese espacio clausurado, el tiempo tampoco transcurre. "¿Sabés lo que significa a nuestra edad, todavía, guardar una ilusión?"—le pregunta el anciano a Daniela cuando ésta finalmente les trae las imágenes que ellos desean ver de Buenos Aires en el segundo video. Pero, ¿en qué consiste, exactamente, esa ilusión? La respuesta parece estar contenida en el comentario de la anciana frente al segundo video, en el que afirma que si su nieta "no se hubiera apresurado, si hubiera podido ver la belleza de esta ciudad, no se habría metido en esas cosas políticas; estaría viva." ¿Por qué, sin embargo, a los ancianos les gusta el segundo video y en cambio se horrorizan ante el primer video que Daniela les lleva y la acusan de haber inventado "esas patrañas"? "Eso es la calle"—responde Daniela ante la acusación. "Eso no es la calle, eso no es arte, eso no es nada"—grita airado el anciano. ¿Qué diferencia al primer video del segundo?

El primer video consiste esencialmente en imágenes de gente pobre y/o racialmente mestiza, de aspecto indígena, en las calles de Buenos Aires (Figura 2). El segundo video, en cambio, consiste básicamente en imágenes de los techos de Buenos Aires, vacíos de gente: "¿Dónde se puede encontrar belleza en esta puta ciudad?"—le pregunta Daniela a Bocha mientras recorre

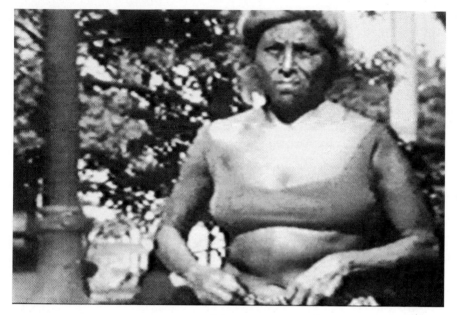

Figura 2

las calles de Buenos Aires desalentada, sin entender muy bien qué es lo que los ancianos quieren ver. "En los techos, en los techos se ve lo más lindo"—responde Bocha. Podemos ver el procedimiento "viceversa" operando de nuevo en esta secuencia. Hay, por una parte, una clara oposición, si no directamente una inversión, entre las imágenes filmadas en las calles y *debajo* del puente en el primer video (vemos particularmente una toma en que Daniela camina con su cámara bajo un puente—quizá una autopista—seguida por un grupo de niños pobres con cuya filmación termina la secuencia de la filmación del primer video), y las imágenes filmadas *arriba* de los techos en el segundo. Pero esta inversión espacial apunta también a un cambio más significativo en la elección del objeto de representación de Daniela. La objeción de la pareja de ancianos al primer video se centra en la "gente" que aparece en las calles de Buenos Aires, una ciudad que ya no conocen ni reconocen. Cuando el anciano le pide a Daniela, después de que ha rechazado su primer video, que vuelva a la calle y le traiga "cosas como la gente," ella responde literalmente preguntando: "¿qué gente?" Este malentendido y juego de palabras es la clave del título de la película. La gente cuyas imágenes Daniela captura en su primer video es el viceversa—los excluidos—de la representación de una Argentina europeizada, una imagen de Argentina proyectada desde un Buenos Aires imaginariamente blanco, europeo, próspero, imaginariamente puro en términos raciales. Las imágenes de la pobreza y la diversidad racial en las calles—

del primer video—entran en conflicto directo con el deseo de los ancianos de aferrarse a ese espejismo, cuyo carácter de tal el segundo video de Daniela pone de manifiesto ya que "la belleza" de Buenos Aires sólo puede ser producida con imágenes vaciadas de gente, de la realidad de la exclusión racial y socio-económica evidente en las calles. Resulta claro entonces por qué la película se llama *Buenos Aires viceversa* y no "Argentina viceversa." Lo que el primer video de Daniela muestra, y lo que la película nos invita a ver, es el viceversa, el otro lado de esa imagen/espejismo de Buenos Aires o, lo que es lo mismo, la otra cara de una Argentina proyectada desde esa imagen de Buenos Aires. La nieta de los ancianos, sin embargo, no había podido ver la "belleza de Buenos Aires," el espejismo al que sus abuelos se aferran, porque el viceversa de Buenos Aires *siempre estuvo allí.*

El viceversa que la película representa consiste, por lo tanto, en lo que ha sido excluido de la representación social y cultural: aquellos excluidos por el Estado neoliberal en los noventa, pero también aquellos excluidos por el Estado dictatorial—los desaparecidos—en el pasado, y que continúan estando excluidos en un país que ha negado su existencia—o su misma inexistencia—al perdonar a los responsables de su desaparición, como podrá verse con claridad en las dos últimas secuencias del film.

La primera de ellas tiene lugar en un shopping center donde Daniela, en compañía de Bocha, el niño pobre del que se ha hecho amiga, está tratando de encontrar una canción que ha escuchado una vez en la radio y que le recuerda a sus padres desaparecidos. En esta secuencia se van a cruzar varios de los personajes de la película, ya que Mario—el ex-novio de Daniela—y un boxeador del que se ha hecho amigo aparecen también en ella caminando por el shopping, al igual que Cristina—"la loca de la TV"—y, fundamentalmente, vamos a reencontrar aquí al ex-torturador "tío" de Damián, que trabaja en este shopping como guardia de seguridad. Mientras Daniela está en la disquería, escuchando la canción que finalmente ha encontrado, con auriculares en los oídos y los ojos cerrados, Bocha se va a caminar por su cuenta y roba una cámara de video. El ex-torturador convertido en guardia de seguridad aparece en uno de los pisos superiores corriendo, con un arma en la mano, persiguiendo a Bocha, quien, en el piso inferior, a su vez, también empieza a correr. Un grupo de gente, entre los que se cuenta a Mario, el boxeador y Cristina, se ha reunido abajo contemplando la escena. El guardia de seguridad dispara finalmente contra Bocha, quien se desploma, herido o muerto, sobre unas cajas de cartón. El boxeador sube corriendo la escalera y golpea al guardia de seguridad, mientras el resto de la gente mira azorada lo que ocurre. Mientras tanto, Daniela, que hasta ese momento ha permanecido ajena a lo ocurrido ya que no ha visto ni escuchado nada por tener los ojos cerrados y los auriculares en los oídos, cuando finalmente abre los ojos porque se ha terminado la canción que estaba escuchando descubre que la disquería se ha vaciado, corre hasta donde se ha amontonado todo el mundo y descubre a Bocha, en el suelo.

En la siguiente escena, vemos a Daniela caminando por la calle y llorando o, más precisamente, vemos imágenes de dos mujeres diferentes caminando por la calle, presentadas alternadamente. Vemos planos de una mujer caminando, de espaldas, a la que reconocemos como Daniela, con ruidos de la calle como fondo, alternando con planos, sin sonido alguno, de una mujer caminando de frente, a la que no conocemos, cuyo pelo se parece al de Daniela, seguida de cerca por un hombre con gafas oscuras. Al final de la secuencia la alternancia de planos se mantiene y vemos planos de Daniela, que ha bajado corriendo unas escaleras y entrado en un baño, llorando sentada en el suelo, alternando con planos de la otra mujer mientras es golpeada en el baño por el hombre de gafas oscuras. Finalmente aparece en escena Damián, que ha salido del baño de hombres de ese sitio, y que al escuchar los gritos de Daniela entra en el baño donde ella está, la abraza tratando de consolarla mientras Daniela repite gritando, entre sollozos: "Bocha, mi mamá, Bocha, mi mamá."

Resulta singularmente significativo que, a lo largo de toda la secuencia, Daniela haya sido visualmente representada dos veces como obsesionada, perseguida, presa del pasado, incapaz de dejarlo atrás. Si volvemos por un momento al final de la secuencia que acabo de describir, podemos asumir, por el modo en que ésta termina (la yuxtaposición de planos de Daniela llorando y la mujer golpeada por el hombre de gafas oscuras en el baño), que la otra mujer que hemos estado viendo y que no conocemos es la madre de Daniela, y que lo que vemos es el modo en que Daniela la imagina o, más precisamente, el modo en que imagina su "desaparición." La yuxtaposición de planos (en la calle y en el baño) pone visualmente en escena la identificación total de Daniela con su madre: visualmente—en la imaginación de Daniela—aparecen como la misma persona (el frente y la espalda de dos personas diferentes formando la imagen de una sola a través de la alternancia de planos). Y así como la madre es perseguida por el Estado dictatorial emblematizado por el hombre de gafas oscuras, Daniela es perseguida por la imagen de esa persecución, es perseguida por el pasado dictatorial no clausurado (no sólo para ella sino también socialmente, para la sociedad que ella también emblematiza).

Sería útil recordar por un momento la distinción de Sigmund Freud entre duelo y melancolía: mientras ambos son modos de lidiar con la pérdida de una persona u objeto amado, en el duelo la pérdida del objeto es superada luego de un cierto lapso de tiempo; en la melancolía, en cambio, el sujeto o ego se identifica con el objeto perdido hasta tal punto que la pérdida del objeto se transforma en una pérdida del ego (249). En este sentido, la relación de Daniela con el pasado podría definirse como melancólica, en tanto su identificación con el objeto perdido (su madre) resulta no en la disminución—literal—de su ego, sino metafóricamente, en la pérdida de sí misma, representada por la pérdida de otros objetos/personas amadas con los cuales también se ha identificado, en este caso, Bocha, con quien se ha identificado en tanto víctima (ambos son presentados por la película como víctimas: del pasado dictatorial, Daniela; del presente neoliberal, Bocha).

Si volvemos ahora al principio de la secuencia, podremos notar que la escena de Daniela en la disquería con los auriculares en los oídos duplica, como hemos anticipado, la escena inicial de la película: Daniela, al igual que Damián al comienzo del film, tiene auriculares en los oídos, escuchando una música que viene del pasado, con los ojos alternativamente cerrados o fijos/perdidos en los recuerdos evocados por la música, o en la falta de recuerdos que la música viene a sustituir, en una palabra, en el pasado. Está ciega al presente. No puede ver, ni por lo tanto saber, ni por lo tanto prevenir los hechos que se están desarrollando alrededor de ella: el hecho de que Bocha está robando una cámara de video y es luego asesinado por el guardia de seguridad en el shopping. De alguna manera, entonces, esta escena viene a replicar, en el doble sentido de duplicar y responder, a la pregunta implícitamente planteada al comienzo de la película y que condensa el núcleo temático de la misma: ¿Qué, si el alba nos sorprende con la mirada "sumergida en el mar"?

Lo que Daniela *no puede ver*, y lo que la película nos invita a considerar a través de su "ceguera," es que los vestigios del pasado están todavía vivos, aunque bajo distintos disfraces, en el presente: el ex-torturador vuelto guardia de seguridad del shopping desempeña ahora un papel reconvertido a la lógica del mercado. Lo que Daniela no puede ver es que las condiciones que crearon previamente su trauma, existen aún en el presente, produciendo nuevas víctimas, los "nuevos desaparecidos." Como señala Christian Gunderman, "en ese final [el del asesinato de Bocha] se registra, de manera concentrada, la violencia de la sociedad neoliberal, heredera y continuadora del Proceso [. . .]" ("Filmar" 87).

Es significativo, en ese sentido, que el espacio representado por la película en que se literaliza la nueva exclusión, la producción de los excluidos sociales, sea un shopping center, emblema por excelencia de la lógica de mercado, la economía globalizada y el neoliberalismo. Aludiendo implícitamente a las teorías sobre las nuevas formas de ciudadanía en la era de la globalización, fundamentalmente a la redefinición del ciudadano como consumidor, afirma irónicamente Beatriz Sarlo a propósito del shopping:

> Se nos informa que la ciudadanía se constituye en el mercado y, en consecuencia, los shoppings pueden ser vistos como los monumentos de un nuevo civismo: ágora, templo y mercado como en los foros de la vieja Italia romana. En los foros había oradores y escuchas, políticos y plebe sobre la que se maniobraba; en los shoppings también los ciudadanos desempeñan papeles diferentes: algunos compran, otros simplemente miran y admiran. En los shoppings no podrá descubrirse, como en las galerías del siglo XIX,

una arqueología del capitalismo sino su realización más plena. (*Escenas* 18)

"Si la razón de ser de las dictaduras fue la eliminación física y simbólica de toda resistencia a la imposición de la lógica del mercado" (Avelar 284), no podrá sorprendernos el que un torturador de los tiempos de la dictadura aparezca en la película como el custodio de las puertas del "monumento del nuevo civismo" (Sarlo, *Escenas* 18), a cargo de protegerlo de la intrusión de aquellos excluidos del consumo y, por tanto, de la ciudadanía—social. Esta nueva forma de exclusión—del consumo y la ciudadanía—es representada, así, como la contrapartida de aquella primera exclusión—la desaparición de tantos bajo la dictadura—necesaria para la implementación del mercado como sustituto del Estado. En este sentido, Bocha se convierte en la víctima propiciatoria, víctima del pasado y del presente, inmolado para proteger el buen funcionamiento de la lógica del consumo como definición de la ciudadanía.

No resulta paradójico, por consiguiente, que Bocha, mientras mira en la vidriera los precios de las cámaras que no puede comprar y procede entonces a robar, no se vea a sí mismo "reflejado"—filmado—en las pantallas de los televisores exhibidas en la vidriera que metafóricamente aluden a las cámaras de vigilancia. La cámara que no puede comprar, el instrumento que podría ostensiblemente convertirlo en sujeto de la representación, que le permitiría (suponemos que la cámara que roba es un regalo para Daniela) registrar el viceversa de ese espejismo que lo excluye de la representación social y cultural, es el símbolo mismo de su exclusión de esa representación. Su imagen reflejada en la vidriera confirma su estatus no como sujeto de la representación sino como objeto de vigilancia.

¿Qué respuesta, qué conclusión ofrece finalmente la película a la pregunta que la recorre en su exploración de las diversas relaciones que mantienen los personajes que pone en escena con su pasado individual y colectivo, esto es, respecto a cómo sostener una relación con el pasado, cómo permanecer fieles a la memoria de antiguas lealtades, cómo mantener viva la memoria de los muertos, sin dejar que esas lealtades nos paralicen, nos dejen ciegos frente a las realidades del presente? O, en otras palabras, ¿cómo salir de la melancolía y hacer el duelo por el pasado, por los desaparecidos, en una sociedad que, a través de la impunidad, niega su propio pasado al tiempo que lo perpetúa en la forma de una violencia social que es simultáneamente una continuación y una consecuencia de ese pasado?

La película pone en escena sólo una repuesta indirecta a estas preguntas. La insistencia en los tropos de la visión, en ver más allá de la imagen especular/espejismo de la negación obstinada, en pasar del otro lado del espejo o, a tal fin, incluso romperlo, nos alerta sobre la necesidad de representar e incluir al pasado en la imagen del presente. Pero fundamentalmente, la película sugiere un camino para el comienzo de una rearticulación de la comunidad, principio de reconstitución que es sugerido en el abrazo de Daniela y Damián al final de la secuencia que acabamos de analizar (la unión de dos víctimas directas de ese pasado), y es todavía más claro en la última secuencia del film.

En esta secuencia reencontramos a Cristina, mirando la televisión, escuchando una versión muy particular del asesinato de Bocha en el shopping, dada por su supuesto ex-marido desde el noticiero en que trabaja:

> Ocurrió hoy en un shopping céntrico al disparársele accidentalmente el arma a un oficial de seguridad, que fue agredido a golpes por Raúl Cárdenas, alias "El tigre," un boxeador de bajo perfil que totalmente alcoholizado y sin aparente motivo se abalanzó sobre el empleado del shopping quien tratando de desprenderse le disparó su arma en el forcejeo . . . Y mire Ud., hirió de gravedad a un niño que transitaba inocentemente por el Complejo Comercial. El boxeador se encuentra a disposición de la justicia.

Recordemos que Cristina es otro de los personajes que viven en el pasado; más aún, ella vive en la fantasía, ciega a la realidad de su presente: obsesionada con su presunto ex-marido, Alberto, o mejor dicho, con la imagen del mismo en la televisión (a quien trata como si fuera real, como si estuviera presente). Podemos fácilmente leer la obsesión de Cristina con Alberto y, por tanto, con la televisión, como metáfora de otro tipo de ceguera que la película explora: una ceguera resultante del hechizo producido por las imágenes de los medios masivos, que propagan el espejismo neoliberal de la modernización y prosperidad de la Argentina (recordemos que Alberto trabaja en un noticiero oficialista y señalemos, de paso, que los gestos que realiza con las manos remiten inequívocamente a la gestualidad manual—muy idiosincrásica—de Bernardo Neustadt, un periodista argentino prototípico del periodismo oficialista durante la dictadura y el menemismo).

Es particularmente significativo, en este sentido, que los planos iniciales de esta secuencia (mientras empezamos a escuchar la voz de Alberto—sin verlo—dando la noticia) nos muestren los techos de Buenos Aires, el único lugar donde Daniela había podido encontrar la "belleza" de la ciudad, poblados de antenas: una alusión metafórica, sin duda, a que la belleza de Buenos Aires (la imagen de la misma vaciada de las realidades de la exclusión racial y socio-económica) no es más que una ilusión o espejismo producido por los medios masivos.

El carácter de espejismo massmediático de esa imagen se develará en esta secuencia precisamente en la versión distorsionada que da Alberto del asesinato de Bocha, a raíz de la cual Cristina podrá, finalmente, apagar la televisión—y, por tanto, *ver*. Porque, como hemos visto en la secuencia anterior, Cristina estaba en el shopping en el momento en que Bocha fue asesinado, lo que significa que ella vio, y por lo tanto sabe, que lo que Alberto está diciendo es mentira; por primera vez verifica que hay una contradicción entre lo que ve en la televisión y lo sucedido en realidad, confirmando que la especularidad de la pantalla es en realidad falsa. El hechizo se rompe; al final de la secuencia, vemos que el televisor se apaga y, a continuación, a Cristina corriendo, hasta llegar al taller de reparación de televisores del técnico que estaba enamorado de ella. Los planos finales de la película nos muestran a Cristina y al técnico abrazándose y besándose. Un final que sugiere que Cristina ha logrado finalmente elaborar el duelo, superar el pasado, y es ahora capaz de establecer nuevos vínculos con otro(s), de comunicarse con otros. La película termina así sugiriendo un *lugar* (por) donde comenzar la reconstrucción de la comunidad que a lo largo de la película se había revelado como vedada, imposible, para los distintos personajes.

Es preciso notar que el lugar donde la película localiza visualmente la posibilidad de formar nuevos vínculos, la posibilidad de comunidad, es un *negocio de barrio*, donde se reparan televisores, "en blanco y negro y en color." Resulta interesante, en este sentido, compararlo con los otros espacios representados en la película, fundamentalmente el telo y el shopping center. Hemos mencionado ya que el shopping podía considerarse un emblema por excelencia de la globalización. Como describe Sarlo, "la máquina perfecta del shopping, con su lógica aproximativa, es, en sí misma, un tablero para la deriva desterritorializada. Los puntos de referencia son universales: logotipos, siglas, letras, etiquetas no requieren que sus intérpretes estén afincados en ninguna cultura previa o distinta de la del mercado" (*Escenas* 20).

Ahora bien, también el telo funciona en la película como lugar de encarnación de lo global o, más precisamente, de lo que Stuart Hall llama "the world of the global post-modern" ("The local" 32), que estaría siendo producido por un tipo de globalización que no busca obliterar las diferencias culturales sino operar a través de ellas (Hall, "The local" 28–33). Cuando al principio de la película le están mostrando las habitaciones del telo a Damián, el hombre que se las va mostrando las va describiendo de acuerdo al estilo en que cada una de ellas está diseñada: "la cabañita"; la "parte ecológica"; la "parte hindú"; la "nave espacial"; "lo exótico, lo romano"; el "estilo francés." En este sentido, podría decirse que el telo reproduce a la perfección la lógica de lo que Hall denomina "the exotic cuisine"; una lógica que, según Hall, constituye una de las características definitorias del "mundo de lo posmoderno global" ("Local" 32): "[T]he most sophisticated thing is to be in the new exotica. To be at the leading edge of modern capitalism is to eat fifteen different cuisines in any one week, not to eat one" ("Local" 31). Así, en tanto puesta en escena de escenarios exóticos, el telo funciona, al igual que el shopping, como espacio de representación de lo global.

Pero, además, ambos espacios—telo y shopping—comparten otra característica fundamental que también los opone al taller de barrio: ambos son espacios de tránsito, de *transición*, productos emblemáticos de un tipo de economía social y de mercado diferente a la del taller del barrio. Vale la pena señalar que los hoteles alojamiento (telos) comenzaron a ser eufemísticamente designados durante la época de la dictadura como "Albergues transitorios." El shopping center, en tanto emblema por excelencia de la lógica de mercado, es un espacio transitorio para la adquisición de mercancías, que son en sí mismas objetos transitorios. Como apunta Brett Levinson al vincular el significado de la transición democrática que siguió a las dictaduras en Latinoamérica con el papel más conservador que el concepto de transición desempeña en el mercado:

> Within the neoliberal market, which strives to recreate the citizen (or noncitizen) as consumer and, via that consumer, to establish the market and privatization as right, as necessity, and as ground of the good, transition plays a far more conservative role. Indeed, it is precisely via transition that the market recruits the citizen-consumer for the [neoliberal] consensus to which we just referred. This market presents the commodity, first, as essential, as a "must have," to seduce the purchase; but second, as *transitory*, contingent, as "not the latest," requiring replacement. The acquisition of the commodity, through constant transformations and *transitions*, informs the construction of the need for a new acquisition, for the commodity itself. In the market, then, transition and change regularly labor on behalf of neoliberalism qua the Same, indexing in Latin America precisely the vanishing of the dream of *la transición* from dictatorship (in whose earth, within Latin America, the historical sowing of neoliberalism took place) to democracy. (8–9)

Ni el telo ni el shopping center son lugares para la (re)constitución de comunidad en la película. La película no apuesta a la posibilidad de la reconstrucción de la comunidad desintegrada que representa como una comunidad de ciudadanos como consumidores en una aldea global (representada por el shopping center). Antes bien, frente a lo global representado por el shopping, vuelve a lo *local*—al taller, al barrio—como el lugar donde comenzar a reconstruir vínculos sociales. Vuelve a un lugar donde la naturaleza transitoria del consumo, el vértigo del constante reemplazo de una mercancía por otra, está suspendido. Se trata de un lugar donde las mercancías son *reparadas*, no reemplazadas. Resulta particularmente apropiado que las mercancías en cuestión aquí sean televisores. En vez de reemplazar el "espejo de las ilusiones," sugiere la película, ¿por qué no reparar el antiguo?

El hecho de que sea un taller de reparación de televisores la imagen con que se cierra la película y el lugar donde un principio de reconstitución de la comunidad se vuelva vislumbrable indica claramente que lo que necesita ser reparado de acuerdo al film como condición de posibilidad de una rearticulación comunitaria en el presente es la imagen y la *representación* en/de la Argentina. Para reparar las heridas del pasado, y el espejo de las ilusiones en el presente, sugiere la película, es necesario dar cabida a la representación del pasado, a la memoria de los muertos, y a la representación—social y cultural—de las diferencias en el presente, de los excluidos del presente, en una palabra, a la *representación del viceversa*. La estrategia formal de la película apunta, en ese sentido, a representar el viceversa del presente, el otro lado, sin ocultar las fisuras, las contradicciones entre ambos lados de la imagen.

La imagen del taller de reparación de televisores con la que se cierra la película no es, así, promesa de una imagen radiante, pura, sin costuras como representación de la Argentina sino, por el contrario, una advertencia de que es necesario reparar lo antiguo, el pasado, y que esa reparación, todavía por venir, es la condición de posibilidad para la integración de los muchos lados de la Argentina. La película nos muestra el viceversa de Buenos Aires a través de un montaje alterno, discontinuo, que reproduce a nivel formal la fragmentación social que representa; que no produce la imagen—el espejismo—de *una* Argentina sino la de una Argentina que es más que una. La película es una representación discontinua y fragmentada de una Argentina que, advierte la película, sólo podrá reconstituirse como comunidad cuando reconozca la continuidad entre su pasado y su presente, cuando no niegue su viceversa. No es una coincidencia, entonces, que el plano final de la película sea una imagen partida al medio: de un lado, la imagen de la posibilidad de comunidad (el abrazo de Cristina y el técnico), del otro, el título de la película—*Buenos Aires viceversa*. Plano de cierre que funciona como una nota al pie final de la apuesta visual de la película: de que es posible capturar el otro lado, el viceversa.

¿Debemos concluir, entonces, que frente a las otras instancias mediatizadas de representación de Buenos Aires puestas en escena y que mienten o producen espejismos—la televisión, el segundo video de Daniela—la película se propone a sí misma en tanto medio cinematográfico y en tanto representación del viceversa de Buenos Aires como la imagen verdadera o fiel de la ciudad o el país?

Desde la revista *El amante*, Hugo Salas parecería responder afirmativamente a esta pregunta:

> El gran error fue, justamente, la pretensión de dominio, la negación del director a reconocerse en la imposibilidad de su protagonista. En vez de asumir que así como ella inventa una Buenos Aires "linda" él también inventa una Buenos Aires, y que los dos no pueden sino terminar siendo víctimas de aquello que se les escapa, Agresti cree que él sí puede.

Y, sin embargo, es preciso considerar que el plano de cierre—el cual, si es leído aisladamente, podría llevar a conclusiones similares a las de Salas— reproduce la estructura del plano que aparecía al principio del film luego de la secuencia de créditos; un plano que problematiza, a mi entender, la lectura de

Salas, al sugerir que la representación—"invención"—de la ciudad que la película realiza—el viceversa que propone—dista de erigirse como única lectura de la ciudad, o la más auténtica. Recordemos que ese plano inicial estaba dividido en dos por una línea que figuraba el borde inferior de un espejo; en él veíamos dos imágenes de Mario: una al derecho, cabeza arriba, y otra invertida, cabeza abajo, es decir, veíamos cómo el espejo del techo reflejaba simultáneamente a Mario y a su reflejo en el espejo de la pared. Dijimos que en la estructura de este plano—y en la del plano de cierre que lo duplica— cristalizaba la apuesta visual de la película: mostrar una imagen/espejismo— de Buenos Aires—y su inversión, su viceversa. Ahora bien, lo que este largo plano inicial pone en escena es un juego de espejos en el que la inversión, el viceversa, podrían multiplicarse al infinito, donde se vuelve imposible determinar cuál es la imagen original, la que da origen a sus múltiples reflejos, cuál la del derecho y cuál la del revés. No será en consecuencia exagerado afirmar que la referencia a Borges, cuyo retrato presidía, como dijimos, la puesta en escena de la casa de la "Loca de la TV" (subrayando su ceguera), adquiere desde esta perspectiva un nuevo significado que refuerza el del plano inicial: el del juego de espejos y la indecibilidad del sentido, de la imagen original, de lo real. En este sentido, *Buenos Aires viceversa* resulta fuertemente auto-consciente, en términos autoreferenciales, en cuanto a sus propias (in)capacidades en tanto, ella también, imagen.

2

Padres e hijos: Un legado siniestro en *76 89 03*

76 89 03, primer largometraje de Cristian Bernard y Flavio Nardini,[1] fue filmado con un presupuesto de 50.000 dólares, aportado por sus directores, sin productores y sin ayuda del Instituto de Cine y Artes Audiovisuales, ya que los directores decidieron no pedirla. La película, luego de 20 días de preproducción, fue filmada durante un mes, de noche, en blanco y negro y en 35 mm. Se exhibió primero en video en algunos cines, hasta que un productor que la vio se interesó en ella y decidió estrenarla (Nardini y Bernard, Entrevista, *60/90* 135–136). *76 89 03* fue nominada para varios premios y participó en diversos festivales.[2] Su participación, en particular, en el II Festival Internacional de Cine Independiente de Buenos Aires del 2000 despertó reacciones intensas y contradictorias en la crítica argentina, que se tradujeron en un encomado ataque al film, por una parte, y en su decidida valoración y defensa, por la otra.

Aparecida cuatro años después de *Buenos Aires viceversa*, *76 89 03* vuelve sobre la exploración de otro aspecto de esa continuidad entre pasado dictatorial y presente neoliberal que constituía, como hemos visto, el núcleo temático de *Buenos Aires viceversa*. *76 89 03* pone en escena, también, una sociedad que es resultado y consecuencia directa de la dictadura, pero en un sentido

---

[1] Bernard estudió durante dos años en la Universidad del Cine, trabajó como asistente de dirección de *Patrón* (1995), de Jorge Rocca, y luego como asistente de dirección de cine publicitario. Desde el 2004 es profesor de Realización en la Escuela Nacional de Experimentación y Realización Cinematográfica (ENERC) del Instituto Nacional de Cine y Artes Audiovisuales, y ha dirigido numerosos comerciales. Nardini trabajó como creativo publicitario, estudió durante un año en la Universidad del Cine, y luego se dedicó a la dirección de cine publicitario. Antes de este primer largometraje juntos, Bernard y Nardini realizaron algunos cortometrajes por separado: Bernard, *La ceguera* (1990), *Encuentros lejanos* (1993) y *Skinhitler* (1998); Nardini, *The End: últimos diez minutos* (1992), *La caída de Tebas* (1993), *Qu'est-ce que c'est?* (1994) y *Tiempo de descuento* (1997). Su segundo largometraje juntos, *Regresados*, se estrenó en el 2008.

[2] Entre ellos, en el Festival de San Sebastián y en el Chicago Latino Film Festival, además de en el Buenos Aires Festival Internacional de Cine Independiente. La película fue nominada en el 2001 para un MTV movie award (Latin America), en la categoría Película de la gente, y para cuatro Cóndor de Plata de la Asociación de Cronistas Cinematográficos de la Argentina en las categorías Mejor Película, Mejor Opera Prima, Revelación Masculina y Mejor Actor de Reparto, de los que obtuvo el Cóndor a Mejor Actor de Reparto (Claudio Rissi).

diferente, y acaso más siniestro. Como me propongo demostrar en este capítulo, ese otro aspecto de la "paternidad" dictatorial de la sociedad neoliberal que la película explora consiste en las estrategias a través de las cuales se constituyó durante la dictadura cierto tipo particular de sujeto, de ciudadano; un tipo de subjetividad política que podría resumirse rápidamente con la fórmula del consumidor como ciudadano, pero que no se agota en ella.[3] *76 89 03* pone en escena una sociedad desintegrada que es consecuencia directa del modelo de país que empezaron a implementar los militares, pero no sólo ya en tanto producto de decisiones políticas y económicas de efectos devastadores, sino también, y fundamentalmente, en tanto resultado de una interpelación ideológica exitosa por parte de la dictadura. Una interpelación que tuvo éxito en producir "el efecto de creencia ideológica en una Causa y el efecto interconexo de subjetivación, de reconocimiento de la propia posición ideológica [. . .]" (Žižek, *El sublime* 73). Son precisamente sujetos identificados con una "Causa"—el modelo de país promovido por los militares—lo que la película representa a través de los personajes que pone en escena. Es significativamente este aspecto, y no el carácter alegórico de la narración o la búsqueda de una explicación para el estado de cosas representado (aquellos rasgos que distanciarían a la película del nuevo cine argentino), lo que debe ponerse en la cuenta del violento rechazo que *76 89 03* suscitó en un sector de la crítica.

En la cobertura del festival en que se proyectó *76 89 03*, afirmaba Santiago García: "La película dirigida por Flavio Nardini y Cristian Bernard es ideológicamente deleznable. Sobrepasa con prepotencia todo límite conocido de misoginia, machismo, xenofobia y racismo que se haya registrado en el cine argentino profesional" (cit. en De la Fuente). Esta acusación se origina en el hecho de que se leyó en el film una falta de distancia entre los directores de la película y sus tres protagonistas,[4] portadores de una ideología efectivamente deleznable: "tres cretinos en ciernes," como los define Silvia Schwarzböck, "formados en la escuela maléfica de una clase media devenida procesista ["procesista" alude aquí al modo en que se autodenominó la dictadura: Proceso de Reorganización Nacional]" (16). En su crítica del film, Schwarzböck sostiene que "los directores reflejan la idea de que ningún argentino es mejor que el prójimo, sino que, en todo caso, algunos están más lejos del poder y por eso sufren menos tentaciones" (16).

---

[3] Sobre la figura del consumidor como ciudadano en la era de la globalización, véase *Consumidores y ciudadanos* de García Canclini, quien, a través de una reconceptualización de la noción de consumo, reflexiona sobre las potencialidades del lugar del consumidor para el ejercicio de la ciudadanía, en una dirección interpretativa que este trabajo no sigue.

[4] Gustavo Noriega, por ejemplo, apunta: " '¿Qué piensan los directores de estas personas? ¿Cuál es la distancia entre ellos y los personajes? Esta es la pregunta que resuelve si la película es sólo una estudiantina estúpida o algo mucho peor, una canallada. Yo no vi ninguna distancia'" (cit. en Peña, "Qué lindo").

La defensa que se hizo de la película vino precisamente a poner en cuestión esa identificación no justificada entre ideología de los personajes e ideología de los directores del film y la asunción correlativa de que la película, a través de la puesta en escena de esos personajes deleznables, pretendería una representación de la sociedad argentina en su totalidad (Peña, "Qué lindo").[5]

No es mi intención intervenir en esta polémica, por lo demás antigua ya, aunque una toma de partido frente a ella sea en verdad inevitable. Me interesa sin embargo señalar que la ausencia en la película de lo que Fernando Martín Peña llama "algún tipo de valor compensatorio" ("Qué lindo"), de una representación de valores contrapuestos a los valores "ideológicamente deleznables" de los personajes del film (y que es la que habría llevado a asunciones como la de que la película apunta a representarnos "tal como somos," en palabras de Schwarzböck [17]), sirve más bien para apuntalar la hipótesis central de la película: la eficacia de los modos de "sujeción"—"the process of becoming subordinated by power as well as the process of becoming a subject" (Butler 2)—durante la dictadura. Los tres personajes cuyos recorridos la película sigue son, como sus directores los llaman, "los hijos del proceso";[6] son, metafóricamente, sus vástagos directos, el producto más puro de la ideología que el Proceso de Reorganización Nacional (la dictadura) supo promover y finalmente consolidar, aquella ideología cuya realización material—en tanto modelo de país—sólo el menemismo habría completado exitosamente en los años noventa, pero que es también la que posibilitó el advenimiento de la dictadura en primer lugar.

La película se centra en la exploración de lo que, como anticipamos, siguiendo a Foucault podríamos denominar los "efectos de positividad" del poder: "su eficacia productiva, su riqueza estratégica" (104), o, en términos más clásicamente althusserianos, en la labor de los aparatos ideológicos del Estado (dictatorial).[7] Mi hipótesis es que la película lleva a cabo esta explo-

---

[5] La reacción en contra de 76 89 03 provino de los críticos nucleados en torno a la revista de cine El amante. Su defensa principal fue realizada por Fernando Martín Peña, uno de los fundadores de la revista Film, quien habría de puntualizar: "[N]unca se me ocurrió confundir a Stroheim con los desgraciados de su Codicia, ni a Buñuel con sus Olvidados. [. . .] he visto antes en el cine [. . .] exponer determinadas conductas sin omisiones puritanas y sin forzar juicios sobre el espectador. Ese 'no forzar juicios' no implica exactamente una opción entre bandos opuestos [. . .]" (Peña, "Qué lindo").

[6] Como señala el entrevistador de los directores en Mabuse, la infancia de los protagonistas en la película funciona como un "prólogo," "donde estaría la justificación política, o ideológica, de estos personajes tan . . . políticamente incorrectos," a lo que Bernard agrega: "estos son los hijos del Proceso, los pibes que vienen de esta educación, y 15 años después vas a ver las consecuencias" (Bernard y Nardini, Entrevista).

[7] Se ha objetado, con justicia, que el concepto de "aparatos ideológicos de Estado" de Louis Althusser (que alude a las instituciones—escuelas, iglesias, familias, sindicatos, medios masivos, etc.—a través de las cuales se "inculca" la "ideología dominante" [Althusser 43, 26–46]) es en sí mismo problemático en la medida en que "[it] unproblematically assumes an

ración no sólo a través de la representación de los discursos de la familia, la escuela y la publicidad como estrategias fundamentales (aparatos ideológicos de Estado) en la constitución de los personajes del film como "sujetos" de la dictadura, sino también a través de lo que *no dice*, de lo que la elipsis temporal que la película realiza del año 1976 al año 1989 deja afuera, pero que se vuelve manifiesto en la forma de la película misma, en el género que la película cita para distanciarse simultáneamente de él. Ese género es el de las "comedias picarescas" que poblaron en forma casi exclusiva el cine durante la época de la dictadura y constituye, junto con los otros discursos que sí son explícitamente representados por la película, una determinación fundamental en la conducta y los valores de los personajes del film, aunque, de modo significativo, nunca aparezca representada como tal. La película representa el tipo de sujetos que la dictadura tuvo éxito en constituir y que son de alguna manera—*esa es "La Manera" de la que habla la película*—resultado y a la vez responsables (cómplices) de la desintegración de la sociedad a la que pertenecen; metafóricamente hijos de los victimarios, pero también sus víctimas: víctimas de una Argentina deseada, una brillante imagen publicitaria, un espejismo producido por la dictadura, que acabaría por excluirlos también.

Quisiera repasar ahora con algún detalle la trama del film, ya que éste no ha tenido mayor distribución fuera de la Argentina. Los números que le dan título—76 89 03—refieren a dos momentos significativos en la historia reciente de la Argentina, y anticipan uno que no ha tenido lugar aún en el momento de realización de la película. El primero es el año 1976, cuando empieza la dictadura militar. El segundo, 1989: el año en que la hiperinflación que asoló al país hizo terminar antes de tiempo el gobierno de Alfonsín, produciendo el traspaso anticipado de la presidencia a Menem. El tercero es un hipotético 2003, en el que, como la película anticipa, Menem volvería a ser candidato a presidente. Estos tres momentos constituyen el marco temporal

identity between the many 'autonomous' parts of civil society and the State" y, por tanto, no permite explicar "how ["in developed liberal democracies"] a society *allows* the relative freedom of civil institutions to operate in the ideological field, day after day, without direction or compulsion by the State; and why the consequence of that 'free play' of civil society, through a very complex reproductive process, nevertheless consistently reconstitutes ideology as a 'structure in dominance'" (Hall, "Signification" 100). El caso que pone en escena la película, sin embargo, es el de una dictadura en la que hubo un estricto control estatal sobre las instituciones civiles, por lo cual la "relativa autonomía" de esas instituciones se vio seriamente disminuida y, en ese sentido, esas instituciones son deliberadamente representadas en el film como "aparatos ideológicos de Estado" que "reproducen," como veremos, la ideología del Proceso, en sus múltiples aspectos. La otra justa crítica que ha recibido abundantemente este ensayo de Althusser—el hecho de que la única ideología que parece existir y que se reproduce es la dominante (Hall, "Signification" 99–100)—es, asimismo, lo que está implícito en la reacción en contra de la película; en el film, sin embargo, la ausencia de otras ideologías, como dije, apunta a enfatizar la eficacia de ciertos mecanismos de sujeción (y no a señalar la inexistencia de las mismas).

de los tres cortes sincrónicos que realiza la película en la vida de sus tres protagonistas: Dino, Salvador y Paco. Lo que une a estos tres personajes, y establece asimismo una continuidad entre los distintos momentos históricos en que la película recala para dar cuenta de los mismos, es la figura de una modelo llamada Wanda Manera, que constituye el objeto de deseo de los personajes a lo largo de sus vidas. En el primer segmento temporal, 1976, que toma apenas un momento en la vida de los tres protagonistas todavía niños, Wanda Manera, una modelo publicitaria, es lo que vuelve a este momento decisivo en sus vidas: objeto de deseo que ya desde ese momento les ocasionará trastornos de consecuencias duraderas. En la larga noche representada por el segundo segmento, 1989, Wanda Manera será asimismo la causa del accidentado deambular de estos tres personajes, ahora jóvenes de veintipico, por las calles de Buenos Aires. Reunidos en la víspera del casamiento forzado de Paco (su novia está embarazada) para celebrar su despedida de soltero, Paco, Dino y Salvador encontrarán por casualidad un maletín lleno de cocaína en el baúl de un coche que confunden con el de Salvador; intentarán venderlo para poder pagar una noche con Wanda, ahora presumiblemente convertida en prostituta fina ("puta del poder" la denomina uno de los personajes), para luego, una vez conseguido el dinero, ser robados dos veces: primero, al intentar cambiar el dinero argentino por dólares en una plaza (ya que Wanda, en plena hiperinflación, aceptaría únicamente dólares); luego, una vez perdido este dinero, al llegar al supuesto apartamento de Wanda donde no los espera ella sino tres matones armados que los despojarán del dinero que Paco pudo reunir robándolo a su futuro suegro y Salvador malvendiendo su coche, en un último intento desesperado por pasar una noche con Wanda.

En el último segmento temporal, el 2003, los tres protagonistas, ahora de treinta y pico, asisten, reunidos una vez más en la víspera de otro casamiento forzado (esta vez el de Salvador, cuya novia está embarazada), a la noticia del secuestro de Wanda Manera. Es altamente significativo en este sentido que sea en el auto nuevo de Dino, cuyas nuevas y gruesas patillas imitan las de Menem, donde los golpes en el baúl que escuchamos en la última escena sugieran que está encerrada Wanda, que habría sido secuestrada por Dino para, esta vez sí, concretar la fantasía de pasar una noche con ella. La imagen con la que se cierra la película, luego de la primera parte de los créditos finales, nos muestra a los tres niños del año 1976, inclinándose asombrados sobre el baúl recién abierto de un coche.

No es difícil leer en la figura de Wanda Manera—*modelo publicitaria* durante la dictadura, *modelo prostituida por dólares* en 1989, *modelo secuestrada* en el 2003—una alegoría del devenir histórico de la Argentina recorrido por la película en lo que va de 1976 al 2003. Su supuesto número de teléfono lo constituyen los años que la película señala como decisivos en la interpretación de la historia reciente de Argentina que propone: 76 89 03. Su nombre es una evidente deformación de "La Guantanamera," identificada en el imaginario argentino como la "canción nacional" de Cuba—transformada en esta película en "Wanda Manera" (y "Wanda ramera" y "Wanda fiestera," en la versión picante de la canción que entonan los amigos hacia el final del segmento 1989).

Es, sin duda, significativo el hecho de que sea la figura de una modelo que comenzó su carrera durante la dictadura la que emblematice la prostitución de la Argentina (por dólares) y constituya el objeto de deseo de los personajes. Pero no es menos significativo el hecho de que ese deseo (de la modelo) haya sido producido por los medios masivos—televisión, publicidad, revistas, almanaques, etc.—durante la dictadura. Cada segmento temporal se abre con una imagen televisiva (una publicidad de jabón protagonizada por Wanda en 1976; la noticia de un escándalo sexual que Wanda habría protagonizado con tres menores de edad en 1989; la noticia del secuestro de Wanda en 2003), subrayando el objeto de exploración central del segmento situado en 1976: la televisión, la publicidad—y más ampliamente los medios masivos—como elemento clave en el proceso de sujeción de los personajes.

La película en sí comienza asimismo con una publicidad de vasos de la época de la dictadura, que escuchamos, sin ver, mientras asistimos a la secuencia de créditos iniciales. El final de la publicidad coincide con la aparición del título del primer segmento temporal: "1976," y de este modo la publicidad pasa también a formar parte de este primer corte sincrónico.[8] Vale la pena citar esta publicidad en toda su extensión, ya que condensa las líneas centrales de significado que se desplegarán a lo largo del film:

> VENDEDOR. Aquí los Luxor color marroncitos, ahora los Luxor
>   verdecitos. Estoy haciendo la vidriera, Señora. Aquí los Luxor fumés,
>   ¡qué bonitos! Y rodeando los Luxor color, los Luxor filigranados.
> SEÑORA. ¿Los fili-filigranados, son en color?
> VENDEDOR. Mire, el Luxor el color lo tienen [sic] acá, acá, acá.
> SEÑORA. ¿Luxor me dijo?
> VENDEDOR. Luxor, le dije. Vasos finos, finos de fineza y finos de
>   finitos.
> SEÑORA. ¿Luxor me dijo?
> VENDEDOR. Luxor le dije. Vasos de marca, Señora.
> SEÑORA. Pero marca Luxor, ¿no?
> VENDEDOR. No, no, no, no, se ve que ella el Luxor lo tiene acá.

A continuación, finalizada la secuencia de créditos, vemos el título "1976" sobre fondo negro y luego una publicidad de jabón—"PalmoLux," "El jabón de las estrellas"—protagonizada por Wanda Manera. ¿Qué tienen en común estas dos publicidades que marcan distintivamente el año 1976 y la infancia

---

[8] Todas las escenas, al igual que cada segmento temporal, van precedidas por un título.

de los protagonistas que este corte sincrónico representa, en la que se constituye Wanda como fantasía, objeto de deseo de los mismos? Sin duda el significante "Lux," que se repite en ambas (Luxor, PalmoLux), y que alude
simultáneamente a "luz" y "lujo." La figura de Wanda como alegoría de la
Argentina empieza a configurarse así en la identificación de su imagen con el
significante "Lux" que, en virtud de estas publicidades, viene a representar la
época de la dictadura. Es importante en este sentido que la última frase de la
publicidad de vasos Luxor se escuche mientras vemos el título "1976": "No,
no, no, no, se ve que *ella* el Luxor lo tiene acá" (mi énfasis). Y luego, en mitad
de la escena de la publicidad de jabón, vemos un fundido en negro sobre el
que aparece el título "Ella." La referencia de ambos "ella" se confunde. "Ella"
alude a Wanda en la segunda publicidad, pero también, en la primera publicidad, alude metafóricamente a la época (el año 1976, la dictadura: la "ella" que
está obsesionada con el lux[or]—"ella el Luxor lo tiene acá") que Wanda—su
publicidad—representa. El *continuum* "ella" ("el luxor lo tiene acá"), la imagen de Wanda (en la publicidad de jabón) y el título "Ella" (que refiere a
Wanda) establece con claridad la identificación entre 1976, Wanda y "Lux."
Wanda como objeto de deseo producido por la publicidad pasa por consiguiente a representar a la Argentina de los militares como una brillante imagen publicitaria, mediática, que promete una Argentina luminosa, lujosa.

El otro significado que la primera publicidad vehiculiza y que habrá de
estructurar, por oposición, la película en su totalidad es el "color" (el color de
los vasos Luxor con el que la señora de la publicidad también está obsesionada). Es oportuno recordar aquí que, en Argentina, "[c]olour television
arrived in 1978, introduced at astronomical cost just in time for what was
perhaps the cultural apogee of the years of military rule, Argentina's triumph
in the 1978 soccer World Cup" (Caistor 82–83). "Luz" y "color" son los sig-
nificados principales que hacen a la imagen de la Argentina que las publicidades elegidas para representar a esta época promueven, y que se contraponen
formal y temáticamente al resto de la película, es decir, a la vida de los protagonistas ya adultos. La "luz" evocada por el significante "Lux" y presente
en la escena de la publicidad de jabón (el blanco es el color que domina la
puesta en escena: cortinas, pared, bata, bañera, espuma de jabón son blancos,
sobre los que se recorta la figura de Wanda) contrasta fuertemente con la
puesta en escena expresionista, el escenario nocturno apenas iluminado en
que transcurren los segmentos temporales de 1989 y 2003.[9] El "color" es lo

---

[9] Para Ezequiel Luka, la elección estética de un "escenario expresionista," "[p]ara recrear un
período histórico concreto" es uno de los lugares en los que habría que buscar la posición de
Bernard y Nardini sobre el mundo que representan (en vez de identificarla con la de los
personajes), en tanto "implica necesariamente un comentario sobre los hechos que allí suceden"
(139). Me parece particularmente interesante la lectura que hace Luka de esa "Buenos Aires
oscura y casi desierta" delineada por recursos que buscan "producir cierto extrañamiento: tomas

que brilla por su ausencia en la película, filmada enteramente en blanco y negro, y en la vida de los protagonistas ya adultos. Como sintetiza Dino a propósito de la "sorpresa" (una prostituta) que le tiene preparada a Paco para su despedida en 1989: "Vos eras un tipo lindo, Paquito, con vida en los ojos. Hace diez años que no te reís. Yo lo único que quiero, es que conozcas otros colores. Por lo menos dame la posibilidad de, esta noche, regalarte aunque sea un color, después si te quedás con el gris . . . " Salvador, por su parte, en esa misma noche de 1989, revela que ha pintado su auto del mismo color con que Wanda Manera se pinta las uñas de los pies ("celeste académico"[10]), un color cuya fórmula le costó muchísimo encontrar, hasta descubrirla en el esmalte de uñas de su propia madre: "¿Ustedes saben lo que me costó conseguir ese tono? [. . .] Porque no es cualquier celeste, es un celeste bravo, es un celeste caliente, un celeste imposible"—explica Salvador. La "luz" y el "color" que prometía el modelo de Argentina promovido por los militares se contraponen a la precariedad y disolución social del "sálvese quien pueda" en que viven Dino, Salvador y Paco en 1989, varados en el "gris" o en busca de un "celeste imposible"; se han revelado como una ilusión mediática, un espejismo, un afiche, como Wanda Manera misma. "La Manera es un papel, un afiche, no es un ángel guardián," dice Paco en 1989, luego de que han sido robados la primera vez, a lo que responde Dino: "No, te equivocás. *La Manera somos nosotros*, ¿o se olvidaron cómo nos conocimos?" (mi énfasis). Los dos, sin embargo, tienen razón. "La Manera" (Wanda Manera) es la manera en que han sido interpelados para desear un cierto modelo de Argentina.

Concentrémonos ahora entonces en las secuencias dedicadas a cada protagonista en 1976, que se centran en la puesta en escena de la labor de los diversos aparatos ideológicos o discursos en los que los protagonistas han sido formados—"sujetados." La primera es la dedicada a Dino, y transcurre en una escuela católica. Vemos en primer lugar al profesor, un cura, exponiendo en apretada síntesis los "valores" del Proceso:

> Hoy voy a hablarles de la Mancha Roja, que avanza y avanza [señala en un planisferio con su bastón el recorrido de la "Mancha Roja" desde el este de Europa hasta llegar a Sudamérica] lenta pero decidida a dominarlo todo y así combatir a Dios, y por ende, al hombre, convirtiéndolo en una máquina que trabaja para el Estado marxista y no para la familia, privándolo así, de su espíritu, identidad y libertad. No debemos permitir que la Mancha Roja

anguladas, cámaras puestas en lugares raros y *jump-cutting*" (137), como "un escenario deliberadamente irreal, que resulta ideal para definir con precisión la naturaleza de la 'fiesta' menemista, ese fantástico y breve mundo paralelo que muchos saludaron con entusiasmo y del que pocos quisieron quedarse afuera" (137–138).

[10] "Celeste académico" es una referencia, también, al equipo de fútbol del que es simpatizante Salvador: Racing Club, conocido popularmente como "La Academia," y cuya camiseta tradicional es a franjas celestes y blancas.

Figura 3

nos invada. [. . .] La Mancha Roja es como el demonio. Nos distrae con
literatura marxista y pornográfica, digo, para así, distraer nuestras mentes.
¿Sabían Uds. que con tan sólo una masturbación se puede malograr el
esfuerzo intelectual de todo un año de estudio?

Es significativo que precisamente después de esta última frase del cura
profesor, Dino levante la mano pidiendo permiso para ir al baño, donde habrá
de encerrarse para masturbarse con la tapa de un semanario de actualidad (la
revista *7 días*), en la que aparece una foto de Wanda Manera posando en traje
de baño como "Miss 7 días" (Figura 3), hasta ser descubierto, en plena tarea,
por el cura. En este momento el cura pronuncia la frase que habrá de marcarlo
para siempre (ya que es la que se repite en su recuerdo, en off, la noche de
1989 mientras realiza el último esfuerzo por conseguir a Wanda Manera):
"Vaya pensando qué decirle a sus padres. *Su relación con este establecimiento
ha finalizado*" (mi énfasis).

La representación de la escuela como aparato ideológico de Estado es
transparente en el discurso del cura que iguala el sexo y la ideología de
izquierda en la figura de la "Mancha Roja." Pero no menos transparente
resulta en esta secuencia la representación de una estrategia de control en relación a la sexualidad que literalmente parece, en términos de Foucault, "menos
principio de inhibición que mecanismo incitador y multiplicador" (61). Más
interesante, sin embargo, resulta esa suerte de contradicción que parece darse
entre el discurso religioso-escolar, explícitamente represivo del sexo, y la
imagen provocativa de Wanda en la portada de un semanario de actualidad,
claramente representada como incitación al sexo. La represión explícita del
sexo en nombre de la moral cristiana (que hemos visto en el discurso del cura)

durante la dictadura parece así ser desmentida en el contenido principal de los medios masivos de la época, como la portada misma de la revista que utiliza Dino para masturbarse evidencia—y anuncia—en esta secuencia. En este sentido, el discurso que apunta a la represión del sexo en la escuela católica quizá pueda ser más productivamente leído, menos como una contradicción respecto de una hipersexualización operada, como veremos luego más en detalle, por los medios masivos (fundamentalmente el cine), que como un necesario "suplemento" de una hipersexualización de los sujetos que parece haber sido uno de los modos de su sujeción durante la dictadura. Una (hiper)sexualización que es el signo en realidad de una despolitización, como puede verse, literalmente, en la escena dedicada a Salvador en 1976.

Esta escena, que tiene a Salvador como protagonista, transcurre en el taller mecánico de su padre y, no casualmente, lo primero que escuchamos en ella son anuncios publicitarios en la radio, precisamente, sobre la publicidad: "¡Cuántos buenos anuncios unen a la gente! Anuncios que emocionan, conmueven." El padre de Salvador le ofrece a éste "regalarle" el auto de un cliente que se lo dejó hace tres meses y no volvió a "aparecer" (un desaparecido por la dictadura según se sugiere). Tras hacerle prometer a Salvador que nunca va a hablar "con nadie de esto. Ni en el colegio, ni en el barrio, ni con tus amigos, ni en la iglesia, en la cancha, en ningún lado, con nadie. [. . .] como con la política," sugiriéndole que en cambio hable de fútbol o de mujeres con los amigos, y que se busque o invente, en su defecto, una chica de la cual poder hablar, el padre le aconseja: "Con el tiempo me vas a dar la razón, Salva. Las minas [mujeres] son lo más lindo de la vida. Que te traen problemas, te traen problemas, sí. Pero te aseguro que mucho menos que la política y todas esas mierdas."

Despolitización y sexualización son correlativas en la ideología vehiculizada por el aparato ideológico familiar en el caso de Salvador, que apunta a un reemplazo del discurso sobre la política por el discurso sobre el sexo. Luego de las palabras del mecánico, vemos que el interior del coche en el que está sentado Salvador se ilumina, y que Salvador mira como hechizado hacia adelante, a la cámara, hacia un punto, que no vemos, hacia el cual también el coche ha empezado a avanzar imperceptible, imaginariamente, como atraído por un imán. El padre de Salvador mira también en esa dirección y entonces dice la frase que habrá de marcar a Salvador para siempre (la que vemos que se repite en parte en el recuerdo de Salvador en 1989, y que es la que lo impulsa a desprenderse quince años después de ese auto que le ha regalado su padre, para conseguir dinero cómo sea y pasar una noche con Wanda), enunciando, a la vez, explícitamente, la alegoría que la película ha empezado a configurar a través de la figura de Wanda Manera: "Esas no, Salvador. *Nunca te van a dar bola.* Son como la escarapela: Patrimonio nacional. *Siempre de todos, pero nunca de ninguno*" (mi énfasis). No es difícil imaginar cuál es ese imán que atrae la mirada de Salvador y que el padre le anuncia que nunca se

va a fijar en él. Como la cámara nos revela más tarde, se trata de un almanaque del club de fútbol Racing, con una foto de Wanda cubierta con la
camiseta del club, que reza, arriba: "El año de Racing. 1976."

El almanaque de Racing en la secuencia dedicada a Salvador, la revista *7
días* en la dedicada a Dino (además de la publicidad de jabón al principio del
segmento 1976) son los lugares en que cristaliza en miniatura, que anuncian
más bien, la hipersexualización y consecuente despolitización producida por
los medios masivos durante la dictadura a través de la producción de un objeto
de deseo: Wanda Manera. La figura de Wanda Manera es representada en la
película como vehículo principal de esa hipersexualización en tanto objeto de
deseo producido por los medios masivos y, correlativamente, según hemos
visto, como alegoría del modelo de nación que los personajes son interpelados para desear y que rápidamente se revelará como un espejismo, como un
objeto de deseo imposible, como la propia Wanda Manera.

Por último, en la secuencia dedicada a Paco, vemos otro aspecto de la
ideología implícita en el modelo de país promovido por el Proceso (materia-
lizado aquí en los veraneos de la clase media en Miami,[11] la pérdida de la
cultura del trabajo), y las consecuencias, "literales," de creer en el "espejismo" que esa ideología supo producir. La secuencia se inicia con una discusión entre los padres de Paco, en la que la madre se queja airadamente del
fracaso de Paco en la escuela:

> ¡Es inconcebible! ¡No me pienso perder Miami por este vago de mierda que
> no hizo nada todo el año! ¿No decís nada vos? [. . .] ¡Y encima lo apañás!
> Son tal para cual, padre e hijo. Dos mediocres. Mirá, si no fuera por papá
> no nos vamos ni a La Salada, ni a las piletas de Ezeiza. Ah, pero no hay
> vuelta que darle, eh, es genético. No hay profesor particular ni nada que
> valga la pena, que lo pueda cambiar. *La mediocridad es hereditaria.* A ver,
> contáme, ¿por qué te rajaron? Porque sos un vago, y este pibe va a salir
> igual. (mi énfasis)

A continuación vemos que Paco, que ha estado escuchando la discusión en
el piso de abajo de la casa, se va en su bicicleta, mientras repite, llorando: "Yo
no voy a ser mediocre." En el camino, se cruza con una mujer a la que en
principio sólo vemos de espaldas y a la que sigue con la mirada vuelta hacia
atrás, boquiabierto, mientras sigue conduciendo. Se escucha el ruido de un
freno y un choque. El siguiente plano nos muestra a Paco tirado en el suelo,
lastimado. La mujer se da vuelta y vemos que es Wanda Manera, quien, como

---

[11] Como señala Nick Caistor, la política monetaria de libre mercado implementada por los
militares tuvo consecuencias culturales importantes: "[T]he Argentines bought the new music
for their new Japanese tape-decks; videos became all the rage as the middle classes travelled the
globe (but mostly to Miami) thanks to the vastly over-priced Argentine peso, and this consumer
culture freedom was widely touted as a great success" (82).

si se tratara de un espejismo, se acerca hacia donde está Paco y se inclina hacia él para soplarle un beso con la mano, mientras Paco suspira: "Wanda."

Como hemos visto hasta aquí, ese objeto de deseo—Wanda Manera—que alegóricamente representa el modelo de Argentina promovido por los militares, no deja sin embargo de excluir metafóricamente a aquellos que son interpelados para desearlo, a aquellos sujetos que al mismo tiempo constituye, sujeta; no deja de revelar su carácter de espejismo, inasequible para quienes creen en él. Dino es expulsado de la escuela por estar masturbándose con la imagen de Wanda; a Salvador, al tiempo que se lo incita a pensar en las mujeres y no en la política se le advierte que mujeres como Wanda nunca se van a fijar en él, y así, como se revela en la noche de 1989, a sus veintitantos años, Salvador seguirá siendo virgen, y habrá pasado "veinticinco años" masturbándose con la imagen de Wanda, deseando un imposible que no le permite, entretanto, vivir—un "celeste imposible." Y en la secuencia dedicada a Paco vemos que esa imagen *modelo* en tanto espejismo y la exclusión que ese espejismo no habrá desde ese momento de dejar de perpetuar se literalizan: Wanda es literalmente el espejismo que habrá de dejar rengo a Paco, por estar hechizado mirándola y no prestar atención a lo que sucede a su alrededor. Paco habrá de terminar repitiendo la historia de su padre y cumpliendo la profecía de su madre: será, como su padre, un "mediocre," un "vago," que intentará vivir, como su padre, de su mujer y de su suegro (nos enteramos en 1989 de que Paco va a casarse con su novia, porque vive a costa del suegro, a pesar de que no la quiere). La frase que habrá de marcar a Paco y cuyo recuerdo lo decidirá, en 1989, a robar a su suegro para juntar dinero para pasar la noche con Wanda (y dejar de ser un "mediocre" como su padre) es, por supuesto, la admonición de su madre: "La mediocridad es hereditaria." El deseo imposible de esa modelo (Wanda/Argentina) mutila metafóricamente a Paco para siempre.

Trece años más tarde, vemos a Dino, Salvador y Paco reunidos, en la despedida de soltero de Paco, bebiendo en un bar y mirando por la televisión del mismo la noticia de un supuesto "escándalo sexual" protagonizado por Wanda Manera con tres menores de edad. Este segmento temporal—"1989"—nos mostrará en qué se han convertido los personajes niños, esos sujetos— "hijos"—de la ideología del Proceso. El diálogo y la conducta de los personajes son doblemente ilustrativos de los efectos de la labor de los aparatos ideológicos del Estado dictatorial a la que hemos asistido en "1976," y de la coyuntura hiperinflacionaria que constituye el contexto de este segmento. El grueso de las conversaciones gira, por supuesto, en torno a Wanda Manera y las diversas fantasías que tienen los personajes con ella, en un registro ciertamente soez, la mayor parte del tiempo. La crudeza del registro discursivo de los personajes y la reiteración constante de los tópicos sexuales llaman la atención, sin embargo, sobre un eslabón que falta en la representación de esa hipersexualización operada por los medios masivos a través de la figura de

Wanda Manera en "1976," es decir, en la representación de los discursos que han constituido ideológicamente a los sujetos en cuestión. Un eslabón que los complementa, y que la elipsis de 1976 a 1989 deja afuera: las "comedias picarescas" de la época de la dictadura, cuya marca puede verse precisamente en los valores de los personajes que sus conversaciones trasuntan y en la trama misma de la película.

La crítica ha señalado cómo, durante la dictadura, hubo un estricto control de las producciones culturales en general y de la industria cinematográfica en particular, traducido en la intervención, por parte de la Marina, del Instituto Nacional de Cinematografía, puesto además "under the jurisdiction of the secretary of public information" (Falicov 42); la consecuente censura y prohibición de películas nacionales y extranjeras; la existencia de listas negras, etc. (Falicov 42–43). La industria cinematográfica, como señala Falicov, se volvió una industria comercial "that reproduced Argentine light sexual comedies, known as *comedias picarescas*, from the early 1960s" (44). "Comedias picarescas," apunta Alberto Ciria, era la "designación oficial" de la productora Aries, de las películas producidas por ella "donde actuaron Jorge Porcel y Alberto Olmedo," dos cómicos argentinos especializados "en la vulgaridad y el exceso [. . .]" (62). Algunos títulos resultarán en sí mismos elocuentes acerca del carácter de estos films: *Los hombres sólo piensan en eso* (1976), *Encuentros muy cercanos con señoras de cualquier tipo* (1978), *Así no hay cama que aguante* (1980), *A los cirujanos se les va la mano* (1980).

El esquema argumental básico de estas comedias picarescas es el de dos perdedores "hipersexuados" (como los califica Ciria [63]) que, a pesar de frustraciones constantes de su deseo, consiguen, de alguna manera (aunque el deseo nunca alcance su consumación o se sugiera, en ocasiones, que se consuma por la fuerza), cruzar, siquiera temporariamente, mediante subterfugios, disfraces e imposturas, las diversas barreras sociales que los separan de sus objetos de deseo. Esos objetos de deseo son, justamente, las "bellezas" representadas por las modelos y vedettes que circulaban asimismo por la televisión de la época, en los programas cómicos en los que también actuaban Olmedo y Porcel y que prodigaban el mismo tipo de humor (el del doble sentido y la alusión sexual) que exhibían las películas; ambos (películas y programas cómicos) fuertemente influenciados por el "teatro de revistas."

Desde luego, ni el género de comedias picarescas ni el humor televisivo a la Olmedo y Porcel nacen con la dictadura ni terminan con ella. Lo significativo, sin embargo, es que, en el caso de las películas en particular que es el que nos ocupa, el género de comedias picarescas sea el que favorecieron, o permitieron, casi exclusivamente los militares:[12] "these films were given the

---

[12] Otro género favorecido por los militares fue el de las películas de acción. Para más información, véase Falicov 44–45.

U ratings denied to the few local productions that still dared to treat such themes [sexuality] with dignity" (Torrents 103).

Podemos, en este sentido, fácilmente conjeturar, entrando en el terreno de la ficción representada por *76 89 03*, que Dino, Salvador y Paco han sido fuertemente modelizados por estas películas y la televisión de la dictadura, en la elipsis que va de 1976 a 1989; una suerte de "fuera de campo" determinante en la trama de la película misma. La relación de *76 89 03* con estas películas puede sintetizarse, además, en la idea original del guión tal como la resumen sus directores: tres hombres que quieren pasar una noche con Graciela Alfano [una modelo que comenzó su carrera durante la dictadura, transfigurada aquí en Wanda Manera] (Entrevista, Peña, *60/90* 133).[13]

Dino, Paco y Salvador se han convertido literalmente en los personajes de las comedias picarescas representados por Olmedo y Porcel—tres hombres "hipersexuados" en pos de un deseo imposible: Wanda Manera—pero con una diferencia fundamental. *76 89 03* muestra el lado oscuro de ese viaje hacia la consecución del deseo en la imposibilidad y frustración reiteradas a cada momento de poder acceder siquiera a la visión directa de Wanda Manera (siempre mediatizada ésta por los medios masivos) ni siquiera cuando tienen el dinero para poder hacerlo (y también en este sentido valdría la pena interpretar esa puesta en escena "oscura" del segmento "1989"). En la frustración sistemática de *toda* realización de deseo, *76 89 03* revela el carácter compensatorio que adquiere el género de las comedias picarescas durante la dictadura. Esa posibilidad de cruzar las esferas y las barreras sociales que las películas de Olmedo y Porcel ponían en escena (a pesar de los infinitos obstáculos y frustraciones o del carácter provisorio de esas "transgresiones")— esa movilidad compensatoria que ofrecían, a falta de otras movilidades y transgresiones—es también revelada así como un espejismo más promovido por la dictadura que, mientras tanto, estaba empezando a producir una brecha en la estratificación social sin precedentes en la Argentina (y cuyas consecuencias sufrirán nuestros tres personajes). Pero, además, ese "lado oscuro" de las películas de Olmedo y Porcel, esa inversión paródica lúgubre que *76 89 03* realiza de las mismas, se revela sobre todo en el registro discursivo— crudo, literal, directo, sin doble sentido ni alusiones picantes—en el que sus personajes hablan, en la violencia sexual y racial de su discurso, sobre todo del de Dino, que exhibe explícitamente, a través de esa violencia, los valores machistas, homofóbicos, xenófobos y racistas implícitos en las bromas obscenas de las comedias picarescas. Esos son, precisamente, los valores que han

---

[13] Bernard afirma que la idea de la película era hacer una "comedia negra," pero que precisamente "[e]l desafío era no caer en Porcel-Olmedo," y cifra en la explicitación verbal de aquello a que en las comedias picarescas sólo se aludía y, a la inversa, en el no mostrar cuerpos femeninos semidesnudos, su diferencia respecto de las mismas (Nardini y Bernard, Entrevista, *60/90* 136).

internalizado Dino, Salvador y Paco, como puede verse en su discurso y su conducta en la noche de 1989.

Podría concluirse, entonces, que la película sugiere que durante la dictadura se operó, junto con la censura o represión explícita de la sexualidad en los aparatos ideológicos del Estado (la escuela, por ejemplo), una hipersexualización de los sujetos que, aun cuando no hubiera sido planificada o calculada deliberadamente, globalmente (aun cuando pudiera leerse sólo como consecuencia necesaria de la ideología represiva de la dictadura), sirvió doblemente a los objetivos de la misma: por una parte, en tanto esa hipersexualización del discurso en los medios masivos redundó en una despolitización del mismo, y por la otra, y correlativamente, al constituirse el ámbito de la sexualidad en el espacio de una posible transgresión o en el único espacio posible para la transgresión. La película parece cifrar, así, el éxito de los modos de sujeción durante la dictadura para producir cierto tipo de sujetos en la postulación de la esfera de la sexualidad como el ámbito de lo prohibido y, por tanto, en la producción (o concesión) de una esfera de transgresiones posibles que funcionaran, vicariamente, como transgresiones compensatorias frente a otras "transgresiones" políticas que no estaban permitidas.

Estas transgresiones compensatorias se encarnan en los cuerpos femeninos semidesnudos y en la obscenidad y violencia sexual implícita de las producciones culturales permitidas de la época. El sexo pasó a constituirse así, parafraseando a Foucault y Althusser conjuntamente, en uno de los soportes exitosos de la producción de sujetos despolitizados, quienes podían por tanto vivir (representarse), imaginariamente, el espacio mismo de su sujeción como el de su transgresión, de su rebelión frente a las instancias políticas o sociales. De este modo, las transgresiones compensatorias de las comedias picarescas se constituyen en un vehículo privilegiado de producción y reproducción de la ideología del Proceso y, más específicamente, de los valores implícitos en las prácticas reales, clandestinas, de los militares.

Veamos brevemente como ejemplo el caso de una de esas comedias picarescas: *A los cirujanos se les va la mano* (Hugo Sofovich, 1980). La elección de este ejemplo en particular no es azarosa, ya que esta película ofrece un doble valor a los efectos de este análisis. Por una parte, su título anticipa curiosamente la justificación que habrían de esgrimir los militares en relación a las atrocidades cometidas durante la dictadura: fueron "errores y excesos en la represión del terrorismo" ("se les fue la mano"). Por otra parte, su final guarda un interesante parecido con el de *76 89 03*. En *A los cirujanos se les va la mano*, los protagonistas, dos camilleros, se hacen pasar por cirujanos para seducir a dos médicas jóvenes que sistemáticamente los rechazan aunque a la misma vez mantienen con ellos una relación afectuosa, hasta que, en el final de la película, los camilleros, ya desenmascarados, terminan anestesiándolas, sugiriéndose así que conseguirán, por la fuerza, consumar su deseo. El parecido con el final de *76 89 03*, en el cual Wanda es secuestrada con la misma finalidad, es innegable; lo sorprendente, sin embargo, es el modo en que evoca las prácticas clandestinas de tortura y exterminio por parte de los militares (violaciones, víctimas anestesiadas tiradas desde aviones en "los vuelos de la muerte," etc.). En este sentido, estas transgresiones de las comedias picarescas a la moral cristiana públicamente proclamada por el régimen militar reproducen, implícita, encubiertamente, "[t]he fantasy which underlies the public ideological text as its non-acknowledged obscene support" [. . .] (Žižek, *The Plague* 64), ese "obscene dirty secret, not publicly acknowledged," tal como denomina Slavoj Žižek (*The Plague* 55) a la ejecución del Holocausto respecto del modo en que fue tratada por el aparato Nazi, pero que se aplica bien al "sucio secreto obsceno" de las desapariciones y torturas durante la dictadura argentina. Esas "transgresiones" son, por lo tanto, plenamente funcionales a la constitución de los personajes de la película como sujetos/hijos del Proceso.

¿Acaso Dino no es, de los tres personajes, el sujeto más exitosamente constituido por la dictadura, como puede verse, entre otras cosas, en el 2003, cuando, con sus patillas menemistas, secuestre a Wanda Manera, convirtiéndose en el heredero más fiel de las prácticas materiales de los militares? En este sentido Dino es, en términos de Žižek, el perverso por excelencia: "The pervert is [. . .] the 'inherent transgressor' *par excellence*: he brings to light, stages, practises the secret fantasies that sustain the predominant public discourse [. . .]" (*The Ticklish* 248). Perversión que es representada en la película en su fantasía violenta y denigratoria de lo que haría con Wanda (si pudiera) que, aunque no la actúe, es capaz de verbalizar en toda su crudeza. Dino, al que los directores de la película declaran haber abordado "desde lo cínico, lo perverso, lo amoral" (Bernard y Nardini, Entrevista, *Mabuse*) es racista,[14] vende drogas, humilla y trata de sacar ventaja de sus amigos (como puede verse en la noche de 1989, cuando primero les hace creer que una noche con Wanda cuesta 12.000 dólares cuando en realidad él cree que cuesta 1.000, para quedarse con el resto del dinero obtenido con la venta de la droga; y luego, una vez que han sido despojados de este dinero, cuando los manipula para reunir los supuestos 12.000 dólares que hacen falta para pasar la noche con Wanda, consecuencia de lo cual Salvador vende su coche y Paco roba a su suegro). Dino tiene, además, con los poderes políticos de turno, una relación dictada exclusivamente por la conveniencia personal (declara en "1989" que "con el [presidente: Menem] que viene va a estar mucho peor [la situación del país]," para transformarse en un menemista convencido en el 2003). Es, en ese sentido, el defensor más claro del modelo neoliberal consumado en los noventa.

---

[14] En el insulto que dirige al ladrón que les roba el dinero argentino en vez de cambiárselo por dólares, Dino combina diversas categorías discriminatorias que exhiben prejuicios raciales, de clase, de nacionalidad, de ideología, sexuales.

Puede verse aquí hasta qué punto el éxito de los procesos de sujeción durante la dictadura radica fundamentalmente, de acuerdo con la película, en la producción de sujetos despolitizados, consumidores en vez de ciudadanos, identificados con un modelo de país que terminará revelándose como un modelo para muy pocos. La exclusión de este modelo de país, metafóricamente anticipada en "1976," habrá de afianzarse en la noche vertiginosa de la hiperinflación de "1989," cuando Wanda (el modelo de nación) prostituida ahora por dólares (a causa de la falta de estabilidad de la moneda) se revele como objeto de consumo inaccesible para sus fieles seguidores.

La noche del segmento "1989" nos enfrenta a una situación de completa desintegración social, representada fundamentalmente en la figura de los tres protagonistas, verdaderos victimarios patéticos, que tratan de sacar ventajas los unos de los otros y que a su vez son victimizados por otros ("Simón Movicom," el supuesto proxeneta de Wanda Manera, que los roba; Zárate, el "arbolito" que les roba el dinero en Plaza Francia; los gitanos que le compran el auto a Salvador por muy poco dinero). Sidicaro, refiriéndose a los episodios de "saqueos" a supermercados y comercios ocurridos durante esta crisis hiperinflacionaria, señala que la "disolución de los tejidos sociales" durante la misma tiene que ver con la experiencia de la desaparición del Estado:

> Sin la referencia estatal orientadora de la moneda, el conflicto en torno a los precios perdió al dinero como mediador simbólico, y se plantearon luchas sin mediación recurriendo a la violencia. Como en una experiencia de laboratorio, la ausencia del Estado produjo efectos de disolución de los tejidos sociales: "me saqueó un vecino que venía siempre a hacer compras" fue una narración habitual cuyo sentido era: "desapareció la garantía estatal que aseguraba el intercambio pacífico con mi vecino." (énfasis en el original, 50–51)

Me gustaría agregar a la descripción de Sidicaro que, además, la devaluación permanente de uno de los términos del intercambio que pone en escena la hiperinflación tiene también su correlato, como puede verse en la película, en la devaluación constante de las relaciones sociales, en la guerra de todos contra todos o la cultura del "sálvese quien pueda," que testimonia la disolución de la comunidad, la desaparición de toda solidaridad social.

Es singularmente significativo, en este sentido, que la película sitúe la acción de su segundo segmento temporal precisamente en ese momento de extrema desintegración social de 1989, en el contexto de la crisis hiperinflacionaria que incidió notablemente en el triunfo electoral de Menem, es decir, justo en el umbral de la desestatización y privatización total de la Argentina que habría de consumarse en los noventa. Por una parte, porque, como señala Sarlo, "la experiencia de la hiperinflación" (la experiencia del "miedo" que supuso) fue decisiva en la "victoria cultural" del "programa económico" que la siguió ("Ya nada" 3–4):

> Sobre todo, la experiencia de la hiperinflación minaba las bases de un tiempo cotidiano que pudiera pensarse y vivirse en los términos conocidos hasta entonces: era el desquicio, algo que se ha salido de su eje, que transformaba los pliegues más privados de la vida, volvía irrisorias todas las decisiones porque anulaba la idea misma de proyecto, es decir, de continuidad personal y social. [. . .] Cuando todo esto pareció terminar, ese miedo [. . .] originó una certidumbre: cualquier cosa menos aquello que ya había pasado. (Sarlo, "Ya nada" 3)

Por otra parte, porque la "aceptación social" de ese programa, sostiene Sidicaro, es inseparable del hecho de que logró imponerse con éxito una cierta interpretación ideológica del "fenómeno inflacionario" que consiguió "hacer ver el desborde de los precios y la caída del valor de la moneda, consecuencias de la debilidad estatal, como el resultado del exceso de presencia del Estado en la economía y la sociedad" (51).

La experiencia de la hiperinflación (de acuerdo a la cronología propuesta por la película para dar cuenta de la continuidad entre pasado y presente: 76, 89 . . .) viene a sumarse así como otra determinación fundamental en la constitución de los personajes del film como sujetos-ciudadanos-consumidores, en tanto habrá de ayudar a la realización de ese modelo de país promovido e iniciado en 1976. El año 1989 es postulado como el momento en que empieza a gestarse, literal y metafóricamente, un nuevo "secuestro" de la Argentina: el secuestro de Wanda que Dino habrá de perpetrar en "2003"—la "única" manera de conseguirla frente a los fracasos de "1989"—y el secuestro de la Argentina que el primero metaforiza. Este secuestro consistirá en la privatización/entrega del país al capital transnacional llevada a cabo por el gobierno de Menem, bajo el espejismo de la más popular de sus medidas económicas: la paridad del peso con el dólar, "garantía (no importa si real o imaginaria) de la estabilidad de los precios" (Sarlo, "Ya nada" 4), signo principal del supuesto acierto de la gestión menemista y razón fundamental del apoyo conferido a la misma. Resulta significativo que, en el mismo movimiento, el secuestro de Wanda no pueda dejar de leerse también como el intento de reapropiación violenta, por parte de los excluidos, de aquello de lo que han sido despojados (la nación).

Si *76 89 03* anticipa con éxito la candidatura de Menem a la elección presidencial en el 2003, y cifra en ella la consolidación de la transformación neoliberal llevada a cabo en los noventa, no llega a anticipar, sin embargo, la crisis generalizada que habría de sufrir la Argentina en diciembre del 2001. Aún así, aunque la película no llega a anticipar el derrumbe literal de ese modelo de país, anticipa metafóricamente, en el secuestro de Wanda (la nación) encerrada en el baúl de un coche, su fracaso respecto de las promesas de inclusión que entrañaba; el significado de ese modelo de país en tanto "desaparición"—secuestro—de una Argentina que no fuera "como la escarapela: Patrimonio nacional. Siempre de todos, pero nunca de ninguno."

Figura 4

76 89 03 termina, así, con la representación de la perpetuación más pura y literal de la violencia del pasado. La circularidad que la película traza a través de esa imagen final, en la que son los niños (Salvador, Paco y Dino) de 1976 los que contemplan el contenido del baúl del coche, subraya la continuidad entre pasado y presente (Figura 4). Tanto si es leída literalmente como una imagen del pasado dictatorial, en la que los niños de ese entonces hubieran encontrado un desaparecido secuestrado en el baúl de un coche, como si es leída como la imagen imposible que la película parece sugerir que es (los niños de 1976 contemplando a Wanda—la nación—secuestrada, "desaparecida," del presente), la imagen final establece una continuidad inequívoca entre los desaparecidos y la Argentina neoliberal, entre ambos secuestros.

El devenir de la Argentina recorrido—alegorizado—por la película puede ser resumido en los tres adjetivos que califican a Wanda Manera como modelo, como representación alegórica de la nación: *inasequible, prostituida, secuestrada*. Estas tres características que la definen pueden colocarse, sin embargo, en cualquier orden: el final circular del film muestra que la cronología de esos tres estadios de "desarrollo" de la Argentina es en realidad intercambiable. Los tres adjetivos que la califican como modelo de nación pueden aplicarse en su conjunto a cada uno de los tres momentos históricos de la Argentina que la película recorre: la Argentina secuestrada del presente es ese mismo modelo de nación promovido por los militares (que a su vez supuso el secuestro de "una Argentina"), y que habría de alcanzar su realización más completa durante el gobierno de Menem iniciado en 1989—el modelo de la Argentina neoliberal, prostituida por dólares, inasequible para la mayoría, que desde el origen de su implementación durante la dictadura militar no ha dejado de excluir a aquellos que a la vez interpelaba para que apoyaran—fantasearan, se identificaran con—ese modelo.

En la representación de la Argentina llevada a cabo, aunque el rodeo que haya dado en la exploración de la continuidad del pasado en el presente se haya centrado en la dimensión simbólica de esa continuidad—en los procesos de subjetivación/interpelación de la dictadura—*76 89 03* acaba casi en el mismo lugar que *Buenos Aires viceversa*, en la representación de la repetición de la violencia del pasado. Pero con una diferencia fundamental. No hay en ella principio alguno de rearticulación comunitaria, de sutura, de promesa de reconstitución de lazos sociales.

SEGUNDA PARTE

Introducción a la segunda parte

En los años que rodean a la crisis del 2001, llaman la atención algunas películas que recuperan y retrabajan, con nostalgia y una fuerte dosis de voluntarismo, esa fotografía color sepia de los antepasados inmigrantes, es decir, la imagen clásica de la inmigración europea como origen o fundación de la Argentina moderna. La presencia de la inmigración europea en la producción cultural argentina no es, en sí misma, nueva, ni mucho menos llamativa, en "a country that, in comparison to its native population, received one of the largest contingents of European immigrants ever recorded" (Grimson y Kessler 8). Lo que sin embargo llama la atención es el momento en que esta presencia vuelve a adquirir un lugar protagónico: el momento precisamente de la experiencia de la *disolución* de la Argentina, y con ella, de una cierta imagen de país, de una narrativa de identidad nacional asociada en más de un sentido con aquella inmigración de origen europeo que tuvo su auge hacia finales del siglo XIX y principios del siglo XX. Se trata, sin duda, de la imagen de la Argentina como una sociedad de recepción inmigratoria, en tanto tierra de las oportunidades, el progreso y el ascenso social.

En esta sección, y en la que sigue, voy a ocuparme de una serie de películas en las que la referencia a la figura de la inmigración europea ocupa, aunque en modos diversos, un lugar prominente: *Nueve reinas*, *El hijo de la novia* y *Herencia*. Una de las preguntas a la que busco responder a través del análisis de estas películas es, precisamente, a qué se debe la reactualización de la experiencia y figura de la inmigración europea en este momento histórico en particular. Se trata de un momento, justamente, en que los datos más insoslayables del trasfondo histórico sobre el cual estas películas se recortan son, por una parte, la transformación de la sociedad argentina en una sociedad de carácter fuertemente emigratorio frente a la crisis de un Estado nacional cuyo horizonte inclusivo se ha desvanecido, y, por la otra, la creciente visibilidad de los inmigrantes latinoamericanos de países vecinos, cuya proporción "to the total foreign immigrant population has increased steadily in recent decades, whereas the proportion of Europeans has tended to decline" (Grimson y Kessler 125).[1]

---

[1] En este sentido, estas películas funcionan como la contracara de *Bolivia* (Adrián Caetano,

A través del análisis de *Nueve reinas* y *El hijo de la novia* en esta sección, y de *Herencia* en la siguiente, quiero, en parte, proponer algunas hipótesis que den cuenta de las diferentes pero estrechamente conectadas razones que han vuelto a la recuperación de la figura de la inmigración europea sinónimo de una herencia de valores a preservar, de una conducta ejemplar a emular o, literalmente, de un poder de agencia a recuperar.

Empezaré en esta parte concentrándome en el análisis de *Nueve reinas* y *El hijo de la novia*: dos películas ciertamente diferentes a las que me han ocupado en los capítulos precedentes. Se trata de dos películas que constituyeron los mayores éxitos de taquilla de los años 2000 y 2001 en Argentina y se convirtieron en las dos producciones del cine argentino de los últimos años que lograron mayor distribución en los Estados Unidos y Europa.

Es mi propósito indagar qué modelo de interpretación de la experiencia de los noventa ofrecen estas películas que justifique el éxito de audiencia que han tenido, es decir, buscar una explicación de su éxito comercial que vaya más allá de la mera constatación de sus cualidades formales, del uso de fórmulas de género probadas, o de su misma concepción como películas masivas, de entretenimiento.

Me gustaría plantear que, además de señalar, en forma directa o alegórica, los cortes que han ido marcando, desmembrando el cuerpo social y la comunidad nacional, tanto *El hijo de la novia* como *Nueve reinas* producen un efecto de compensación y reparación de las heridas y daños experimentados a nivel social. Ambas representan sendas suturas simbólicas dentro del cine argentino que cierra la década de los noventa—una década, recordemos, signada al mismo tiempo por la ilusión o espejismo del ascenso de categoría y el fracaso en lo económico y social experimentado por el país en tanto comunidad nacional.

Más precisamente, mi hipótesis es que a través de la construcción de una alegoría que constituye una clave de interpretación de la experiencia de los noventa, ambas películas ofrecen una compensación y reparación simbólica frente a la pérdida que una parte importante de la sociedad argentina experimentó respecto de las ilusiones que puso en marcha el proceso de globalización neoliberal.

Conviene aclarar, antes que nada, que la herida social que se busca suturar atañe básicamente a la clase media: se trata, en estas películas, de conjurar, de reparar (la amenaza de) el empobrecimiento de las capas medias. Ambos films

2001), que explora la cara racista de una sociedad que explota y expulsa a los inmigrantes de países vecinos aún más pobres, a través de la puesta en escena de un inmigrante boliviano en la Argentina que es explotado y despreciado por el dueño del bar/restaurante en el que ha conseguido trabajo—así como es discriminado también por los concurrentes al bar, la policía y otros personajes que se aprovechan de su inocencia, estafándolo—hasta que es finalmente asesinado por uno de los *habitués* del bar/restaurante.

miran, podríamos decir, la crisis de la Argentina desde el balcón de la clase media tradicional de la ciudad de Buenos Aires, mayoritariamente (o al menos desde el punto de vista del imaginario social) de origen europeo. Y es en relación a ella que la presencia o referencia a la inmigración europea en la construcción narrativa de ambos films adquiere un lugar central.

En *El hijo de la novia*, el campo de sentido de la inmigración europea es, ciertamente, mucho más notorio que en *Nueve reinas*. La película hace hincapié en el hecho de que la sociedad que representa es hija de la inmigración. Rafael Belvedere, el protagonista, está a cargo del restaurante familiar que fundara su padre, un inmigrante italiano que logró prosperar en la Argentina gracias a su trabajo personal en el restaurante que sacara adelante junto con su esposa; y, en última instancia, el dilema que se le presenta a Rafael tiene que ver con seguir el camino de trabajo trazado por su padre inmigrante o no: conservar el restaurante familiar o venderlo a un consorcio internacional—italiano—en un tiempo en que otra "inmigración" (la del capital transnacional), y la crisis nacional consiguiente, parece haber acabado para siempre con la posibilidad del "negocio de mamá y papá" (como afirma el representante del consorcio internacional que quiere comprarle el restaurante a Rafael).

En *Nueve reinas*, si bien no hay, en tanto origen de los personajes principales representados, referencias directas al viaje inmigratorio y a la promesa de trabajo como condición de mejoramiento social que constituye su horizonte, es la desaparición de la utilidad y posibilidad del trabajo como camino social, el fondo sobre el que se recorta la realidad presente de ladrones y estafadores que constituye el universo social representado por el film. Recordemos, además, que es la herencia de los abuelos italianos el objeto de disputa entre los dos hermanos que se enfrentan a lo largo del film y el motor de la narración-engaño-reparación. El campo de sentido de la inmigración aparece marcado también por los nombres: el nombre de uno de los ex-socios del hermano "malo" de la película, Sandler, además del nombre del rabino—Meckler—al que estaría vinculada la esposa de Sandler, remiten a la inmigración centroeuropea de origen judío tan importante para la configuración demográfica de la ciudad de Buenos Aires y de las ciudades del litoral.

En *La república vacilante*, Natalio Botana señala cómo "la Argentina se constituye como una sociedad plural, pero no como una *polis* pluralista, basada en el mutuo reconocimiento de las diferencias" (88), en la que se "integró mejor a los contingentes de habitantes provenientes de ultramar que a sus habitantes originarios" (85), y describe del siguiente modo la manera en que "se imbricaron dos tipos de sociedades que se forjaron en la Argentina en el siglo XX":

> Por un lado, la sociedad nacida de la inmigración, relativamente blanca, que hace ostentación de su origen europeo. Y por otro lado, la sociedad criolla, que no sólo abarca los criollos argentinos [indígenas, mestizos], sino que

hoy incluye también a los inmigrantes provenientes de los países limítrofes. Ha habido una especie de falla geológica, una brecha muy honda, en la integración social entre ambas sociedades, porque basta recorrer el paisaje de la miseria argentina para darse cuenta de que esas diferencias sociales también responden a un diferente color de piel. (84)

La descripción de Botana de la sociedad argentina me lleva a reformular ligeramente la pregunta que planteáramos previamente en relación a la reactualización que se hace en estas películas de la experiencia y figura de la inmigración europea: ¿por qué las dos películas que analizamos en esta parte, y fundamentalmente *El hijo de la novia*, se preocupan por señalar que esa clase media de cuya declinación se ocupan es una "sociedad de inmigrantes," cuando "esa sociedad de inmigrantes ya está mayormente integrada" (Botana 97) y en ese sentido se habría vuelto indistinguible de la sociedad argentina a secas (cuando lo que es distinguible, como diría Botana, es la "sociedad criolla" excluida)?

Lo que quisiera proponer es que ambos films funcionan como el revés de la trama de la ilusión de progreso que los inmigrantes europeos en la Argentina experimentaron. Botana nos recuerda que "[l]a Argentina se había constituido, sobre todo cuando comienzan las grandes migraciones de ultramar, como el territorio de la aventura del ascenso (12). La "aventura del progreso," con "interrupciones breves en la Primera Guerra Mundial y [. . .] la crisis del 30," habría de mantener "una gran continuidad," reforzada por el peronismo, hasta entrar definitivamente en crisis en los 70 (Botana 11–12). Es, precisamente, frente a la desilusión o desazón producida por esta crisis—que se prolonga hasta el presente y que, en el plano simbólico, es la crisis de la ilusión de progreso—que tanto *Nueve reinas* como *El hijo de la novia* postulan dos posibilidades de reacción, encarnadas en el personaje principal, que son en algún sentido complementarias.

En ambas películas, el protagonista es un "chico de barrio": el chico de barrio que vive con la ilusión de que la vida se soluciona con un acto de arrojo (y de ahí la presencia de la figura de "el Zorro" como ideal arrastrado desde su infancia, como veremos luego) en el caso del Rafael de *El hijo de la novia*; el chico de barrio experto en el funcionamiento de "la calle" que se ha desentendido de la posibilidad de vivir decentemente en el caso del Marcos de *Nueve reinas*. En ambos casos, salvando sus diferencias, aparece algo importante como contracara del mito inmigratorio: el trabajo no conduce a ninguna parte. El morocho de ojos azules—marca de su ascendencia inmigratoria—se quiere "ir a la mierda," que es como decir a cualquier parte menos al lugar donde se está (irse al Sur de México a criar caballos) en el caso del Rafael de *El hijo de la novia*, o quiere "hacer mierda" (estafando a la gente) en el caso del Marcos de *Nueve reinas*. Ambos films hacen explícita la desazón del "irse a la mierda," en el caso de Rafael como una especie de *desideratum* negativo (cargado de la inmadurez que su ex-mujer le recrimina), mientras que parece pura constatación de la realidad en el "sálvese quien pueda" de Marcos (ratificada por su observación, al descubrir que el chocolate que ha robado ha sido "elaborado en Grecia," de que "este país se va a la mierda"). Esta desazón presupone la existencia pasada de un ideal de progreso, preeminente en cualquier situación inmigratoria, con cuyo agotamiento resulta muy difícil lidiar; de ahí que su búsqueda pueda conducir a la muerte (el ataque al corazón de Rafael) o al fracaso personal más rotundo: en ambos casos, una experiencia autodestructiva y que presupone una pérdida.

Lo que quisiera proponer aquí es que esta desilusión frente a la crisis o la imposibilidad del progreso es significativamente representada en estas películas como un desencanto frente al proyecto inmigratorio, produciéndose así un singular desplazamiento. Si el desencanto frente al proyecto inmigratorio se produciría cuando la sociedad de llegada no satisface las expectativas que habían generado y justificado el viaje hacia ella, es preciso recordar que, en la Argentina, esa experiencia de desencanto o defraudación de las expectativas nunca ocurrió históricamente, en términos generales, a los inmigrantes de ultramar,[2] sino a sus descendientes sesenta, ochenta, o cien años después. En este sentido, lo que quisiera sugerir es que esta suerte de desencanto *ahistórico* del proyecto inmigratorio viene a representar y encarnar, en estos films, la particular experiencia de pérdida que hubo envuelto el contrato de ciudadanía social en la Argentina de los noventa. Como si se tratara de un inmigrante desencantado, la sociedad argentina ha sido víctima de un engaño—un engaño que se origina en y se experimenta proporcionalmente al tamaño de una promesa. Ahora bien, ¿de qué engaño, de qué promesa y, sobre todo, de qué viaje inmigratorio defraudado se trata aquí, cuando la sociedad representada en estas películas, cuyo origen inmigratorio significativamente se enfatiza, está, como ya dijimos, fundamentalmente integrada?

Conviene recordar aquí la caracterización que hace Jean Franco de la "narrativa contemporánea de la globalización": "The contemporary narrative of globalization as purveyed by the World Bank and by official circles in Europe and the United States is a narrative of development fantasized as a journey into prosperity" (16). Como es sabido, en el "viaje" de la Argentina hacia el primer mundo, con cuya incorporación al cual se fantaseó colectivamente a partir de la paridad del peso con el dólar, la promesa de prosperidad resultó finalmente desmedida, tanto en lo económico como en la cuestión de

---

[2] De acuerdo a Botana, "lo que aquella Argentina ofrecía [. . .] era la posibilidad de la rápida incorporación a la sociedad civil. [. . .] Porque si el acceso al trabajo, desde John Locke hasta la fecha, es lo que define la configuración de una sociedad civil, es indudable que los inmigrantes, en su gran mayoría, lo tuvieron" (96). Sobre las dificultades de integración social, la xenofobia y la persecución política que sufrieron diferentes grupos de inmigrantes, véase la introducción al libro de Onega.

la ciudadanía social. No sólo el bienestar económico alcanzó a una pequeñísima parte de la población, cuando imaginariamente se experimentaba como general, sino que a nivel de la esfera de la ciudadanía social se produjo una regresión en cuanto al acceso a derechos básicos (salud, educación, justicia) que no sólo invertía el ideal de progreso inmigratorio sino también el del contrato social en el que se fundó la nación a partir de la Constitución de 1853 y el del peronismo que enarbolaba la justicia social como razón de ser del movimiento. Una situación que excede la simple desavenencia entre promesa y realización para adquirir la dimensión de un engaño que puede proyectarse, ahistóricamente, como la del hipotético engaño que la sociedad de llegada habría llevado a cabo frente a la inmigración de la que se desciende—y que, como vimos, nunca ocurrió históricamente.

Es en este sentido que la recuperación de la experiencia inmigratoria funciona como una lente a través de la cual se analiza la experiencia presente; menos, sin embargo, en tanto término de comparación (la experiencia actual de los descendientes de inmigrantes versus la de sus abuelos o padres) que en tanto desplazamiento de un estado de ciudadanía que no satisface a una interpretación del *papel* inmigratorio—tanto en el sentido actoral y diegético, como hermenéutico—que resulta deshistorizada, específicamente en el caso de *El hijo de la novia*. Es decir, el descendiente de inmigrantes (en esta última película), cuya vida y gestos no guardan ya el más mínimo contacto con la experiencia de la inmigración, termina *interpretando un papel*—el del antiguo inmigrante ultramarino, empezando otra vez de cero en el mismo lugar que su padre—como una forma de recuperar un estado de bienestar que se ha tenido antes. La representación de este nuevo papel inmigratorio altera, sin embargo, completamente el significado del impulso inmigratorio, al menos del que históricamente tuvo a Argentina como horizonte: los inmigrantes europeos iban en busca de una sociedad cuyo bienestar general les era desconocido en la sociedad de origen. En este sentido, el impulso restitutivo que impregna *El hijo de la novia* y que aparece tematizado como la recuperación de la herencia de los abuelos en *Nueve reinas* señala una diferencia fundamental con la experiencia de la inmigración histórica, cuya razón de ser no descansaba en gesto restitutivo alguno sino en la búsqueda de lo que nunca se había tenido. Podríamos conjeturar, entonces, que la reactualización del campo de sentido de la inmigración ultramarina en estas películas, cuando una sociedad tradicionalmente de recepción inmigratoria como la argentina se ha convertido en una sociedad de emigración, podría explicarse como una suerte de negociación simbólica entre el significado de la inmigración original, que devino un componente fundamental de la cultura y la sociedad argentina, y el impulso restitutivo de un bienestar perdido cuya pérdida ha sido simbólicamente construida como un engaño o, mejor, como un proceso de victimización.

En todo caso, lo importante aquí es que en *El hijo de la novia* y *Nueve reinas* este "engaño"—y, en cierto sentido, desengaño—genera una demanda de justicia cuya satisfacción es lo que permite cancelar en ellas la experiencia social de la pérdida. Lo que quiero sugerir es que ambas películas construyen una determinada interpretación de esta pérdida y, a la vez, trazan una dirección que posibilita su clausura y resolución a nivel simbólico al responder a—y satisfacer—una demanda de justicia. Significativamente, ambas proponen—construyen—el ámbito de existencia de una justicia alternativa que permita castigar o reparar aquello que las instituciones sociales—judicial en el caso de *Nueve reinas*, eclesiástica en el del *El hijo de la novia*—no sancionan o descuidan. En el caso de *El hijo de la novia*, la referencia a "el Zorro," que ha modelizado a Rafael durante su infancia, puede leerse, además de como estricta referencia cultural que identifica generacionalmente a los personajes del film, como ejemplo cabal de justicia alternativa. Recordemos que "el Zorro" forma parte de la tradición de justicieros enmascarados que son perseguidos por los representantes de la ley cuando son, en realidad, los verdaderos defensores de la justicia. Desde esa matriz—la de la justicia alternativa—se construye en *El hijo de la novia* un ámbito de legalidad ficcional que permite llevar a cabo, autorizándola, la ceremonia religiosa deseada y, por tanto, hacer justicia, al tiempo que se postula un modelo de trabajo o producción alternativo al de la eficiencia neoliberal y que obedece a la idiosincracia de la comunidad familiar. En el caso de *Nueve reinas*, el grupo de "estafadores" hace justicia siguiendo sus propios procedimientos (también ficcionales en un sentido fuerte), fuera de la ley, estafando a Marcos, quien había estafado a su propia familia—y a sus socios o amigos.

Lo que ha desaparecido, sin duda, en el horizonte social que dibujan estas películas, es el Estado como árbitro de la justicia. En este sentido, el disparador de ambas ficciones es la necesidad de que se haga justicia y de ajustar las cuentas con el pasado. Ambas restituyen, así, un ámbito de justicia y no es difícil conjeturar que, de este modo, responden a una necesidad social de justicia; tampoco, el que responder a esa demanda sea lo que explique en gran medida su éxito de audiencia, en el contexto de una devaluación general y corrupción de las instituciones jurídicas y políticas en la Argentina de los noventa.

Es significativo, en este sentido, que algunas de las películas más exitosas en términos de audiencia realizadas en los noventa aborden asimismo el problema de la corrupción de los poderes políticos y económicos, y consecuentemente, de la falta de justicia durante la década menemista. Tal es el caso de *Caballos salvajes* (1995) y *Cenizas del paraíso* (1997), ambas de Marcelo Piñeyro; un director considerado, al igual que Bielinsky y Campanella, como perteneciente al grupo de los "autores industriales." Y si bien no hay en estas películas una restauración total de la justicia en el plano ficcional, como sí la hay en *Nueve reinas* y *El hijo de la novia*, se producen en ellas victorias parciales, mayores o menores según el caso, que apuntan asimismo a satisfacer, o cuanto menos a poner de manifiesto, la falta de justicia en la sociedad que constituye su contexto histórico. En *Caballos salvajes*, el viejo anarquista criador de caballos que decide robarle a la financiera que lo estafara muchos años atrás el monto del que fuera entonces despojado para comprar la libertad de los caballos que crió y evitar de ese modo que sean vendidos y sacrificados, logra finalmente su cometido, pero a costa de su propia vida. Previamente, sin embargo, a ser asesinado, logra desafiar, y exponer, la corrupción de la financiera y de los medios masivos, distribuir el dinero robado de la financiera que excedía el monto del que había sido originalmente despojado entre obreros desocupados, y transmitir su legado de justicia a la joven pareja que lo hubo acompañado y ayudado en el camino hacia su destino. En *Cenizas del paraíso*, las muertes de un juez honesto e incorruptible y de una muchacha joven, hija de un empresario corrupto y que ha estado involucrada romántica y simultáneamente con algunos de los hijos del juez, desencadena una investigación judicial que resulta dentro de la ficción en el esclarecimiento de la muerte de la muchacha pero no de la del juez (aunque las causas de ésta última lleguen a ser conocidas por la jueza que lleva el caso, y por los espectadores). Como señala Carolina Rocha, "[l]a investigación judicial consigue establecer que los tres declarados culpables [los hijos del juez que se habían atribuido el crimen de la muchacha] son inocentes, con lo cual se restablece cierto orden," pero "al no identificarse a los criminales que asesinaron al juez, la justicia no se lleva a cabo. La irresolución de este caso pone de manifiesto el hecho de que las leyes no son implementadas debido a la complicidad entre el poder político y el económico" (127).

La puesta en primer plano de la justicia, o de su falta, no es, sin embargo, sólo visible en el ámbito del cine. Podría decirse que todas estas películas operan sobre el mismo imaginario que hizo de la serie unitaria argentina de televisión *Los simuladores* (Damián Szifrón, 2002–2003) un enorme éxito de audiencia, aunque de manera directa esta serie está más emparentada con la película de Bielinsky. El programa *Los simuladores* está precisamente construido sobre un esquema similar al de *Nueve reinas*, aunque se trata en él de una especie de grupo comando constituido por cuatro miembros que es contratado, por la gente común, para solucionar, *reparar* en el más amplio de los sentidos, una determinada situación que, por variada que sea, siempre conlleva una ofensa, una postergación o un engaño: "*Los simuladores* son un comando especializado en la realización de operativos de simulación. [. . .] Para resolver cada caso, *Los simuladores* organizan sofisticados simulacros y crean otra realidad que ayuda a sus clientes a resolver sus problemas" (*Los simuladores*). A diferencia, sin embargo, de otras series televisivas como *Mission: Impossible* (Bruce Geller, 1967–1973), con la que se ha identificado a *Los simuladores*, "los simuladores" no responden a ninguna organización gubernamental o paraestatal, no hay en ellos ninguna conexión con el Estado. La justicia alternativa que vehiculiza el grupo de simuladores es una justicia administrada desde la sociedad civil misma, desde una sociedad civil que no se opone simplemente al Estado sino más precisamente al monstruo generado por el cruce del Estado con un sector determinado de la sociedad civil que hace prevalecer los intereses económicos al bienestar común.

La comparación con *Los simuladores* permite introducir el mecanismo en el que se basa la administración de una justicia alternativa en *El hijo de la novia* y *Nueve reinas*. La administración de una justicia no estatal en ambas películas se lleva a cabo a través de una operación construida en torno a la simulación, a través de, literalmente, una puesta en escena, una representación, una actuación. En ambos casos, además, la satisfacción de la demanda de justicia es lo que permite la rearticulación de una comunidad que, al principio de ambos films, había sido representada como, en mayor o menor medida, desintegrada. La crítica ha señalado que "*Nueve reinas* y *El hijo de la novia* tienen finales muy semejantes: la idea de un grupo afín afectivamente que termina encerrado, resistiendo a lo que ocurre en la Argentina que está afuera . . ." (Bernades, Lerer y Wolf, "De la industria" 129). Si bien esta descripción parece corresponder más bien a *Nueve reinas* que a *El hijo de la novia*, la misma me lleva a formular una pregunta, con la que me gustaría cerrar esta introducción, respecto a estas comunidades formadas por "grupos afines afectivamente" que parecen postularse al final de las películas como alternativas de reconstitución de las comunidades desintegradas de las que provienen: ¿mantienen las mismas su significado alegórico de representaciones metafóricas de la comunidad nacional o, en el proceso de reconstituirse como comunidades a través de los procedimientos elegidos, su significado alegórico mismo se ha desplazado y han pasado a convertirse en emblemas de comunidades alternativas en tanto propuestas de una comunidad ideal— local—cuyo funcionamiento se daría al margen de la nación?

3

Nueve reinas: Ese oscuro día de simulación y justicia

Nueve reinas, el primer largometraje de Fabián Bielinsky,[1] ocupa un lugar raro en el panorama del nuevo cine argentino. Como observaba un crítico en el año de su estreno en la Argentina, la película "funcionó en terrenos aparentemente irreconciliables: se trató de una opera prima [. . .] y fue financiada por las productoras más poderosas del medio local; se ganó el favor del público y también el de la crítica" (Batlle, "Buen año"). Multipremiada y largamente aclamada por los críticos, constituyó asimismo un enorme éxito de taquilla.[2] Transitó el camino de los festivales internacionales, y a la vez conquistó rápidamente los mercados internacionales, convirtiéndose en una de las películas argentinas con mayor distribución en Europa y los Estados Unidos en los últimos años, para finalmente alcanzar el "máximo reconocimiento": el discutible privilegio de una *remake* americana, *Criminal* (Gregory Jacobs, 2004).

Nueve reinas es, a diferencia de las películas que hemos discutido en capítulos anteriores, una película de género: un policial de estafadores (los críticos la han comparado con *House of Games*, de David Mamet). El hecho mismo de que a poco tiempo de su estreno Hollywood hubiera comprado los derechos para hacer una *remake* prueba que, en tanto película de género, *Nueve reinas* puede funcionar perfectamente en otros contextos nacionales (de ahí su éxito internacional), más allá del contexto nacional específico en

---

[1] Fabián Bielinsky (1959–2006) estudió en la Universidad del Cine en Argentina en los años ochenta y trabajó durante muchos años como asistente de dirección y en publicidad. El guión de la película *Nueve reinas*, escrito hacia fines de 1996 y principios de 1997, consiguió recién financiación cuando, en 1998, ganó el concurso "Nuevos Talentos Cinematográficos," organizado por una serie de empresas (Patagonik Film Group, Industrias Audiovisuales Argentinas, Kodak Argentina, FX Sound y J.Z. y Asociados), obteniendo como premio la realización del film (Schettini). En el año 2005, estrenó su segundo largometraje, *El aura*.

[2] Entre los muchos premios cosechados por la película, pueden mencionarse los siete Cóndor de Plata de la Asociación de Cronistas Cinematográficos de la Argentina en el 2000 (Mejor Película, Mejor Director, Mejor Actor [Ricardo Darín], Mejor Guión Original, Mejor Actriz de Reparto [Elsa Berenguer], Mejor Fotografía, Mejor Montaje), el premio a Mejor Película Argentina 2000 de la FIPRESCI Argentina, el Premio del Público y el Premio Mejor Director en la Muestra de Cine Latinoamericano de Lérida (2000) y el premio Mejor Actor: Ricardo Darín y Gastón Pauls (compartido) en el Festival de Biarritz–Cinémas et Cultures de l'Amérique Latine (2001).

que la trama se desarrolla, y no requiere necesariamente ser leída en el marco de ese contexto (ni presuponiendo su conocimiento) para ser disfrutada por diferentes audiencias nacionales. Como señala Deborah Shaw, "it is concerned with local issues that have resonance in the social-political landscape of contemporary Argentina, while also being a film rooted in the internationally recognizable genre of the scam movie or crime thriller, with a plot-driven narrative and an ingenious twist that viewers can enjoy without any knowledge of Argentina" ("Playing" 68). Esta fuerte inscripción de *Nueve reinas* en un género "americano" quizá pueda explicar también la sorpresa del propio Bielinsky ante el modo en que su película fue leída en Argentina, como un film específicamente argentino. "Mi prioridad era la historia," afirma Bielinsky, "contar el cuento de la mejor manera que pudiera y lo más entretenida posible en el sentido más positivo y cinematográfico de la palabra. Pero yo sabía que esta historia tenía una segunda lectura que habla de un estado de ánimo, de una sensación que unos tenemos tarde o temprano en Buenos Aires, particularmente," y admite: "Me sorprendió un poco que, mucho más de lo que yo creía que iba a pasar, se leyó este sentido de la película. Permanentemente la gente se me acerca y me dice: 'Esto es lo que somos, qué mal que estamos'" (Bielinsky, Entrevista).

Este lado "argentino," sin embargo, como se desprende de las palabras del propio Bielinsky, no es meramente el ropaje o decorado local (accesorio o prescindible) de una trama de género universal (aun cuando ésta pueda volverse universalizable); antes bien, se trata de un contexto que es esencial en la construcción misma de una trama que puede ser leída, en consecuencia, como argumento en este capítulo, como una alegoría nacional.

En una de las muy pocas críticas negativas que la película ha recibido, Raúl Beceyro afirma que "la última estafa de *Nueve reinas* no es una de las tantas perpetradas por [. . .] [sus personajes], sino la que efectúa el propio film con los críticos [. . .]. Hacerles creer que *Nueve reinas* es, al mismo tiempo, 'milagrosamente' [. . .], un producto industrial y un gran film," y concluye que "*Nueve reinas*, siendo, como es, un brutal exponente del cine del mercado, tiene como cuestión básica dejar tranquilo [*sic*] a sus espectadores, una vez que ha terminado la proyección" (3). Quisiera, sin embargo, plantear que ese carácter tranquilizador que Beceyro le adjudica a la película, como efecto de su carácter industrial, no es sino un fácil *misreading* de la misma. Como me propongo demostrar aquí, *Nueve reinas* produce un efecto de compensación y reparación simbólica frente a la pérdida experimentada a nivel social que representa, pero, en el mismo movimiento, vuelve ese efecto inestable, indecidible, y en última instancia, señala la radical imposibilidad de esta reparación. O, para decirlo con los términos de Beceyro, el film *satisface* a los espectadores, pero, a la misma vez, los deja *intranquilos*, al poner en evidencia una complicidad social colectiva en el proceso de desmoronamiento nacional que constituye el contexto histórico y narrativo del film.

Lo que quiero proponer aquí es que la película articula una de las narrativas centrales a través de las cuales fue conceptualizada la experiencia de los años noventa en la Argentina, para terminar señalando, precisamente, su carácter compensatorio y tranquilizador. De este modo, *Nueve reinas* es una película doblemente engañosa. Lo es indudablemente desde cl género en que se inscribe, en tanto éste requiere que nada sea lo que parece, pero traiciona también las expectativas del género con la revelación sorpresiva del final en la que el espectador descubre simultáneamente la verdad detrás del engaño del que ha sido objeto y la nada tranquilizadora verdad de que, detrás de ese engaño hábilmente construido, no hay sino simulación.[3]

Recordemos brevemente la historia narrada en la película. Marcos y Juan, dos estafadores callejeros, se conocen "casualmente" mientras Juan intenta estafar "con un truco" a una empleada del *minimarket* de una estación de servicio. Juan es "desafortunadamente" descubierto en su estafa y Marcos lo salva, proponiéndole a continuación que trabajen juntos por un día, oferta que Juan acepta no sin reticencia. Entregados a la tarea de realizar estafas menores en la calle en ese "día de trabajo" (en el que Marcos estaría adiestrando además al principiante Juan), Marcos y Juan se enteran "casualmente" de la existencia de la falsificación de unas estampillas de, supuestamente, muchísimo valor (las "nueve reinas"), realizada por un ex-socio de Marcos llamado Sandler, quien le encomienda a Marcos la venta de las estampillas falsificadas. Marcos y Juan se ocuparán entonces de vendérselas a un empresario español, filatelista, que "casualmente" se encuentra hospedado en el hotel internacional donde trabaja Valeria, la hermana de Marcos, que mantiene con este último una disputa en torno a la herencia dc los abuelos (Marcos se había apropiado de la herencia). Luego de acordar la operación con el empresario español, que les ha ofrecido una cifra mucho mayor de lo que esperaban, Marcos y Juan son "casualmente" despojados en la calle del maletín donde guardaban las estampillas por unos ladrones en moto, quienes arrojan las estampillas al canal de Puerto Madero. Para no perder el negocio, deciden entonces comprar con sus ahorros (200.000 dólares de Marcos—el dinero de la herencia robada—y 50.000 dólares de Juan) la plancha de estampillas "originales" que "casualmente" están en poder de la hermana rica del ex-socio de Marcos que había hecho la falsificación. Finalmente, una vez que entregan las estampillas al empresario español usando a Valeria como

---

[3] Lo que me interesa fundamentalmente de la simulación como concepto, además del sentido de engaño o representación que vehiculiza, es su carácter de indecibilidad en términos de verdad o falsedad que Jean Baudrillard ha teorizado extensamente: "pretending, or dissimulating, leaves the principle of reality intact: the difference is always clear, it is simply masked, whereas simulation threatens the difference between the 'true' and the 'false,' the 'real' and the 'imaginary'" (3). Es esta noción de simulación la que aplica a varias instancias de engaño que analizo, particularmente en la conclusión del film.

intermediaria—ya que el empresario español ha puesto como cláusula adicional del negocio que Marcos "entregue" a su hermana como parte del "paquete"—Marcos y Juan se encuentran con que el banco en que deben canjear el cheque de caja que el empresario le ha dado a Valeria como pago por las estampillas ha sido suspendido por el Banco Central (su directorio se ha fugado con todos los fondos). En la última escena, en la trastienda de lo que parece ser un depósito de escenografías teatrales y restos de figuras de parques de diversiones, se revela que todas las casualidades en realidad nunca lo fueron y que todo lo que *parecía* en definitiva no *era*: Juan se llama en realidad Sebastián; es en realidad el novio de Valeria; con ella, y con la ayuda de amigos, actores y/o ex-socios de Marcos estafados por él, llevó a cabo el engaño para que Valeria pudiera recuperar el dinero de la herencia y, de paso, castigar a Marcos, hacer justicia. Marcos, el estafador de poca monta, es el que termina siendo objeto de una estafa, de un "cuento," de un "truco," del mismo tipo de truco que es su "profesión" llevar a cabo. Es altamente significativo en este sentido que el final de la película nos muestre a un Marcos que no se ha dado cuenta de que todo ha sido una venganza privada y que, por tanto, termina siendo constituido, por efecto del truco mismo, en una víctima más de un "país [que] se va a la mierda" (según ha observado Marcos, como hemos visto, a propósito de la importación de chocolates). El espectador, entre tanto, que ha sido llevado a creer durante toda la película que la historia de las "nueve reinas" era una trampa fabricada por Marcos para engañar al inexperto Juan, ha sido no menos engañado que el propio Marcos. Como señala Bielinsky, "[p]ara armar la trama de esta película utilicé estructuras propias de la estafa. El hecho de que yo pueda usar estos elementos como forma cinematográfica, obliga a una reflexión acerca de qué es el cine y cuán cerca está el cine de la estafa, de hacerle creer a alguien cosas que no son" ("El ilusionista").

De este modo, la película es también engañosa acaso en un sentido más inquietante. En la representación construida para engañar a Marcos (y engañarnos como espectadores) puede leerse una alegoría que condensa una interpretación de la experiencia de pérdida de los noventa. Una interpretación que parece conceptualizar la promesa que conduce a ella como un engaño del que la sociedad argentina habría sido víctima inocente, y que produce asimismo un efecto de compensación y reparación simbólica al castigar al que ha señalado como metafóricamente responsable de ese engaño, satisfaciendo de ese modo una demanda de justicia originada precisamente en ese engaño. Sin embargo, tanto el modelo de interpretación del proceso de desintegración social puesto en escena como la reparación simbólica que la película ofrece son puestos en cuestión por el final del film en que se revela que todo es pura simulación. El hecho de que la reparación sea llevada a cabo por medio de un engaño produce un modelo de restitución cuyo referente es la simulación. Además, el hecho de que el final de la película sugiera una nueva simulación arroja dudas sobre la posibilidad misma de la rearticulación comunitaria producida ostensiblemente en la escena final del film.

En lo que sigue, me propongo examinar en qué consiste y cómo se articula esa alegoría que la trama enmarcada para castigar a Marcos sugiere, prestando especial atención a los espacios elegidos para su puesta en escena, para concluir con el análisis del modo en que el final doblemente engañoso de la película viene a cuestionar la clave de inteligibilidad construida a través de esa alegoría, y sus efectos correlativos de reparación simbólica y rearticulación comunitaria. Primero, me gustaría detenerme en algunas escenas en que el film proporciona indicios formales, visuales, que contradicen la información engañosa que nos proporciona el desarrollo de la trama, y sugieren la naturaleza real del engaño puesto en escena.

Antes que nada, conviene empezar aclarando en qué consiste exactamente el "trabajo" de Marcos. Marcos es "filo"—apelativo con que lo identifica Juan en una de las primeras escenas de la película ("Sos filo"—adivina Juan. "Mecánico dental"—responde riéndose Marcos). El *Diccionario de la lengua española* recoge el uso de "filo" en Argentina: "Persona que afila o flirtea" (969). Ampliando la definición de la Real Academia, "hacer el filo" en dialecto rioplatense significa hablar, adular, seducir a alguien ("hacer el cuento," en suma) para que acepte lo que uno propone y no casualmente por tanto se utiliza para referirse a la seducción sentimental. En el contexto de la jerga del hampa representada en la película, el "filo" es aquel que comete una estafa al convencer a alguien de que le dé dinero para hacer un negocio. En este sentido, la venganza, lo que hace Juan, es "hacerle el filo" pacientemente a Marcos, el "filo," mientras Marcos cree que es él quien está manipulando y tratando de estafar a Juan. Otro tanto, hemos dicho ya, es llevado a creer el espectador, el verdadero objeto, a nivel formal, del cuento–engaño que construye la película.

Suficientes pistas falsas, que no aparecen motivadas como parte del engaño destinado a Marcos y que debilitan la estructura causal y motivacional de la trama cuando ésta es reconstruida retrospectivamente a partir de la revelación del final, aparecen diseminadas en el film para engañar al espectador (y también en este sentido la película resulta tramposa respecto de su propio género). En primer lugar, después de la escena en que Juan le revela a Marcos que tiene 50.000 dólares que ha juntado para ayudar a su padre, Marcos hace una llamada telefónica que no deja que escuche Juan, y después de esta llamada es que empieza a desplegarse la historia de las estampillas; luego, cuando Marcos y Juan van a buscar las estampillas falsas a la casa de Sandler, vemos un plano subjetivo desde el punto de vista de Juan de un pergamino en la pared de la casa de Sandler en el que aparecen los nombres del rabino Meckler y de la localidad de Basavilbaso en Entre Ríos, con los cuales Juan arma la historia que termina por convencer a la mujer de Sandler de que les dé el sobre con las estampillas (plano subjetivo que sugiere que a Juan acaba de ocurrírsele esa historia, lo que no se sostiene retrospectivamente cuando nos enteramos de que todo ha sido planeado de antemano); más tarde, en el momento en que Marcos y Juan son despojados del maletín con las estampillas por los ladrones en moto es Marcos quien le está dando un beso en la frente a Juan (lo que justificaría el descuido); más importante, sin embargo, es cuando, antes de decidirse a utilizar sus ahorros de 50.000 dólares para la compra de las estampillas "originales," Juan va a ver a su padre preso, quien necesita ese dinero para sobornar a un juez para que lo deje libre—una escena que sólo tendría sentido si Marcos pudiera verla, ya que ratifica la apariencia de autenticidad de Juan, pero Marcos no puede verla y sólo se justifica su presencia ahí en tanto pista falsa para el espectador.

Entre las claves formales que contradicen estos indicios, vale la pena detenerse en primer lugar en la escena en que la asociación entre estos dos estafadores se establece, ya que ésta anuncia visualmente que la historia que está a punto de desplegarse es en realidad una representación, una ficción dentro de otra ficción. Luego de que Marcos salva a Juan de su "torpeza" estafadora en la escena inicial, ambos caminan hasta una playa de estacionamiento vacía, en la que Marcos le propone a Juan que trabajen juntos por un día y éste finalmente acepta. En esta escena vemos distintos planos de Marcos y Juan conversando, la mayor parte del tiempo contra un fondo de paredes de ladrillo a la vista. En el momento en que Juan, ante la oferta de Marcos de enseñarle "un par de yeites" le dice, "probá decirme la *verdad*" (mi énfasis), la cámara empieza a girar—a *bailar*—lentamente alrededor de ambos, en un plano de *travelling* circular que los envuelve mientras Marcos le dice la verdad a Juan: "Yo trabajo con otro tipo, un socio, el Turco, y hace como una semana que desapareció, no sé, se borró por completo. La verdad es que yo necesito una pierna, no sé trabajar sólo, no puedo. Y te vi ahí en la estación de servicio y pensé: por ahí."

El plano de *travelling* circular mientras Marcos está hablando sugiere que sus palabras—y la trama que se despliega a partir de ahí—envolverán a Juan, implica que Juan está siendo verbal y visualmente *enmarcado* (*framed*). Sin embargo, resulta singularmente significativo que el súbito baile de la cámara en este plano sea realizado contra el fondo de una pared de ladrillo a la vista, sugiriendo otro punto de referencia para el *framing* visual puesto en escena. La escena provee un punto de referencia literal, una traducción visual del título de la canción que Juan intentará recordar a lo largo de toda la película— "Il ballo del mattone" ("El baile del ladrillo")—y que es la que marca la indecibilidad respecto de la autenticidad o no de Juan. Recordemos que, después de haber aceptado asociarse con Marcos, mientras ambos caminan por la calle, Juan entra de repente a comprar un autito de colección en una mesa de saldos, y a continuación le cuenta a Marcos recuerdos de su infancia, recuerdos presididos por una canción de Rita Pavone que su madre escuchaba y que Juan no consigue recordar ("Il ballo del mattone"). A casi todos los personajes que se va encontrando a lo largo de sus periplos por la ciudad con Marcos, Juan les pregunta si recuerdan ese tema de Rita Pavone. Cuando se revela al final del film que el comportamiento de Juan a lo largo del mismo ha sido una elaborada actuación, su preocupación con la canción podría parecer meramente parte de esa actuación. Cuando les pregunta acerca de la canción a sus compañeros de estafa una vez que se ha revelado ya el engaño, sin embargo, la canción y el intento de recordarla se vuelven la cifra del carácter y pasado auténticos del Sebastián real y, a la vez, de su posible inautenticidad, del hecho de que "Sebastián" sea también un personaje, un rol a representar. En cualquier caso, el "baile" de la cámara frente a la pared de ladrillo y la insistente indagación de Juan acerca de "Il ballo del mattone" como leitmotif de su actuación sugieren que es Juan quien está manejando los hilos, que Marcos es en realidad quien bailará al son de la ficción diseñada para él. Si *mattone* (ladrillo) en italiano significa figuradamente "un peso gravoso, una persona insoportable, en última instancia, algo difícil de tragar" (FLV), no resulta difícil imaginar quién es el "ladrillo" a quien el "cuento" de la película hace bailar. En este sentido, el cuento que se le hace a Marcos también puede leerse como la expansión narrativa de la expresión "dar un baile" que, una vez más en dialecto rioplatense, significa hacer pasar a alguien por una situación difícil: "el baile del ladrillo."

En segundo lugar, en la escena en que Juan le cuenta a Marcos que tiene ahorrados 50.000 dólares, que transcurre en un café en que ambos están llevando a cabo un truco para engañar al camarero, Juan sale del café después de haber hecho su parte, se sienta en el borde de la ventana abierta que está junto a la mesa en la que está sentado Marcos, y le cuenta a Marcos distraídamente la "historia de su vida":

JUAN. Necesito guita.
MARCOS. Mirá vos, qué original.
JUAN. No, necesito guita, ahora, mucha. Por eso estoy en la calle.
MARCOS. ¿Qué pasó, te levantaste ambicioso?
JUAN. No, mi viejo. Estoy juntando guita para él.
MARCOS. ¿Cuánta?
JUAN. Mucha.
MARCOS. Dale, ¿cuánta?
JUAN. Setenta lucas.

Mientras escuchamos el diálogo arriba citado, que constituye el comienzo de la historia de Juan, vemos un plano en cuya mitad superior se yuxtaponen la figura de Juan (del lado de afuera de la ventana), y la de Marcos, dentro del café, *enmarcado* por el marco de la ventana abierta (Figura 5). Visualmente, el plano anuncia que es Marcos quien está siendo *framed* por la historia de Juan.

Figura 5

¿Cuáles son, sin embargo, las razones para darle a Marcos semejante "baile," para "hacerle el cuento"? Quiero concentrarme ahora, para responder a esta pregunta, en la alegoría que la trama configura.

El hecho que dispara la venganza en contra de Marcos, la necesidad de hacer justicia, es que Marcos ha robado la herencia de los abuelos italianos, despojando a su hermana Valeria y a su hermano menor, Federico, de su parte de la herencia. Y aunque Valeria le está haciendo un juicio a Marcos por ese motivo, se ha elegido otra vía para hacer justicia: hacerle el filo al filo o, en otras palabras, darle a probar a Marcos de su propia medicina.

La demanda de justicia se genera—y se satisface—en el ámbito familiar. Se trata de una disputa entre hermano y hermana acerca de una herencia familiar de la que uno ha despojado a los otros. En este sentido, no sería difícil leer el cuento que se le hace a Marcos como una lección de lo que sucede a quienes transgreden la "ley primera" de "la nación," tal como fuera enunciada en el libro que habría de convertirse en el "poema épico nacional": "Los hermanos sean unidos, / porque ésa es la ley primera; / tengan unión verdadera / en cualquier tiempo que sea, / porque si entre ellos pelean / los devoran *los de ajuera*" (mi énfasis, José Hernández 289).

Si, como afirma Josefina Ludmer, *La vuelta de Martín Fierro* (el libro en el que están contenidos los consejos del padre Martín Fierro a sus hijos que acabamos de citar) es el texto que "[r]epresenta la unificación jurídica y política [del Estado nacional en 1880] en la fiesta del encuentro" (279), ¿en qué consiste en el presente—en el presente de la experiencia de desintegración del Estado nacional—el "afuera" que amenaza devorar a los "hermanos" que "pelean entre sí," a esta nueva familia sin padres que representa metafóricamente a la nación? Y, en consecuencia, ¿en qué consiste exactamente esa herencia de la que se ha sido despojado y quién es, efectivamente, el responsable de ese despojo?

Para responder, a su vez, a estas preguntas, será preciso volver a la lección diseñada por la banda de justicieros y, más precisamente, a los distintos decorados y escenarios elegidos para su puesta en escena, es decir, en este primer momento, a los espacios representados en la película.

El escenario central, el que contiene a todos los otros y que la singular profesión de los personajes principales justifica, es la ciudad de Buenos Aires, por cuyas calles deambulan Marcos y Juan. La ciudad parece haber sido ocupada por toda suerte de criminales, delincuentes y estafadores, según le muestra Marcos a Juan en una rápida sucesión de planos diversos, en que la voz de Marcos, en off, va identificando las actividades delictivas que vemos:

> Aquellos dos, esperando a alguno con el maletín del lado de la calle. Aquél, que está marcando puntos para una salidera. Están ahí, pero no los ves. Bueno, de eso se trata. Están, pero no están. Así que cuidá el maletín, la valija, la puerta, la ventana, el auto, cuidá los ahorros, cuidá el culo. Porque están ahí, y van a estar siempre ahí. [. . .] Son descuidistas, culateros, abanicadores, gallos ciegos, biromistas, mecheras, garfios, pungas, boqueteros, escruchantes, arrebatadores, mostazeros, lanzas, bagalleros, pesqueros . . . filos.

La ciudad parece haberse vuelto ilegible en su proliferación de conciudadanos que se han vuelto potencialmente enemigos, estafadores, ladrones. Franco llama a las nuevas megalópolis latinoamericanas "comunidades inimaginables," en el sentido en que "[t]he Latin American population explosion and immigration is of such magnitude that it is hard to imagine the megalopolis as a community" (189):

> The ideal order that had made the city such a powerful symbol for the national community and for civic conduct, even if it never really coincided with the real city, is now impossible to reclaim. Indeed, one could argue that the vibrancy, the ephemeral encounters, the vertiginous changes, the infinite ruses of survival have made the city the trope of disorder, of spontaneity and chance though without (because of the international style of contemporary architecture) the fresh shock experienced by Benjamin's *flâneur* since everything seems familiar because it looks like everywhere else, so that even local color—a market, a mosque, whatever—is often the obligatory variation required by the tourist industry. And though cities are still admin-

istrative centers, real power is concentrated in the anonymous modern buildings that house high-tech communities, insurance firms, and banks or in the shopping malls. (Franco 191)

Los diversos espacios que los periplos de Marcos y Juan por la ciudad muestran (los escenarios que constituyen la puesta en escena preparada para Marcos), el paisaje urbano y humano que la película va construyendo, remiten en este sentido a una imagen indisociable de los años noventa: la del "ingreso" de Argentina al primer mundo, la megalópolis globalizada, donde "everything seems familiar because it looks like everywhere else" (Franco 191). Estos espacios "familiares" en la película son el *minimarket* de la estación de servicio en el que transcurre el *set-up* inicial (donde se conocen Marcos y Juan), el hotel internacional donde se aloja el empresario español millonario al que Marcos y Juan le venderán las estampillas y el banco vaciado por su directorio donde no podrán canjear el cheque ganado. A través de estos espacios, se dibuja un itinerario—una escenografía que corresponde referencialmente a la Argentina globalizada—donde Marcos habrá de *perderse* o "irse a la mierda" (como el país, según ha observado Marcos, recordemos una vez más, a propósito de la importación de chocolates al principio del film).

Lo primero que puede observarse a propósito de la imagen de la ciudad que la película construye es que toda referencia al mundo del trabajo ha desaparecido (con excepción de aquellas personas empleadas en la economía de servicios; una economía además que sostiene los espacios "familiares" del hotel internacional y el *minimarket*, entre otros) en esa ciudad ocupada por estafadores, oportunistas, e inversores extranjeros. Más precisamente lo que ha desaparecido es todo residuo de la Argentina "desarrollista." En este sentido vale la pena referirnos por un momento a *Plata dulce* (Fernando Ayala, 1982), la película que fuera, al igual que *Nueve reinas* a propósito de los noventa, una marca de época a fines de la última dictadura militar, una suerte de radiografía de los cambios económicos, sociales y morales que produjo la dictadura.

La vinculación entre ambas películas no es azarosa: *Plata dulce* constituye un adecuado término de comparación para *Nueve reinas*, en tanto refiere al comienzo de un proceso cuya culminación esta última habrá de representar. Como su título condensa ajustadamente, *Plata dulce* trata del comienzo de la especulación financiera en la Argentina, es decir, de los inicios del intento de implementación de una economía neoliberal durante la última dictadura militar o, más precisamente, como apunta Ciria, del "contraste y conflicto entre ideas tradicionales sobre el trabajo productivo e ideas nuevas favorables a la especulación *financiera* y esquemas mágicos para salir de pobres" (92–93). Es precisamente ese conflicto lo que en *Nueve reinas* parece haber desaparecido. En *Plata dulce* aparecen todavía residuos de la Argentina desarrollista representados por la empresa familiar—la fábrica de botiquines "Las

hermanas"—que resulta amenazada, y finalmente arruinada, por la competen-
cia de productos importados baratos y la frivolidad de la fabricación de
riqueza a través de la especulación financiera en perjuicio de la estructura
productiva del país y, en consecuencia, de su estructura social. La película
trata justamente de la pérdida de los valores asociados a una cultura del trabajo y, consecuentemente en la perspectiva moral del film, de la pérdida de
los valores familiares y las redes de solidaridad social.

Es esta pérdida la que se ha consumado al llegar a *Nueve reinas*. El objeto
emblemático de la pérdida, el catalizador que nos refiere nuevamente al proceso de desintegración y hacia la demanda de restitución en *Nueve reinas*, es
la *herencia robada* de los abuelos inmigrantes de Valeria y Marcos—el legado
de una generación anterior fundado en los valores del trabajo, la familia y la
solidaridad social y comunitaria; los cuales parecen haberse desvanecido en
la Argentina de los noventa. Es la pérdida de esta herencia, y de los valores
que representa, lo que genera una demanda de justicia por la restitución de esa
herencia y el castigo ejemplar a los responsables de su desaparición, de su
robo. En el drama familiar de *Nueve reinas*, en que la familia representa a la
nación, el que representa a los responsables de esa desaparición es Marcos el
filo, el que engaña y seduce con su retórica—retórica engañosa que alude
metafóricamente a la retórica del ingreso al primer mundo—y despoja a una
generación de la herencia que le corresponde.

En su *Atlas of the European Novel*, Franco Moretti analiza cómo en el
momento de constitución de los Estados nacionales, "the nation-state initially
was: an unexpected coercion, quite unlike previous power relations; a wider,
more abstract, more enigmatic dominion—*that needed a new symbolic form
in order to be understood*" (17). Esta "forma simbólica" habría de ser la
novela (Moretti 17). Y, respecto de las ciudades específicamente, Moretti se
pregunta: "how did novels 'read' cities? By what narrative mechanisms did
they make them 'legible,' and turn urban noise into information?" (79).
Invirtiendo ligeramente los términos de Moretti, podríamos preguntarnos:
¿qué sucede en el momento en que esos Estados nacionales han empezado a
retirarse, en el momento en que la globalización neoliberal no sólo amenaza
la soberanía de los mismos sino produce como consecuencia hacia adentro la
desaparición del Estado como horizonte de inclusión social y árbitro de la
justicia? ¿Cómo vuelve "legible" *Nueve reinas* ese espacio otrora, en términos de Franco, "a powerful symbol for the national community and for civic
conduct" (191): la ciudad, convertida ahora en "the trope of disorder" (Franco
191), en la esencia misma de la ilegibilidad, del caos de sentido, de la guerra
de todos contra todos? Es, precisamente, la trama fdicticia construida para
impartir una justicia no estatal y castigar a Marcos la que viene a proponer un
principio de inteligibilidad y de orden; un orden que, aunque simulado, ficti-
cio (o precisamente por lo mismo) proporcionará una causalidad, una asignación de culpas y responsabilidades. Esta es la *historia*, en definitiva, que

vendrá a reparar, en el más amplio de los sentidos, la fragmentación social (la pelea entre hermano y hermana) y la falta (el caos) de sentido, y a producir un código de legibilidad de acuerdo al cual los culpables son castigados y una comunidad es restaurada a través de la administración de una justicia privada, que vendría a compensar por la falta de una justicia estatal.

Es significativo en este sentido que el lugar donde Marcos definitivamente *se pierde*, de acuerdo a la trama diseñada para castigarlo, sea el hotel internacional, donde la perspectiva de una venta provechosa lo convierte de estafador en inversor. Marcos invierte sus ahorros (producto del robo de la herencia) en lo que cree que son las estampillas originales, con la expectativa de hacer más dinero. No es una coincidencia que el objeto de su inversión no sea en sí mismo diferente en su carácter de intangibilidad a los bonos sobre los que descansa el flujo financiero: las estampillas adquirieron valor porque él invirtió dinero en ellas.

Los hoteles como el de Puerto Madero en el que Marcos va a *perderse*, de diseño clásicamente posmoderno, acentuadamente americanizados con la amenidad impersonal del *lobby* de un aeropuerto o de un *shopping mall*, se convirtieron en el símbolo del "ingreso de Argentina al primer mundo," ya que el destino de estos hoteles era fundamentalmente el creciente *management* empresarial de una economía globalizada. En una ciudad donde hoteles como el destinado a encuentros sexuales de *Buenos Aires viceversa*, o incluso el otro hotel que aparece mencionado en *Nueve reinas*: el Kavanagh (hotel aristocrático por excelencia donde vive la hermana de Sandler), formaron siempre parte del paisaje urbano, el hotel internacional donde se realiza la operación de venta de las estampillas en *Nueve reinas* remite a otro campo de significación vinculado con la violenta transformación de la ciudad de Buenos Aires en *vedette* empresarial en los noventa. El espacio en que Marcos *se pierde* es así, no casualmente, uno de los espacios privilegiados por los flujos de capitales e inversores extranjeros, representados en el film por el "empresario español" Vidal Gandolfo, símbolo a su vez de la Argentina privatizada.

En este sentido, es preciso notar que las estampillas, las "nueve reinas," ocupan el lugar, dentro del cuento construido para Marcos, de la herencia de los abuelos de la que se ha sido despojado. Recordemos que la supuesta dueña de las estampillas "originales" es la hermana de Sandler, que vive en el hotel donde se hospedan los que han tenido dinero desde siempre y que contrasta marcadamente con el hotel internacional destinado a la nueva "aristocracia" financiera. La identificación de la "valiosa" colección de estampillas con la propiedad familiar, de la que sin embargo la hermana rica está perfectamente dispuesta a desprenderse, inviste a las estampillas con un rol similar al que tendrían en una familia las "joyas de la abuela," un legado análogo al que Marcos ha robado de sus hermanos: la herencia familiar. Las estampillas de colección (las "nueve reinas") funcionan, así, como "las joyas de la abuela" que la voluntad de un enriquecimiento rápido llevaría a vender o a malvender más allá de su valor de cambio (significativamente, Marcos vende las "nueve reinas" a un "empresario *español*") y, en este sentido, son también emblema de un legado más amplio: el patrimonio del Estado—las empresas públicas y de servicios—que fueron privatizadas, *entregadas* al capital transnacional durante los noventa. El oportunismo y depravación moral de Marcos son confirmados una vez más cuando consiente a la condición impuesta por el empresario español de que su hermana sea parte del "paquete" de venta. A través del cuento diseñado para estafarlo se le hace así demostrar a Marcos su voluntad de vender a su hermana una segunda vez, de hecho, de repetir su traición previa.

Si, como he demostrado, la herencia familiar robada puede ser leída como metáfora de los valores asociados con el trabajo y la familia perdidos durante los noventa, la lección ejemplar escenificada para Marcos resignifica la herencia como metáfora a la vez del patrimonio nacional vendido al capital transnacional en la privatización del Estado, y postula a Marcos, por extensión, como el agente de esa traición.

El hecho de que Marcos sea el responsable del robo de la herencia de los abuelos, y luego, en la trama preparada para él, el responsable de la *entrega* de su hermana y el intermediario en la venta de las estampillas (las "joyas de la abuela"), sugiere que Marcos metafóricamente representa, y privilegiadamente habría que agregar, en su calidad de filo, a los representantes del Estado que a través de la retórica seductora del ingreso al primer mundo— *haciendo*(les) *el filo*—"estafaron" a la sociedad civil con la privatización corrupta de las empresas del Estado, la desindustrialización del país, el robo a los ahorristas, en una palabra, con la entrega del patrimonio nacional. Si la demanda de justicia a la que la película responde castigando a Marcos se origina en una estafa a la sociedad civil que habría sido perpetrada desde el Estado, *por medios legales*, se explica que la satisfacción de la demanda de justicia provenga desde dentro de la sociedad civil; se explica que aunque Valeria le está haciendo un juicio a Marcos para recuperar la herencia a través de canales legales, opte en última instancia por una forma alternativa de justicia no mediada por el Estado. Y, sobre todo, se explica que sea parte de la lección que se le enseña a Marcos que éste no se dé cuenta de que ha sido objeto de una venganza privada, en otras palabras, que el castigo—y la compensación simbólica que la película provee—consista en convertir al estafador, al filo, en una víctima social más de la especulación económica, la corrupción y el oportunismo que Marcos mismo representa, en una víctima más del Estado y la globalización neoliberal.

Si la estafa propiamente dicha a Marcos tiene lugar cuando se le hace invertir sus ahorros en la compra de las estampillas, la lección que habrá de recibir tendrá lugar después cuando, al llegar al banco quebrado, su desgracia—la imposibilidad de cobrar el cheque que ganó con la inversión de sus ahorros—se confunda con la de los ahorristas que se encuentran ante las puer-

Figura 6

tas del banco cerrado reclamando el dinero, cabe suponer, depositado en el mismo y del que han sido despojados.

Es significativo en ese sentido que en la escena del banco—la escena final de la trama para castigar a Marcos—la cámara, que ha venido siguiendo "a los personajes de muy cerca, morosamente, al modo de la TV" (FLV) mientras éstos caminaban por la ciudad, se aleje de los mismos al llegar éstos al banco para darnos un picado primero de los clientes amontonados junto a las puertas cerradas del banco, luego de Juan y Marcos mientras cruzan la calle y, finalmente, de Marcos, mientras se abre paso entre los otros clientes para llegar a la puerta del banco (Figura 6). El movimiento de cámara—el encuadre de Marcos *desde arriba*—subraya visualmente la igualación de Marcos al resto de los ahorristas estafados (una cabeza más entre tantas, una víctima social más de la corrupción generalizada) y el triunfo final de la justicia en virtud de la cual se ha operado la transformación de Marcos de estafador en estafado. La mirada de la cámara desde arriba inviste la justicia efectuada contra Marcos con una cualidad de justicia divina, que existe *por encima* de las personas para igualarlas en un país donde la impunidad de la corrupción del Estado vuelve manifiesta la ausencia de igualdad ante la ley. Que esa justicia que en realidad no proviene de Dios sino de la propia sociedad civil se cargue, en las últimas escenas, de connotaciones religiosas es algo sobre lo que volveré en breve.

El espacio del banco duplica así, y complementa, al del hotel internacional: ambos representan esos "anonymous modern buildings" donde, en términos de Franco, "real power is concentrated" en las nuevas megalópolis globalizadas (191). Ambos espacios representan privilegiadamente la Argentina global privatizada y corrupta de los años noventa: del empresario español a punto de ser deportado al directorio que se fuga con el dinero del banco. Ambos representan por tanto el primer y el último eslabón en la trama de justicia que la película impone a aquellos que son capaces de despojarnos de la "herencia de los abuelos" (la cultura del trabajo, la solidaridad social y familiar), de entregar al capital transnacional las "joyas de la abuela" y la *propia hermana* (el patrimonio nacional, el país), en tanto el hotel convierte a Marcos, primero, de estafador en inversor de sus ahorros, y el banco lo convierte luego en un inversor estafado—estafado por aquello que esos espacios representan.

Es en este sentido que el castigo a Marcos que la película pone en escena supone una reparación, un resarcimiento, para aquellos que han sido estafados a través de medios legales y, por tanto, una reparación para la sociedad argentina "estafada" con la retórica del "viaje al primer mundo." La película muestra así el término de llegada de ese viaje y ofrece en versión reducida pero igualmente catalizadora una reparación simbólica, una satisfacción, al administrar una justicia privada, familiar, sobre aquella conducta delictiva que Marcos representa. Una conducta delictiva que caracteriza el funcionamiento de las instituciones políticas y jurídicas en la Argentina de los noventa y que, por lo mismo, entró a formar parte de aquello que no está sujeto a una sanción jurídica estatal: la corrupción del Estado.

La imagen final de Marcos, cuando emerge de la avalancha de los clientes del banco que han empujado hasta lograr abrir las puertas del mismo derribándolo en el camino, literaliza la expresión "sudar sangre" que parece haber sido el objetivo de la lección ejemplar de la que ha sido objeto: una gota de sangre surca su frente mientras mira, mudo, a Juan. La imagen está claramente cargada de connotaciones religiosas, que se continúan en la escena siguiente. En ella, Juan camina hasta el metro y, una vez sentado en el tren, vemos que uno de esos niños que venden estampitas religiosas en los trenes ha dejado sobre su pierna una estampita: un primer plano subjetivo de la misma revela que se trata de San Jorge, el santo cuya imagen de vengador es paradigmática en el imaginario católico. La identificación de la imagen del santo con Juan es clara: Juan ha tomado para sí el rol de vengador, se ha encargado de "matar al dragón"; una identificación que legitima una vez más la justicia ejercida contra Marcos en tanto suerte de justicia divina en ausencia de una justicia terrenal, estatal. Las estampillas, el cebo para el engaño, por una ínfima alteración fonética se han convertido en la "estampita" religiosa con la que se queda Juan: el signo de la venganza.

La reparación simbólica que la película ha ofrecido a través del castigo ejemplar a Marcos se vuelve inestable, sin embargo, en las escenas finales del film. La secuencia final, en la que se revela la "mano invisible" de la justicia impartida a Marcos, nos muestra a Juan entrando a una suerte de depósito que tiene el aspecto del revés de un decorado de una escenografía teatral: un desván desordenado de fragmentos escenográficos heterogéneos que contrasta con el espacio ascéticamente diseñado y ordenado del hotel internacional. Aquí reencontraremos a los distintos personajes que hemos visto a lo largo de la película desempeñando un rol en el elaborado engaño del que Marcos y también nosotros como espectadores hemos sido objeto: el empresario español, que no es empresario ni español sino un actor; los dos ladrones de la moto que robaron las estampillas "falsas"; Berta (la viuda adinerada que les vendió las estampillas "verdaderas"); su hermano Sandler el falsificador; el experto filatelista; los guardaespaldas del empresario español; y finalmente, sin el uniforme del hotel, Valeria, la hermana de Marcos, que resultó ser la novia de Juan. El nombre real de Juan, descubrimos, es Sebastián.

"Nueve reinas," el nombre dado a las estampillas en la trama para Marcos, nos enteramos ahora, es en realidad la marca de los habanos que fuma el padre de Sebastián, en una de cuyas cajas vacías están guardadas las fichas con las que parte del grupo de estafadores/actores está jugando a las cartas en esta escena. ¿Son todos ellos en realidad actores, simplemente amigos, un grupo de damnificados por Marcos, o verdaderos estafadores? ¿O todas las cosas a la vez? No importa mucho, en realidad. Es claro que no son los valores del trabajo, o de la sinceridad, aquellos valores sobre los que habrá de fundarse esta nueva comunidad que el final de la película pone en escena (el hecho de que los estafadores estén jugando a las cartas en esta escena es un indicio por demás claro). Los valores que parecen haber sido restaurados en la comunidad que se constituye a través del castigo y la expulsión del culpable ejemplar (Marcos) son los de la solidaridad y lealtad entre amigos y socios, los valores de la amistad y el afecto familiar (cuando Sebastián les pregunta a los que están jugando a las cartas: "¿Quién les dio permiso para usar mis fichas?," uno de ellos le responde: "Las tuyas no, las de tu viejo," revelando que la relación entre ellos viene de lejos e involucra lazos afectivos). Recordemos que Marcos es un estafador para el que todo código de honor o de conducta, incluso entre ladrones o familiares, y toda solidaridad ha desaparecido: no hay persona con la que haya "trabajado" a la que no haya estafado en algún momento, como también trató de hacerlo con Sebastián; y ha robado a sus hermanos.

En este sentido, la justicia privatizada—no estatal—que la película ha ejercido parece complementarse ideológicamente en la postulación de una comunidad *familiar* como alternativa frente al desmembramiento de la comunidad nacional. La reconstitución de la comunidad cristaliza en la última escena cuando Sebastián le entrega a Valeria el bolso con el dinero recuperado como "regalo" de su "primer aniversario." "Es tuyo"—le dice, a lo que Valeria responde: "Y tuyo." Sebastián contesta con una frase de Marcos que Valeria no entiende: "Menos los gastos." A continuación, saca del bolsillo un anillo y se lo entrega a Valeria. El anillo en cuestión tiene una historia en la película, una historia que no coincide con la que le cuenta Sebastián a Valeria en este acto final de unión. Es indecidible, sin embargo, cuál de las dos es la verdadera. La primera es la que Sebastián le cuenta a Marcos en la primera de las estafas que realizan juntos: una anciana que Marcos estafó haciéndose pasar por un sobrino en apuros se lo habría entregado a Sebastián para que Marcos se lo devuelva a su "madre." Sebastián le da a Marcos el anillo, para luego recuperarlo ganándoselo en una apuesta a Marcos en la que se demuestra no sólo la habilidad de Sebastián como "cuentero" sino también la confiabilidad que exuda en el trato con la gente. La historia que le cuenta a Valeria al entregarle el anillo es sin embargo otra: "Esto era de mi vieja. A ella se lo regaló mi abuela. Está en la familia hace . . . [sonríe] como *cien años*" (mi énfasis). Si es indecidible cuál de las dos historias que justifican la posesión del anillo es la verdadera (no se sabe si la primera fue una mentira para que Marcos confíe en él o si la mentira es la segunda), la vacilación y sonrisa de Sebastián antes de decirle a Valeria cuánto hace que el anillo está en su familia, además del hecho de que saca del bolsillo el anillo después de repetir la frase de Marcos ("menos los gastos"), sugieren que la verdadera historia del anillo no es la que le cuenta a Valeria. En este momento además se enuncia desplazadamente el refrán popular que los justifica en su calidad de justicieros: "el que roba a un ladrón tiene cien años de perdón" ("cien años" es precisamente el tiempo en que, según Sebastián, el anillo habría estado en su familia). En cualquier caso, el anillo demuestra el talento de Sebastián como cuentero (fuera o no efectivamente de su abuela, lo cierto es que se lo entregó a Marcos y se lo volvió a ganar en una prueba de destreza en tanto cuentero), su capacidad de volverse otro. Para decirlo con las palabras de Borges en las líneas finales de su cuento "El fin": "Cumplida su tarea de justiciero, ahora era nadie. O mejor, era el otro [. . .]" (521). La tarea de justiciero parece haber convertido a Sebastián literalmente en Marcos (¿o ya era como él?), en un estafador. Si el anillo es el signo mismo de su habilidad como cuentero, no por eso deja de tener el significado—como Sebastián deja claro—de "joya de la abuela," y remite, por consiguiente, tanto a la "herencia de los abuelos" que Valeria y Sebastián acaban de recuperar como al lugar de las "nueve reinas," las estampillas, en la familia de Sandler (o más precisamente a su lugar en el imaginario de la "pieza familiar de colección" que Sandler le recrea a Marcos). Remite, en una palabra, al legado del que si uno se desprende corre el riesgo de erosionar el fundamento sobre el que se asienta la comunidad. No por ser el producto de un engaño y su historia apócrifa deja el anillo de constituir el símbolo que sella la asociación entre Sebastián y Valeria, la *promesa de la comunidad*; más precisamente, por lo mismo, pasa a constituirse en el símbolo de una tradición, que por su naturaleza misma es una ficción, que asegura la continuidad de los valores que dan cohesión a la comunidad.

No casualmente luego de que le entrega el anillo a Valeria con la historia probablemente apócrifa de su origen, Sebastián logra recordar la canción de Rita Pavone cuyo vago recuerdo lo ha perseguido a lo largo de la película y que le recordaría a su infancia y a su madre: "Il ballo del mattone" (como se revela en la banda sonora que acompaña los créditos finales del film); canción que adquiere ahora todo su significado en tanto referencia cultural.

La canción cuyo recuerdo persigue a Sebastián a lo largo de la película remite, tanto por su contenido como en su calidad de referencia epocal, a cierto imaginario sobre los años sesenta (los años en que se escuchaba la música de Pavone en la Argentina): la prosperidad económica y social de la clase media de origen inmigratorio, el clima de juego o alegría del baile despreocupado al que refiere la canción. Esa es la imagen familiar y social que persigue vanamente a Sebastián a través de la canción que no logra recordar: un campo de sentido de la afectividad (la cohesión familiar, la prosperidad de la clase media) que pareció perderse en el espejismo consumista que alcanzó su apoteosis en la Argentina de los noventa. Es por eso que sólo puede recordar la canción, y por tanto sólo puede recuperar la imagen que la canción representa, como promesa de futuro, cuando él a su vez se transforma en filo, cuando decide que la simulación necesaria para hacer justicia es también necesaria para asegurar la cohesión de la comunidad; cuando decide que es necesaria una "joya de la abuela"—un legado, una tradición, ciertos valores—para fundar el tipo de comunidad que la película termina erigiendo. ¿Hasta qué punto, sin embargo, esta comunidad reconstituida, "alternativa," es diferente en su funcionamiento, en su fundamento, de la comunidad nacional? ¿Acaso no se asienta, también, sobre una simulación, sobre una "tradición inventada"?

En palabras de Hall:

> It has been the main function of national cultures which [. . .] are systems of representations, to *represent* what is in fact the ethnic hotch-potch of modern nationality as the primordial unity of "one people"; and of their invented traditions to project the ruptures and conquests, which are their real history, backwards in an apparently seamless and unbroken continuity towards pure, mythic time. ("Culture" 356)

¿Nos encontramos entonces frente a una comunidad "alternativa" frente a la desintegración de la nación, frente a "un grupo afín afectivamente que termina encerrado, resistiendo a lo que ocurre en la Argentina que está afuera" (Bernades, Lerer y Wolf, "De la industria" 129), o esta nueva comunidad reconstituida es, como la comunidad desintegrada al principio del film, una representación metafórica de la comunidad nacional? Propondría que este modelo de comunidad es, simultáneamente, ambas cosas. En cualquier caso, si el signo de la rearticulación comunitaria es en sí mismo una simulación cuya falsedad o verdad es indecidible, la comunidad propuesta, ya sea como alternativa a, o como modelo de funcionamiento de, la comunidad nacional, asentada en los valores de la lealtad, solidaridad, amistad y afecto, se revela como imposible.

El hecho de que la película subraye, en su cierre, en su resolución de los conflictos que ha buscado suturar, la autenticidad indecidible de la "joya de la abuela" que sella la reconstitución de la comunidad, llama la atención sobre la naturaleza de la comunidad de cuya desintegración inicial Marcos se lamenta y a la vez contribuye a producir, pero de la cual él es también un *producto*. Es significativo que su exclusión de la nueva comunidad no parezca haber excluido el comportamiento engañoso que Marcos representa. La mentira o simulación de Sebastián reinstituye la posibilidad de los conflictos y antago-nismos que la justicia ejercida contra Marcos trató de corregir, a la vez que vuelve manifiesta la complicidad de la sociedad en la simulación que había sido adjudicada al Estado en el proceso de desintegración nacional que la película representa. La revelación doblemente sorpresiva al final de la película pone así en cuestión la interpretación reconfortante de la experiencia de los noventa en Argentina ofrecida por la trama para hacer justicia contra Marcos, en la cual él, y lo que figuradamente encarnaba, eran representados como únicos culpables.

La reparación simbólica producida es así profundamente inestable, en tanto está fundada en aquello mismo que la trama de justicia busca castigar: la simulación. La simulación es simultáneamente el objeto y el modo de castigo, y la condición de posibilidad de la rearticulación comunitaria propuesta al final del film. Una simulación que, en última instancia, mina la estabilidad de esa reconstitución.

Si, desde su mismo género, la película utiliza la simulación como modo de atrapar y engañar al espectador hasta el último momento, al hacerlo sin embargo vuelve visible la simulación a través de la cual la justicia es llevada a cabo y a través de la cual la sutura simbólica y la rearticulación de la comu-nidad son producidas. En otras palabras, la película no construye un afuera de la simulación que erige, sugiriendo por lo tanto que los culpables y las vícti-mas no son tan diferentes como podrían parecer, que la sociedad no es ni fue una víctima inocente. No se trata, después de todo, de un final muy tranquilizador.

Quisiera mencionar para terminar que no casualmente la referencia cul-tural con la que termina *Nueve reinas* (la canción de Rita Pavone) coincide—en su referencia epocal—con aquella que funciona como un encantamiento para el Rafael de *El hijo de la novia*.

4

El hijo de la novia: La máscara del Zorro

El hijo de la novia es el segundo largometraje de Juan José Campanella hecho en la Argentina.[1] A diferencia de *Nueve reinas*, *El hijo de la novia*, aunque también tremendamente exitosa en términos de audiencia, no obtuvo la misma aprobación por parte de la crítica, que por ejemplo en tono ligeramente despectivo ha comparado a Campanella con Eliseo Subiela en el cultivo de "la comedia dramática costumbrista y sentimental de acento italiano cuyos protagonistas son porteños de clase media y mediana edad que aspiran a representar arquetipos criollos" (Quintín 111).[2]

Campanella ha defendido el valor de representatividad del sujeto de clase/objeto de representación elegido, la clase media, consciente de que esa elección lo aleja no sólo del cine argentino contemporáneo sino también del cine latinoamericano en general (Entrevista, *NuReel*), y es en relación a esa representatividad de la clase media que ha definido el significado simbólico de su película, la "segunda lectura" que ésta entrañaría:

> My film is more about the middle class, but it shows a person from the middle class who could have sold out, but in the end he turns around and says: "I'll stay here" [. . .]. The political and economic situation in Argentina is present in the film, but it is present in a more second layer, second reading. We did what we did to make the restaurant a symbol of the country: the restaurant that we inherited from our elders, and that we sort of sold out,

---

[1] Campanella estudió cine en New York University, en los Estados Unidos, donde realizó parte de su carrera, dirigiendo episodios de varias series de televisión, entre ellos de *Law and Order: Special Victims Unit*, y dos largometrajes: *The Boy Who Cried Bitch* (1991) y *Love Walked In* (1997). En Argentina, además de *El hijo de la novia*, dirigió *El mismo amor, la misma lluvia* (1999) y *Luna de Avellaneda* (2004).

[2] Al igual que *Nueve reinas*, la película obtuvo también numerosos premios, entre ellos: ocho Cóndor de Plata de la Asociación de Cronistas Cinematográficos de la Argentina en el 2002 (Mejor Director, Mejor Película, Mejor Montaje, Mejor Guión Original, Mejor Actor [Ricardo Darín], Revelación Femenina [Claudia Fontán], Mejor Actor de Reparto [Eduardo Blanco] y Mejor Actriz de Reparto [Norma Aleandro]), el Premio del Público en el Festival Internacional del Nuevo Cine Latinoamericano de La Habana (2001), los premios Best Latin-American Feature Film y Special Grand Prize of the Jury en el Montréal World Film Festival (2001) y el premio Mejor Actriz de Reparto (Norma Aleandro) en el Festival Internacional de Cine de Viña del Mar (2001).

and now we have to start from the broken down cafe across the street.
(Entrevista, *NuReel*)

En lo que sigue, me interesa profundizar en el análisis de la dimensión
alegórica que Campanella sugiere para su película—similar, como puede
verse, a la que proyecta *Nueve reinas* y que puede resumirse en la concate-
nación *inmigración–nación–herencia–entrega al capital transnacional*—en
relación a la demanda de justicia y a la necesidad de restitución simbólica que
estructuran formal y temáticamente el film. La demanda de justicia y necesidad de retribución simbólica se resuelven, también como en *Nueve reinas*, a
través de una operación construida en torno a la simulación y que tiene a la
familia como espacio comunitario de realización, con la significativa diferencia, como veremos, de que la película toda puede conceptualizarse, literalmente, como una simulación.

Me propongo demostrar que la película cifra en la "lucha por una familia
mejor" (en oposición a antiguas luchas políticas "por un mundo mejor") una
vuelta a lo local como lugar de resistencia frente a la amenaza global desintegradora del capital transnacional, y que la despolitización así producida
resulta consustancial a la restitución simbólica que la película produce. Esta
restitución, quiero proponer, consiste esencialmente en la anulación de la historia y la vuelta imposible a un imaginario punto de partida.

Recordemos primero, brevemente, la historia narrada en la película. El
"hijo de la novia" es Rafael, hombre de 42 años, que habiendo abandonado la
carrera de abogacía pese a los deseos de su madre, es en el presente de la
película el dueño de un restaurante que fundara su padre (un inmigrante italiano). Rafael intenta sacar adelante el restaurante en medio de la crisis
económica que atraviesa el país y de una situación personal y familiar de
demanda permanente a la que no consigue responder: su madre tiene
Alzheimer y está internada en un geriátrico; su padre le pide ayuda para
realizar su sueño de darle a su esposa el único gusto que se negara a darle
durante sus cuarenta y cuatro años de casados (el de un casamiento por la
iglesia); su ex-esposa le exige que se haga cargo responsablemente de su hija
de diez años; su hija le pide una atención que Rafael no parece estar en condiciones de poder proporcionar; su novia, bastante más joven que él, desea tener
con Rafael una relación más seria de lo que él está dispuesto. Rafael pasa
aparentemente las noches en vela, fumando y mirando por televisión viejos
capítulos de la serie favorita de su infancia, *El Zorro*, hasta que, al no poder
seguir lidiando con sus problemas personales y la atención permanente que le
exige el restaurante, finalmente "estalla": tiene un ataque al corazón. Una vez
recuperado del mismo, decide cambiar su vida: vender el restaurante a la
compañía italiana que ha estado tratando de comprárselo desde el principio de
la película, y realizar su sueño de dejarlo todo e irse a vivir al sur de México
a criar caballos. La verdadera transformación vendrá sin embargo después

cuando, una vez vendido el restaurante, Rafael deponga su conducta "individualista" e "inmadura" y decida quedarse y recuperar a su novia Nati, que lo ha dejado, para tener con ella una relación comprometida; hacerse cargo verdaderamente de su hija; recuperar la amistad de Juan Carlos, un amigo de la infancia que perdió a su mujer e hija en un accidente y que ha reaparecido en la vida de Rafael poco antes de su ataque al corazón; y, por último, cuando decida ayudar a su padre a cumplir su sueño de casarse con su madre por la iglesia. La Iglesia, sin embargo, les niega a los padres de Rafael el permiso de casamiento por estar la madre enferma de Alzheimer y no tener "discernimiento," ante lo cual Rafael arma un simulacro de boda con ayuda de su amigo Juan Carlos, que es actor y que habrá de oficiar de sacerdote, para que su padre pueda realizar su sueño. Rafael se convertirá así, finalmente, en el "hijo de la novia," o, en otras palabras, en "padre, esposo e hijo" (como dice el afiche publicitario de la película: "Era un hombre que lo tenía todo. Sólo le faltaba ser padre. Y ser hijo. Y ser hombre"). La última escena de la película revela que Rafael ha comprado el restaurante que estaba enfrente del suyo, la Cafetería Buenos Aires, que estaba en quiebra y había tenido que cerrar: un lugar donde comenzar de nuevo.

Quiero empezar por el análisis de la primera secuencia de la película, que se yuxtapone con el final de la secuencia de créditos, y que sirve de contraste, al estilo de una Arcadia perdida, con el complejo presente en que se encuentra inserto Rafael. En el comienzo de la secuencia la cámara se desliza desde la imagen invertida de una botella de chocolate "Toddy" hasta la de dos niños pequeños, jugando en un baldío. Inmediatamente se acercan unos niños mayores, que los agreden y los expulsan del lugar. Los dos niños pequeños se escapan, para reaparecer uno de ellos, poco después, sobre la parte alta del baldío, disfrazado con el sombrero, la máscara y la capa del "Zorro," devolviéndoles a los mayores usurpadores la pelota que se les había escapado tajeada con la "zeta" del Zorro y arrojándoles proyectiles con su gomera. El siguiente plano nos muestra a los niños mayores encuadrados por la "V"—de la victoria—que un primer plano subjetivo de la gomera del pequeño Zorro dibuja (Figura 7).

El pequeño Zorro enmascarado echa a correr, perseguido por los mayores, es atrapado y golpeado por sus perseguidores hasta que su amigo lo salva, y ambos corren por las calles de la ciudad, con sus perseguidores detrás de ellos, mientras sobre las paredes sobre las que se recorta la carrera de los niños se alcanza a leer pintadas políticas que rezan "Argentina sin tiranos," "La imaginación al poder," entre otras pintadas. Un primer plano de otra "B," esta vez la de la imagen heráldica de la inicial del apellido de Rafael ("Belvedere")—el logo del restaurante familiar—en relieve sobre el escudo que adorna la entrada del mismo, marca el final de la carrera de los niños: la llegada al zaguán del restaurante/casa familiar al que ante los gritos del pequeño Zorro saldrá la madre de Rafael a recibirlos y defenderlos de la per-

Figura 7

secución de los mayores. El final de la secuencia nos da un plano, primero, de
dos vasos de leche chocolatada y unos polvorones que la madre les ha preparado, luego de un retrato de Norma—la madre—sonriendo, para terminar
en un *zoom* de la mirada brillante y vivaz del pequeño Zorro (con los ojos
bien abiertos), que habrá de ser sustituida en el plano que da comienzo a la
siguiente secuencia por un primer plano de los ojos entrecerrados, envueltos
por el humo del cigarrillo, de Rafael adulto mientras mira *El Zorro* por
televisión.

El emparejamiento gráfico de los planos de los ojos del pequeño Zorro y
de Rafael adulto con que termina la primera secuencia y se inicia la siguiente
establece inequívocamente la identidad del Zorro—Rafael de pequeño—y la
de toda la secuencia inicial como un recuerdo de infancia o fantasía del Rafael
adulto. La coloración ocre y una luminosidad estridente (sumadas a las referencias epocales que constituyen la imagen de la botella de "Toddy," el
modelo de las camisetas de fútbol que llevan algunos de los niños, las pintadas políticas en las paredes, las características del zaguán de la casa/restau-
rante y el disfraz mismo del Zorro) le prestan a la secuencia inicial el aura
inequívoca con que aparece tradicionalmente codificada la evocación del
pasado. En cualquier caso, sea leída esta escena inicial como un recuerdo de
infancia o como el "ancla fantasmática," en términos de Žižek, del sujeto que
cree recordar, lo importante es que esta escena fija, en sentido psicoanalítico,

la relación que entabla Rafael con el mundo y con el ámbito familiar al cual se mantiene profundamente ligado. Y también, como veremos luego, fija el recorrido ideológico que la película realiza cristalizado formalmente en la carrera de los niños desde la "V" de la victoria (el encuadre de la escena desde la gomera de Rafael) hasta la "B" de Belvedere, el apellido familiar (el restaurante, la herencia familiar, el hogar).

Es por ello que la noción de fantasía tal como la reelabora Žižek a partir de Lacan puede servirnos tanto para pensar esta escena inicial como la película misma en su totalidad:

> Uno debe tener en cuenta siempre que el deseo "realizado" (escenificado) en la fantasía no es el del sujeto, sino el deseo del *otro*: la fantasía, la formación fantasmática es una respuesta al enigma del "*che vuoi?*," "¿estás diciendo esto, pero *qué es lo que realmente quieres al decirlo?*," que define la posición constitutiva primordial del sujeto. La pregunta original del deseo no es directamente "¿qué quiero?," sino "¿qué quieren *los otros* de mí?, ¿qué ven en mí? ¿qué soy yo para los otros?" [. . .] en su nivel más fundamental, la fantasía me dice qué soy yo para los otros. (*El acoso* 18–19)

La fantasía sería así el "intento de formar una identidad" que nos convierta en el objeto de deseo del Otro (Žižek, *El acoso* 19), y es en este sentido, podríamos decir, que "la fantasía es la forma primordial de *narrativa*, que sirve para ocultar algún estancamiento original [. . .] para resolver un antagonismo fundamental mediante el reacomodo de sus partes en una sucesión temporal" (Žižek, *El acoso* 20). La secuencia inicial de la película puede leerse así como "fantasía" de Rafael, en tanto escenifica tanto lo que Rafael cree que la madre quiere de él: el gesto heroico justiciero (que en el recuerdo/fantasía precede, justamente, a la protección de la madre—la garantía de que eso es lo que la madre quiere de él) y la resolución del "antagonismo" actual entre Rafael y su madre, proyectada hacia el pasado, hacia un momento mítico originario, en que la diferencia entre lo que la madre deseaba de él y lo que él finalmente llegó a ser no existía aún.

Esta secuencia inicial condensa, entonces, a modo de mito de origen, los dos vectores que constituyen la narrativa autoidentitaria de Rafael, el "ancla fantasmática" de su subjetividad: la existencia de un ámbito de protección brindado por el espacio familiar (representado por la figura de Norma, la madre, interviniendo ante los perseguidores "de afuera") y la pulsión justiciera, por llamarla de algún modo, que anima al pequeño Rafael a tajear la pelota disfrazado del Zorro. Desde esta perspectiva, la película en su totalidad habrá de entenderse no sólo como la representación dramática de estos dos vectores en la fantasía de Rafael adulto, sino como la resolución simbólica frente al dilema de la forma en que la relación de protección y la pulsión justiciera aparecen entrelazadas entre sí. En otras palabras, Rafael no puede retribuir la relación de protección que le ha brindado el ámbito familiar (representado en esta secuencia inicial por la figura de la madre) excepto a través de la fantasía justiciera con ribetes heroicos personificada por su héroe infantil, el Zorro (esa cs su fantasía, lo que cree que le permitiría "volver" a convertirse en el objeto de deseo de su madre, como lo "habría sido" antes, en ese escenario "no antagónico" que su fantasía representa).

El antagonismo o conflicto actual entre Rafael y su madre tiene que ver con que él la habría defraudado al dejar los estudios de abogacía. "[A]hora [Norma] le dice a todo el mundo que soy un boludo, hasta a los mozos [. . .]. Antes era un poquito más privada"—le dice Rafael a su padre luego de su primera visita juntos al geriátrico en que Norma se encuentra internada. "[L]o que pasa es que ella siempre quiso tener un hijo abogado"—explica el padre de Rafael—"¿Qué tiene de raro? Normal en cualquier madre, ¿no? 'M'hijo el dotor.'" "[E]so es de otra época, papá"—contesta Rafael—"Mirá si viviera ahora. A mí me va mejor que a muchos profesionales que conozco." "Vive ahora"—replica el padre de Rafael.

El diálogo entre padre e hijo revela que lo que ha entrado en crisis es el imaginario de progreso que había marcado a la sociedad argentina durante gran parte del siglo veinte, condensado en esa frase: "M'hijo el dotor" (donde la mala pronunciación, con acento, señala el origen no ilustrado de quienes esta frase habría de convertirse en emblema, es decir, en símbolo del ascenso social reservado y deseado para sus hijos—los de los inmigrantes); una frase que el padre de Rafael recuerda como condensación de los deseos de la madre y Rafael señala como de "otra época."[3] De "otra época" en boca de Rafael no refiere sólo al cambio de aspiraciones y posibilidades en el presente, sino, sobre todo, a la imposibilidad de las generaciones más jóvenes, dicho esto con un matiz teleológico, de mejorar el punto de partida suministrado por los mayores: una situación experimentada como un retroceso y un fracaso (ya no resulta rentable el ser "dotor," el hijo profesional de padres sin el mismo nivel de educación). De ahí que la salida con la que fantasea Rafael luego del ataque al corazón—signo de su imposibilidad de seguir soportando las presiones económicas y familiares—es recrearse dentro de un nuevo ciclo de emigración como el que marcó la vida de su padre, con la significativa diferencia de que el destino emigratorio con el que sueña Rafael no es el del camino de trabajo y progreso seguido por su padre sino el del ensueño por antonomasia, el de su luna de miel en México (y la actividad a la que imagina dedicarse es glamorosa como la cría de caballos "en el sur de México").

Además de los condicionamientos sociales y económicos que impiden a Rafael retribuir a sus padres por lo que le dieron—en relación a su padre y al

---

[3] La cita del padre de Rafael refiere, por supuesto, a la obra de teatro de Florencio Sánchez, *M'hijo el dotor.*

legado familiar la retribución se cifraría en el mantenimiento del restaurante que lleva el apellido familiar, amenazado por la crisis económica en la Argentina y los intereses de las corporaciones internacionales como la que quiere comprárselo; en relación a su madre, la retribución habría consistido en haberse convertido en abogado—existen también razones personales que impiden que en el caso de la madre, algún tipo de reparación por haber defraudado sus expectativas sea posible, debido a la enfermedad que ésta padece: el Mal de Alzheimer. Si Rafael se siente culpable por haber defraudado sus expectativas para él, ahora tampoco puede mostrarle lo que ha hecho con el "Belvedere," que de su mano ha devenido un restaurante de lujo. Como le comenta a Juan Carlos cuando éste le pregunta por qué se peleó con la madre:

> [L]a cagada fue cuando largué abogacía, ahí sí se vino la guerra. Yo no sé qué tenía soñado ella para mí pero parece que no le cubrí las expectativas. Fue terrible, como si le arruinara la vida [. . .]. Anduvimos no sé cuánto tiempo sin hablarnos. Yo saltaba de laburo en laburo, mal con Sandra, mal con todo, no me gustaba nada. Al final agarré el restaurán porque no me quedaba otra. [. . .] Lo levanté porque estaba medio caído. Eso me hizo bien, muy bien. Ahí, justo ahí, cuando podía empezar a mostrarle algo, algo que yo podía hacer, [. . .] viene esta puta enfermedad de mierda y ahora no lo puede ver. No lo puede ver.

Rafael parece mantener con su madre una deuda que no puede saldar: la relación de protección que ella ha encarnado en la fantasía constituida en el recuerdo infantil no puede ser retribuida debido a que Rafael no puede protegerla a causa de su enfermedad.

El Alzheimer es una enfermedad que ha entrado a formar parte del abanico de desgracias posibles en forma relativamente reciente ("¿Y esa qué es, una nueva?" pregunta Juan Carlos cuando Rafael le dice que su madre está enferma), no porque su sintomatología fuera desconocida sino porque se la interpretaba en el contexto de la pérdida de facultades debido a la edad (la arteriosclerosis). Es decir, de alguna manera su sintomatología era concebida en forma determinista dentro de un ciclo natural de decadencia debido a la edad. En cambio, su reinterpretación en el contexto del Alzheimer le otorga una carga fatalista como la que tienen las enfermedades terminales, con el agravante de que se ha perdido al enfermo aún estando éste en vida. En otras palabras, el hecho de que Norma tenga Alzheimer, y no arteriosclerosis como la "Mamá Cora" de *Esperando la carroza* (Alejandro Doria, 1985), la dota de un aura fantasmagórica, la convierte en un fantasma venido de otra dimensión temporal, alguien que en nuestra percepción no parece poder descansar en paz, una muerta en vida (recordemos el diálogo entre Rafael y su padre: "Mirá si viviera ahora" [dice Rafael], "Vive ahora" [responde el padre]). En cierto sentido, en su alternancia entre presencia y ausencia, entre presente y pasado, Norma se asemeja a un desaparecido. La ausencia del desaparecido es una presencia imposible de soslayar tanto afectiva como socialmente; señala la existencia de una deuda que necesita ser saldada.

En este sentido, la presencia en esta película del Alzheimer como *enfermedad de la memoria* va más allá del hecho anecdótico de la enfermedad en el contexto familiar, para terminar constituyendo un campo de sentido más amplio contra el que Rafael y el resto de los personajes aparecen proyectados. No sería, desde esta perspectiva, erróneo considerar a *El hijo de la novia* como una película sobre la memoria: desde la tónica que marca la escena inicial de la fantasía o recuerdo infantil, cada uno de los personajes se mueve dentro de los parámetros fijados por la memoria, la nostalgia, el recordar y el recuperar. Rafael, como señalé anteriormente, lidia con el recuerdo de una infancia en que se sentía protegido que funciona como contraste a su posición de adulto enfrentado a múltiples demandas de protección; Nino, su padre, no puede escapar del recuerdo de su vida con Norma y del remordimiento de no haberle concedido el casamiento por la iglesia; Juan Carlos, el amigo de Rafael, no puede escapar del recuerdo de su mujer e hija muertas en un accidente y de la fantasía de recuperarlas a través de la vida de los demás; el padre de Natalia (la novia de Rafael) se siente culpable de no haberse comportado como padre en el pasado; Francesco, el *chef* del restaurante, recuerda buenos tiempos cuando el tiramisú se hacía con queso mascarpone y no con queso crema y azúcar impalpable.

Por una parte, la presencia determinante de la cuestión de la memoria, la pérdida y la reparación en este film alude, como anticipé, en el caso de la generación de adultos jóvenes que representa Rafael, al dolor de no ser ya el país el paraíso económico y social que era o se creía que era (algo que sólo imaginariamente se hubo experimentado como las condiciones reales de existencia a través de la ideología desarrollista primero, y neoliberal después). Pero, por otra parte, el hecho de que sea la afección de la memoria en la película el problema principal que impide que la retribución tenga lugar y el trabajo de reparación pueda, aunque sólo sea imaginariamente, llevarse a cabo podría aludir también, de alguna manera, a la problemática de la memoria en relación a la dictadura y los desaparecidos que ha estado en el centro del debate político y cultural en los años de la transición democrática—desaparecidos a los que la figura de Norma como muerta en vida también, como dijimos, alude. Sin embargo, ésta es una dirección de lectura que la película clausura. *El hijo de la novia* no se propone como una alegoría sobre la importancia de la memoria social del pasado dictatorial, de la necesidad de retribución o reparación jurídica o de la recuperación del pasado colectivo; antes bien, la puesta en un lugar central de la temática de la memoria y la reparación por parte de la película sirve en realidad, como veremos luego, a un congelamiento, a una *deshistorización* del pasado (y el presente), a la transformación del pasado en una serie de instantáneas fijas, congeladas, en las fotografías de un álbum familiar—o de un álbum de figuritas—presidido, no casualmente, de comienzo a fin de la película por el retrato de la madre, Norma.

Es hora ya de referirnos a la importancia, al significado por lo demás obvio, del nombre de la madre de Rafael: Norma. La "ley del padre" lacaniana se ha transformado en esta película en la "norma de la madre," la norma—ley—de la madre que Rafael, metafóricamente, no ha internalizado y por eso sigue siendo un niño: ni "padre," ni "esposo," y ni siquiera "hijo." ¿Qué representa en este contexto, entonces, la "ley del padre" devenida "norma de la madre"? La *madre-patria*, sin duda. La madre-patria, la Argentina, que ha perdido la memoria representa menos, en el contexto total de la película, la amnesia jurídica de la *ley*—de impunidad—en relación al pasado reciente de violencia estatal y desapariciones, que la *desaparición* de la *norma* que constituía el principio de regulación de esa sociedad, la norma que el sueño de Norma para su hijo, "m'hijo el dotor," define acabadamente: la desaparición de la posibilidad de ascenso social y mejoramiento del punto de partida suministrado por los padres inmigrantes a través de la educación para la sociedad heredera de esa inmigración. Esa es la Norma/norma cuyo retrato preside el restaurante familiar artífice del progreso de esta familia de inmigrantes (y la fantasía infantil de Rafael: nunca vemos la cara de la Norma real en esa fantasía sino solo su retrato).

La Argentina que antes ofrecía protección e integración a esa sociedad blanca, de clase media, descendiente de la inmigración, está desapareciendo, debatiéndose entre la vida y la muerte, ante un Estado que ya no garantiza el bienestar de sus hijos ni parece recordar, en la perspectiva de la película, la contribución de esa sociedad de inmigrantes a la prosperidad de la Argentina. Pero también, y fundamentalmente, ante la amenaza de otra "inmigración"[4] —la del capital transnacional—que promete borrar toda traza del pasado, toda huella personal (la marca personal, artesanal, del "negocio de mamá y papá") en una típica operación homogeneizadora del proceso globalizador. Sciacalli, el representante de "Marchioli Internacional"—el consorcio internacional que está tratando de comprarle el restaurante a Rafael—resume para el significado de la película la amenaza homogeneizadora del capital transnacional:

Comprendo el orgullo que usted tiene con el tema del restaurán, comprensible, pero me parece que con esta crisis habría que ir pensando en alguna

---

[4] El hecho de que llamemos a esta circulación global del capital "inmigración" está justificado por la conexión que hace la película entre los italianos que vienen a comprar la Argentina, ahora, y los de antes, los que como el padre de Rafael vinieron a "construirla," como puede verse claramente en el comentario de Juan Carlos cuando Rafael le cuenta que le ha vendido el restaurante al consorcio italiano a pesar de la cláusula de despido de todo su personal: "La verdad que prefería el imperialismo yanqui. Así parece que me cagó mi abuelo."

que otra opción, ¿no? [. . .] Ustedes en los últimos dos años perdieron 4, 5 puntos de margen de ganancia por lo menos, más la presión tributaria. [. . .] Se acabó el negocio de mamá y papá. Nosotros nos dedicamos específicamente a *aggiornar* los negocios, a armonizarlos.

La operación de homogeneización y de borramiento de todo pasado personal, familiar, local—de todo pasado, en una palabra—por parte del capital transnacional cristaliza en la cláusula de despido a todo el personal (que incluye a Francesco, que había trabajado también con el padre de Rafael, y al propio primo de Rafael) que Marchioli Internacional incluye en el contrato de compra–venta del restaurante de Rafael, y a la que éste accede. Rafael, cediendo a la "tentación de dejarlo todo, de vender" a la que se refería Campanella como segundo significado de su película, ha vendido, como el Marcos de *Nueve reinas*, a su familia, al país. Ha dejado de ser el "paladín de la justicia" para traicionar su propio ideal, su héroe infantil, como le hace notar Juan Carlos cuando Rafael le cuenta que ha vendido el restaurante aún sabiendo lo del despido a su personal: "Vos como el Zorro sos peor que Alain Delon."

A partir de ese momento de traición absoluta (a sus valores, a sus seres queridos, a su madre-patria), Rafael inicia el proceso de la recuperación de lo perdido, de la reparación: a su padre, resolviéndose a ayudarlo finalmente a casarse con su madre por la iglesia; a su hija; a su novia, declarándole su amor y su nuevo deseo de compromiso; y también a su madre, a la madre-patria que acaba de vender.

El hijo de la novia se propone, así, como una apuesta a lo local y a la familia como reducto de defensa frente a una globalización que habiendo favorecido ilusoriamente el enriquecimiento de las clases medias vía espejismo neoliberal ahora amenaza destruirlas.

Al cabo del "proceso de aprendizaje" por el que la película ha hecho pasar a Rafael, éste habrá de realizar su sueño de convertirse efectivamente en "paladín de la justicia," en un "justiciero enmascarado"—sólo que la *máscara* se ha deslizado ahora de su rostro para envolver la operación de administración de justicia misma: la ceremonia religiosa ficticia, simulada, que habrá de convertir a Rafael finalmente en "el hijo de la novia" (en un buen hijo de la madre-patria).

Quiero detenerme ahora en el análisis de esta escena de administración de justicia, que es en realidad la escena nuclear de la película, en la que el título de la misma adquiere todo su sentido: el matrimonio "por la iglesia" de Norma y Antonio, el ámbito de legalidad ficcional, de simulación y justicia, que la película construye.

Ante la negativa de la Iglesia de concederles el permiso para la boda a los novios por carecer la novia, enferma de Alzheimer, de "discernimiento," Rafael arma un simulacro de ceremonia religiosa, de cuyo carácter simulado sólo estarán al tanto él mismo, su novia y su amigo Juan Carlos, que es quien habrá de oficiar de sacerdote (haciéndole creer a todos que Juan Carlos es el cura que envió la Iglesia).

Frente a la ley de las instituciones que no hacen justicia—el derecho Canónico que niega la posibilidad del matrimonio religioso a los que no tienen "discernimiento," y la Iglesia representada como movida fundamentalmente por el interés económico—Rafael podrá hacer justicia apelando a una legalidad otra, que tiene al "corazón" (el órgano tantas veces citado y puesto literalmente en cuestión en la película), al "amor verdadero," como fundamento, y edificando, en consecuencia, toda una serie de valores otros para oponerlos a los de la legalidad institucional: corazón versus discernimiento, familia como comunidad frente a la disolución de la comunidad nacional y la amenaza de "los de afuera." Las pintadas en las paredes sobre las que se proyectaba la carrera de los niños en la primera secuencia de la fantasía justiciera adquieren también aquí todo su sentido: "Argentina sin tiranos," "La imaginación al poder." La imaginación ha llegado al poder en esta escena y Argentina ha sido finalmente despojada de la tiranía de la ley—"católica," en este caso—por un acto de imaginación, de simulación, que a la vez que restituye la justicia, refunda una nueva comunidad en el ámbito privado de la familia (vaciando de contenido político, por lo demás, el significado histórico de esas pintadas).

Que la puesta en escena de la ceremonia religiosa simulada tenga las marcas de la cultura popular no habrá, por consiguiente, de sorprendernos. Tampoco habrá de sorprendernos que esas marcas de la cultura popular que atraviesan toda la película en la modelización de la subjetividad de Rafael a imagen y semejanza de la figura del justiciero enmascarado y de la de una justicia alternativa se hayan desplazado en su referencia, en esta escena, a la figura de otro héroe popular, nacionalizándose, por así decirlo, en el camino: la figura de "Martín Fierro." Vale la pena citar, en toda su extensión, el discurso con el que el "padre" Juan Carlos habrá de casar a los novios: una suerte de pastiche en que se dan cita el Génesis y la "biblia criolla"—el *Martín Fierro*:

En el principio Dios creó los cielos y la tierra y tinieblas cubrían la superficie del abismo, eh, superficie del abismo. Mientras el espíritu de Dios aleteaba, aleteaba sobre la superficie de las aguas, dijo Dios: haya luz. Y hubo luz. Vio Dios esa luz, estaba bien, le pareció. Y separó entonces Dios la luz de las tinieblas, ¿verdad? Llamó Dios luz a la luz, día, y a las tinieblas llamó noche. Y atardeció y amaneció el día [. . .] así podríamos seguir por los siglos de los siglos [. . .]. El señor, que observa todas nuestras acciones y pensamientos, nos permite hoy celebrar el matrimonio de Norma y Antonio. El señor quiso que todas sus criaturas tuvieran una razón de ser, un sentido. *Dios formó lindas las flores, delicadas como son, les dio toda perfección y cuanto él era capaz, pero al hombre le dio más cuando le dio el corazón. Le dio claridad a la luz, juerza en su carrera al viento, le dio vida y movimiento dende el águila al gusano, pero más le dio al cristiano, al darle el entendimiento.* (mi énfasis)

La yuxtaposición de estas dos citas no es, sin embargo, aleatoria para la construcción del discurso que habrá de hacer justicia. La oposición luz–oscuridad en los comienzos de la creación del mundo que enuncia la primera se resignifica, a partir del último verso de la segunda ("al darle el entendimiento"), evocando la metáfora ilustrada de la "luz de la razón versus las tinieblas de la ignorancia." Ya que lo que viene a hacer la cita de la reescritura del Génesis que hace el *Martín Fierro* es, en este contexto, redefinir el concepto de "entendimiento"—"discernimiento"—desplazándolo del ámbito de la razón al que la ley de la Iglesia (el derecho Canónico) lo circunscribe para trasladarlo al de los afectos, al del corazón.[5] Las dos características que hacen superiores a los hombres, al "cristiano," frente al resto de la creación, según los versos del *Martín Fierro* que se ha elegido citar, son el "corazón" y el "entendimiento." La elección de estos versos en particular busca redefinir el concepto de "entendimiento" al definirlo, en el acto en que se otorga el "sacramento del matrimonio" a alguien que no tiene entendimiento y al que la Iglesia se lo ha negado por esa razón, como aquella cualidad que junto al corazón hacen al hombre superior (es el "corazón" lo que Rafael recupera metafóricamente luego de su ataque al corazón, y es ese corazón, no el coraje del justiciero enmascarado, lo que le permite hacer justicia).

Entendimiento y corazón aparecen igualados en valor a los ojos de esta legalidad o "justicia alternativa," como lo confirman los subtítulos en inglés del film que Campanella declara haber hecho él mismo (Entrevista, *USATODAY.com*) y que traducen los dos últimos versos como: "But he gave more to man, When he gave him a *good wife*" (mi énfasis), traduciendo "entendimiento" como "good wife."

No puede ser mera casualidad que se recurra a esa zona de la cultura popular, precisamente al *Martín Fierro*, a la hora de construir y legitimar una legalidad y una justicia alternativas. No sería erróneo, desde luego, leer en la cita al *Martín Fierro* una mera apelación legitimadora al "texto de la justicia y los tonos de la patria, signos de lo argentino" (Ludmer 202), o a una figura de probada eficacia en tanto modelo de identificación nacional frente a la amenaza de la inmigración. Me refiero a la canonización que hiciera la generación del Centenario a principios del siglo XX del poema de José Hernández en tanto poema épico nacional como reacción frente a los cambios introducidos por la inmigración.[6] El *Martín Fierro* volvería a ser, así, desde esta perspectiva, una nueva apelación a la esencia de la argentinidad frente a la amenaza de la inmigración del capital transnacional.

---

[5] Es interesante que para la redefinición del concepto de "entendimiento" se elija citar el *Martín Fierro*, "uno de los textos ejemplares sobre el doble sentido, el doble uso, y la doble interpretación" (Ludmer 165).

[6] Véase al respecto Altamirano ("La fundación"). Volveré sobre esto en la Introducción a la tercera parte de este libro.

Conviene, sin embargo, prestar atención no sólo a la cita del poema en tanto tal, en tanto signo sobrecodificado ya, sino también a qué se cita del poema y cuánto se cita de lo que se cita. Los versos pertenecen al canto XIII del poema, que Ludmer denomina el "poema de los dones" (161). Ludmer señala que "el hombre se define como diferente y superior a todo lo que tiene vida y a los animales no sólo por la lengua y el entendimiento [. . .], sino *sobre todo por el valor*" (mi énfasis, 162–163), precisamente en los versos que el sacerdote/actor *no llega* a citar: " 'Y dende que dio a las fieras / esa juria tan inmensa, / que no hay poder que las venza / ni nada que las asombre / ¿qué menos le daría al hombre / que el valor pa su defensa?'(vv. 2173–2178)" (Ludmer 163). "Ese es el don del padre de la creación," continúa Ludmer, "que se disputa también en el canto, porque *el don del valor es el don de la justicia* [. . .]" (mi énfasis, 163).

No deja de ser significativo, entonces, que sea la cualidad del "valor" la que ha sido excluida del discurso justiciero del padre Juan Carlos, ya que es también la que define la justicia alternativa que representaba el Zorro para el pequeño Rafael. El acto por el que Rafael se constituye en un efectivo "paladín de la justicia" lo aleja sin embargo del justiciero enmascarado ya que la justicia—la reparación—que finalmente sentirá que ha ofrecido a sus padres es llevada a cabo no desde el "valor" sino desde el "corazón." También, por lo mismo, lo aleja del Martín Fierro "valiente" de "La ida" para acercarlo, en la omisión del "don del valor" como cualidad del hombre, al Martín Fierro "padre sabio" de *La vuelta*. No casualmente la secuencia que sigue al acto de justicia del matrimonio simulado y la redefinición de "entendimiento" consiste, precisamente, en una *vuelta*. una vuelta al punto de partida, una nueva fundación—de la familia, pero también de la nación.

Dicha secuencia, que es la secuencia final, es la de la recepción que sigue a la "boda." La recepción será en el "Bar-Cafetería Buenos Aires," el restaurante de enfrente del Belvedere, que había quebrado y cerrado y que Rafael acaba de comprar: "¿Sabés qué pasa?," le explica Rafael al padre, "No conseguí ningún salón para alquilar, así que compré uno." Y más adelante, ante la observación de Nino, mientras mira al Belvedere, de que "[e]mpezamos de nuevo," Rafael responde, "No, vos no, papi. Éste dejámelo a mí [. . .]. ¿Qué te crees, que sos el único que quiere empezar en un sitio nuevo?"

La clausura simbólica del "engaño" o "estafa" en que ha vivido Rafael (y los espectadores que su figura representa)—el "viaje al primer mundo" que mencionamos antes y que culmina en este film con la venta del restaurante al consorcio internacional y el despido de todo el personal: *la venta de la patria y de la familia*—se produce con una vuelta al lugar donde empezó su padre. No es casualidad que ese lugar esté relacionado con el campo de sentido de la inmigración y sobre todo con la reactualización de aquella promesa de progreso que el país pudo en ese entonces satisfacer. Es necesario insistir en que esta clausura simbólica tiene como catalizador el engaño que se le hace a los novios: la administración de justicia y reparación a sus padres por parte de Rafael, y que como en el caso de *Nueve reinas* depende de una puesta en escena ficcional.

Ahora bien, si la resolución de la historia (la compra de un nuevo restaurante para empezar de nuevo) es llamativa es por su inconsecuencia con la premisa que lleva a Rafael a convencerse de que debe vender el restaurante en primer lugar. Si la estructura de costos no puede ser sostenida a menos que se pertenezca a una cadena (como le explica Rafael a su padre en una de las primeras escenas de la película: "Es que hoy en día es muy difícil uno solo. Estas empresas manejan costos como para veinte locales. Al final, es por lo que vos luchaste toda la vida, por un mundo más eficiente"), debido a la crisis económica pero también a un cambio estructural más profundo donde la "eficiencia" obedece a una racionalidad económica que prevalece sobre cualquier otro factor que pudiera vincular el restaurante y su clientela, la compra de la Cafetería Buenos Aires para construir un nuevo restaurante revela no la posibilidad de un nuevo comienzo sino una vuelta al pasado, a un punto originario tanto de la subjetividad de Rafael (la fantasía del "paladín de la justicia") como del "negocio familiar": una vuelta imposible al punto de partida.

La imposibilidad de esta vuelta al punto de partida que la película realiza se sugiere sin embargo en la oposición entre un mundo más eficiente y el anhelo de un mundo mejor que sintomáticamente Rafael no distingue (tal como Nino resignadamente hace notar en un comentario en voz baja que responde al comentario de Rafael citado inmediatamente arriba: "Pero yo nunca luché por un mundo más eficiente . . . por un mundo mejor era"). Y también en la razón que encuentra Nino para explicar el éxito de clientela que tenían cuando comenzaron con el restaurante: la sonrisa de Norma (la de la foto que preside el restaurante y el recuerdo de infancia o fantasía de Rafael, y la que se quiere obtener para la foto que constituye el final de la película y que analizaremos luego). Comenta Nino:

> Yo este restaurán lo empecé con Norma. Yo cocinaba, ella atendía, era una cuestión de dos. Me acuerdo que siempre discutíamos de por qué venía la gente. Ella decía que por la cocina y yo decía que por su atención. Es que Norma era una cosa . . . Ella sí que era la especialidad de la casa, con esa sonrisa que tenía, ma' que cartel luminoso. Imaginate, entraba la gente y ¡bum!, se encontraba con esa pintura, y ahí nomás se le aparecía la Norma verdadera, más alegre, más luminosa . . .

La anécdota de Nino se contrapone dramáticamente al rostro grave que tiene Norma cada vez que la visitan en el geriátrico, y esa contraposición indica la imposibilidad de la recuperación del pasado, como ocurre también en el caso de la familia de Juan Carlos muerta en un accidente de ruta, como se lo hace notar, tajante, Rafael.

Y, sin embargo, la venta del restaurante Belvedere a los inversores italianos no implica finalmente ni la pérdida irreversible de la empresa familiar, ni
la pérdida particular de Rafael al vender, ni la pérdida genérica del restaurante
en tanto rama de la economía (como parecía sugerirse en la claudicación de
Rafael al vender): el objeto de la pérdida aparece milagrosamente refundado
en un tiempo que, según la lógica que llevó a Rafael a la venta del Belvedere,
no lo permitiría. Esta es la verdadera compensación que ejecuta el film: la
anulación de la historia y el regreso al lugar (temporal) donde se ha sido feliz
(a la infancia, a la fantasía del acto heroico). Por supuesto, en el medio *no se
ha aprendido nada.*

La anulación de la historia y la reactualización de la estructura afectiva de
la infancia como mecanismo de compensación son consistentes, por lo demás,
con la deshistorización y despolitización que efectúa la película también en la
historia narrada.

Para volver a la secuencia inicial, recordemos esas pintadas políticas en las
paredes que funcionaban como telón de fondo de la carrera de los niños: las
marcas de esos años de intensa actividad y lucha políticas en que habría transcurrido la infancia de Rafael. Si ponemos en correlación esas marcas temporales con aquellos principios con los que aparece identificado el padre de
Rafael (no quiso casarse con Norma por la iglesia "por sus principios," "luchó
por un mundo mejor") veremos que se produce una suerte de colapso
ahistórico—apenas visible—entre dos generaciones diferentes: la de los inmigrantes (muchos de ellos socialistas y anarquistas) que "lucharon por un
mundo mejor" en las primeras décadas del siglo XX, y la de los militantes de
los sesenta y setenta que también "lucharon por un mundo mejor" y a los que
las pintadas políticas en las paredes aluden.

Históricamente, la figura del inmigrante en lucha por un mundo mejor en
la Argentina correspondería más verosímilmente a un abuelo de Rafael (Rafael
tiene 42 años en el presente de la película, en el 2001, digamos) que a su
padre. Esa difusa, poco precisa, historicidad que construye la película es lo
que a mi juicio produce el colapso de ambas generaciones históricas, ambas
"herencias," subsumidas difusamente en una: la herencia de los mayores que
lucharon por un mundo mejor—"y se equivocaron." Es particularmente significativo que la generación que resulta colapsada en la de los inmigrantes
que representa el padre de Rafael—la que desaparece en las referencias
históricas de la película—sea la de los militantes políticos de los sesenta y
setenta, la que habría de ser luego, durante la dictadura, la generación de los
desaparecidos. El padre de Rafael, el representante en la película de ese
pasado, se arrepiente de no haber querido darle el gusto a su mujer de un casamiento religioso "por sus principios," reconceptualiza sus principios
ideológicos como decisiones egoístas: "no haberle dado todos los gustos a
mami" y, desde la lógica de la alegoría que construye la película a través de la
figura de Norma, el arrepentimiento, podríamos decir, tiene que ver con que

se habría defraudado a la Argentina, por culpa de esos principios, que existen en una relación de contigüidad con la lucha por un mundo mejor. Esa es la "equivocación" del pasado que la película busca reparar a través de la figura del padre de Rafael: devolverle a la Argentina su "sueño de chica de barrio" que tiene como única encarnación posible el espacio de la familia. En el otro extremo, está la equivocación del presente que también la película habrá de reparar: la decisión de Rafael de vender el restaurante familiar—el patrimonio nacional.

He mencionado ya a propósito del análisis de la secuencia inicial que ésta condensa el recorrido ideológico que traza la película en la sutura simbólica, la justicia, que produce: un recorrido que cristaliza formalmente en esta secuencia en la carrera de los niños desde la V de la victoria (a través de cuyo dibujo—plano subjetivo a través de la gomera de Rafael—se encuadra la visión del pequeño Rafael justiciero de sus enemigos) hasta la "B" inicial del apellido familiar/nombre del restaurante que marca el final de la carrera (primer plano de la "B" heráldica, en relieve, sobre el escudo que adorna la entrada del restaurante familiar). La carrera cuyo principio y fin se marca formalmente con el diseño de un mismo sonido que tiene dos grafías diferentes condensa así apretadamente la ideología de la película y representa metafóricamente la carrera—el recorrido—que el propio Rafael adulto, y con él su padre, y la película misma, habrán de realizar: desde la herencia de los que lucharon por un mundo mejor (su padre inmigrante; la "Argentina sin tiranos" de las pintadas en las paredes; la "V de la victoria" del peronismo) hasta la decisión final (de Rafael y de su padre, queriendo éste finalmente casarse por la iglesia) de luchar por "una familia mejor" como modo de reivindicar lo local frente a la amenaza global desintegradora de la nueva inmigración del capital transnacional. En otras palabras, un recorrido alegórico que va del mundo público de la lucha política e ideológica a la recuperación del mundo privado de la familia y de los afectos como ámbito de reconstitución de una comunidad y de realización de la justicia.

La familia es claramente ese lugar de refundación donde comenzar de nuevo como si el tiempo no hubiera transcurrido; donde resucitar, recuperar a una Argentina que desapareció—la "sonrisa de Norma."[7] Recuperación imposible que sólo puede llevarse a cabo en la película, como dijimos, a través de la anulación imaginaria de la historia, de la que la respuesta de Rafael, al principio de la película, al representante de los inversores italianos que trata de convencerlo de la necesidad de vender el restaurante aduciendo la crisis económica actual, es también un buen ejemplo: "¿Cómo 'esta' crisis? ¿Cuándo no hubo crisis acá? Quiero decir, si no hay inflación hay recesión, y si no hay recesión hay inflación, si no es el Fondo Monetario es el *Frente Popular*, la

---

[7] Esa Argentina (ese pasado), conviene insistir, no es la de los desaparecidos, que es la que en realidad vuelve a *desaparecer* en las referencias históricas de la película.

cuestión es que si no es en el frente es en el fondo pero siempre alguna mancha de humedad en esta casa hay" (mi énfasis).

Haciendo a un lado la primera cosa que uno se siente tentado a preguntarse (¿cuándo hubo en la Argentina un partido o movimiento político llamado "Frente Popular"?), el comentario de Rafael es efectivo—y efectivo también en su deshistorización de la crisis actual—en el establecimiento de los dos peligros que acechan a "esta casa" nacional: el supuesto Frente Popular (la lucha por un mundo mejor) y el Fondo Monetario (el capital transnacional).

Frente a la amenaza de esos "dos demonios," la película, como dijimos, apuesta a lo local: volver al barrio (a los sueños de barrio, a un nuevo restaurante de barrio); al punto de partida (de los mayores, pero sin sus "equivocaciones"); a los rituales que producen cohesión (el matrimonio religioso); a los afectos y relaciones familiares; al *local de enfrente* (y ya no al Frente Popular) donde volver a comenzar—un "negocio" familiar, y una nueva Argentina.

Frente a la amenaza de la destitución de la clase media que representa, la película ofrece una restitución: la posibilidad de borrar la historia, de volver a empezar, de reparar los errores del pasado, de reconstituir una comunidad. La película apunta a la reconstitución de la comunidad familiar perdida, o ligeramente desintegrada al comienzo de la película, como alternativa frente a una nación en crisis por causa de esos "dos demonios" (la lucha política y el capital transnacional), pero a la vez como modelo ideal de funcionamiento de la comunidad nacional, como modelo de una nueva *nación local*. Sin embargo, el hecho de que esa comunidad sólo pueda reconstituirse como tal al margen de la historia, la vuelve una comunidad privada, distanciada de la realidad de la nación, que aunque se proponga como modelo de una Argentina local, socava esa posibilidad desde la condición misma que postula para su reconstitución. Es posible leer aquí todavía en otro sentido el valor emblemático de Norma como metáfora de la Argentina: no sólo como representación de una Argentina que ha desaparecido (la de los sueños de "m'hijo el dotor" o la boda religiosa) o está muerta en vida, sino, literalmente, como la construcción deliberada que hace la película de *una Argentina sin memoria*.

A pesar de la proliferación de referencias históricas y culturales, la película construye una Argentina a la que se ha vaciado de historia, y es precisamente a causa de este vaciamiento que la película ofrece como restitución, como compensación, una vuelta imposible al pasado (imposible según las transformaciones económicas que la película misma representa).

La película termina como empieza, en el mismo punto, con una fotografía familiar: la sonrisa—recuperada—de Norma. Esa sonrisa que fija la imagen de la madre en el recuerdo infantil o fantasía de Rafael (el retrato de Norma sonriendo en la secuencia inicial), y que fue la clave del éxito del restaurante familiar, según Nino, es la que se ha perdido con la enfermedad de la memoria de Norma. Es esa sonrisa de Norma la que la fotografía que cierra la película— y por tanto la película misma—intenta recuperar a través de la restitución, la

Figura 8

reparación, que se ha efectuado a Norma—a la Argentina de clase media—a través del casamiento por la Iglesia y la compra de un nuevo restaurante familiar. La fotografía de Norma sonriendo rodeada por su marido e hijo vendría a ser garantía de que esa restitución ha tenido lugar.

La fotografía final viene a duplicar casi exactamente la fotografía familiar en la que aparece Rafael de pequeño con sus padres, sobre la que cae Rafael cuando tiene el ataque al corazón: el final de aquella secuencia nos mostraba un primer plano del perfil de la cara de Rafael, que ha caído al piso arrastrando la foto en su caída, yuxtapuesta a la imagen de su madre sonriente en la foto; ambas imágenes: la de la cara de Rafael y la de su madre en la foto, aparecen, en este plano, ligeramente invertidas, ligeramente cabeza abajo (Figura 8).

La fotografía final viene precisamente a enderezar esa inversión, y a reparar definitivamente el "corazón" de Rafael. La fotografía final es la "figurita" que faltaba para completar el álbum del pasado familiar, al que el pasado histórico de la Argentina ha sido reducido, congelado en una serie de fotografías—referencias—estáticas, vaciadas de significado histórico.

No resulta fácil, sin embargo, conseguir que Norma sonría para la foto del final. Ante la insistencia de su marido e hijo, Norma finalmente sonríe, como antes, y es ese momento fugaz el que la cámara de Nacho, el primo de Rafael, habrá de capturar para el final de la película: padre e hijo, finalmente reunidos, en torno a la sonrisa de Norma y bajo el nombre, cortado en su parte superior, del nuevo restaurante: "Buenos Aires" (que preside desde arriba la re-unión de la familia, la reconstitución de la comunidad; nombre que habrá de cambiar, como deja claro Rafael cuando le pide a su padre que le ayude a pensar un nuevo nombre: una nueva fundación). La película cierra así el círculo trazado con la imagen congelada—la fotografía—de la sutura simbólica que realiza y que viene a cerrar la herida que representa.

Podríamos, sin embargo, preguntarnos: ¿por qué sonríe Norma? ¿Se da efectivamente cuenta "de algo"—como espera Nino que suceda con la boda—o su sonrisa es un puro reflejo? ¿Puede Norma saber desde el "corazón" lo que no puede desde el "entendimiento"? ¿Han sido finalmente realizados—reparados, restituidos—sus sueños de "chica de barrio"? O, en otras palabras, ¿es *eso* que la película representa lo que la Argentina necesita para reconstituirse como una nueva Argentina local, donde el progreso habría de volver a ser posible, frente a los "errores" del pasado y la amenaza de la globalización (que de "promesa" se ha convertido en "estafa"), tal como la película propone?

Habría que empezar por desconfiar de esa sonrisa que clausura simbólicamente los diversos antagonismos o heridas que la película representa. No sabemos por qué sonríe Norma al final—no hay, en realidad, ningún indicio de que para Norma la restitución haya tenido lugar, aunque haya tenido lugar para Nino y Rafael, y también, suponemos, para los espectadores. Quisiera citar a Enrico Mario Santí a propósito del concepto de "restitución":

> Como sabemos, la restitución es un concepto legal y moral que significa devolver algo a su legítimo dueño. Toda restitución es un instrumento de justicia que se ejecuta a través de la reparación de daños o la enmienda de una falta. Toda restitución implica la devolución, ya sea de hecho o de principio, de algo que ha sido sustraído ilegalmente; pero a diferencia de la restauración, que no presupone el derecho violado, y por tanto cae fuera de la red de intercambio legal, toda restitución supone un tipo de reparación. [. . .] toda restitución implica una devolución mayor de lo que fue incautado; y como corolario de esa lógica simbólica, establecer con exactitud lo que originariamente se perdió resulta poco menos que imposible. (133–134)

La tesis central de Santí es que "toda restitución, como práctica, es suplementaria: al enmendar una omisión, termina excediendo al original en lugar de restaurarlo únicamente" (133). A la luz de estas reflexiones podríamos preguntarnos: ¿qué desea ahora Norma, la "sin memoria"? Si la restitución tiene más que ver con la verdad de los que restituyen (la boda para Nino, el nuevo restaurante para Rafael, que proyectan sobre la sonrisa enigmática de Norma su propia fantasía: la que les dice lo que ellos "significan" para Norma) que con la verdad de aquello que originalmente se ha perdido, boda y nuevo restaurante son, en tanto restitución hacia Norma, un "exceso." Es, sin embargo, esa lógica suplementaria, que define la restitución para Santí, lo que le permite a la película constituirse en un "instrumento de justicia," en una "restitución," a través de la "reparación de daños o la enmienda de una falta" (Santí 133), al establecer, a través de la reparación que realiza, una versión de lo que se ha perdido y que la restitución que opera vendría a devolver. Esa versión de lo que se ha perdido que es, en la película, la fantasía individual de Rafael y su padre, se ha transformado ahora entonces en la película misma: esa fantasía que nos dice que ese tipo de reparación es lo que la madre-patria quiere de nosotros.

La sonrisa de Norma, que constituye la garantía de realización de la restitución que ofrece la película, debe alertarnos, sin embargo, sobre el carácter de *simulación* de la película misma, sobre el hecho de que es en realidad la película en su totalidad (y no sólo la ceremonia religiosa simulada) el lugar de la simulación a través de la cual se busca hacer justicia. En otras palabras, debe alertarnos sobre el hecho de que toda la película es, como el recuerdo infantil de Rafael representado en la secuencia inicial, una "fantasía": "una 'mentira primordial,' una pantalla que oculta una *imposibilidad* fundamental" (Žižek, *El acoso* 28) en tanto "narrativa" que, como dijimos, "surge para resolver un antagonismo fundamental mediante el reacomodo de sus partes en una sucesión temporal" (Žižek, *El acoso* 20), tal como se evidencia en el hecho de que la reparación que ofrece la película, bajo la apariencia de una narrativa que supone una "sucesión temporal" (el "proceso de aprendizaje" que habría transformado a Rafael al cabo de la película en "padre, esposo, hombre" e hijo), constituya una anulación de la historia, una vuelta imposible al punto de partida. Ese punto de partida es, formalmente, la "fantasía" de Rafael (con la que se inicia la película), que como tal se reproduce, intacta, en la forma de la película misma: una narrativa que sutura las "heridas" en la posibilidad de un "acto heroico," justiciero (un nuevo negocio familiar) que pueda restituir la protección de la madre (Norma) patria al restituirle lo que, por el acto mismo de restitución, se establece que ha sido perdido, ocultando la "imposibilidad fundamental" de la anulación de la historia que la película produce en tanto fantasía de restitución.

La sonrisa de Norma debería llevarnos a confrontar, en realidad, la sonrisa de la esfinge. No se trata, sin embargo, de cualquier esfinge. Diría, aludiendo a un texto que la película no cita (el *Facundo* de Domingo Faustino Sarmiento), que se trata de la esfinge de "la Tebas del Plata," la que nos propone, una vez más, el enigma de la nación, esta vez frente a la globalización: el "nudo que no ha podido cortar la espada" (Sarmiento 10)—del Zorro.

TERCERA PARTE

Introducción a la tercera parte

La imagen de la inmigración europea como figura, así como la de los inmigrantes europeos en sí mismos, ha conocido variaciones en la Argentina, desde los momentos en que esa inmigración era todavía un sueño, un proyecto, por concretarse hasta los tiempos en que ese sueño habría de terminar por materializarse y los inmigrantes, progresivamente, habrían de finalmente integrarse a la sociedad argentina. A pesar de esas variaciones en la imagen y la valoración de la inmigración europea a lo largo del tiempo, es indudable que ésta se encuentra indisolublemente ligada a la concepción tradicional de la Argentina como un "European enclave in Latin America [. . .] with no African-born or indigenous population" (Grimson y Kessler 3), cuyos habitantes, como se dice popularmente, "descienden [en los dos sentidos de la palabra] de los barcos." Que esta idea de la Argentina no es más que una fantasía es bien sabido:

> although a large number of Argentines did "descend from ships" (both physically and metaphorically) in the nineteenth and early twentieth centuries, in fact a significant part of the population was not Argentine in this sense at all. Rather, it was essentially the same sort of population that dominates the make-up of other Latin American nations. (Grimson y Kessler 118)

Son no obstante los cambios en la caracterización y valoración de la inmigración europea *vis-à-vis* la población nativa, criolla, los que vuelven interesante la historia del modo en que esa imagen de la Argentina llega a consolidarse en una narrativa de identidad nacional. En esa historia, quiero proponer, podemos encontrar una clave para explicar el *revival* de la figura de la inmigración europea en *Herencia* (una de las películas que analizaré en esta sección) y en *Nueve reinas* y *El hijo de la novia*; una clave que complementa el argumento esbozado en la sección anterior a propósito de la reactualización de esta figura en esas películas.

Es sabido que hacia mediados del siglo XIX se concebía como una de las estrategias fundamentales en la construcción de la nación la necesidad de atraer a la Argentina inmigrantes europeos para poblar y civilizar el país. De ello dejaron constancia, en sus escritos programáticos sobre la organización nacional, dos de los nombres más conspicuos de esta etapa: Sarmiento y Juan Bautista Alberdi. "¿Queremos plantar y aclimatar en América la libertad inglesa, la cultura francesa, la laboriosidad del hombre de Europa y de Estados Unidos? Traigamos pedazos vivos de ellas en las costumbres de sus habitantes y radiquémoslas aquí," consignará Alberdi en sus *Bases y puntos de partida para la organización política de la República Argentina* (cit. en Halperín Donghi 212). Frente a una población rural nativa, representada por el gaucho y caracterizada "por su amor a la ociosidad e incapacidad industrial, cuando la educación i las exijencias de una posicion social no vienen a ponerle espuela i sacarla de su paso habitual" (*sic*, Sarmiento 32), la inmigración europea habría de representar "el elemento principal de órden i moralizacion que la República Argentina cuenta hoi" (*sic*, Sarmiento 276), es decir, el agente de la civilización y el progreso. Sarmiento soñaba con "un millón de europeos industriosos diseminados por toda la República, enseñándonos a trabajar, esplotando nuevas riquezas, i enriqueciendo al país con sus propiedades [. . .]" (*sic*, 277–278). Es también bien sabido que menos de medio siglo más tarde, cuando gran parte de la inmigración europea había llegado ya, esa imagen positiva de la misma se había resquebrajado considerablemente en el pensamiento de la élite intelectual y política. Los inmigrantes que efectivamente llegaron no respondían a la imagen de Europa como sinónimo de civilización que Alberdi y Sarmiento, entre otros, tenían en mente; por el contrario, ellos "provenían de los sectores proletarios y campesinos más desposeídos de sus países, porque los más traían solamente sus brazos y su necesidad, porque habían tenido un contacto escaso con las formas culturales elevadas de sus países o no lo habían tenido en absoluto y eran analfabetos o semianalfabetos" (Onega 19). Tampoco se habían diseminado por toda la República, *poblando el desierto*, a causa del régimen latifundista de propiedad de la tierra, concentrándose sobre todo en las ciudades del litoral, y particularmente en Buenos Aires (Onega 11). Entre los inmigrantes que llegaron, la mayoría españoles e italianos, llegaron también obreros con experiencia gremial y líderes sindicales, anarquistas y socialistas, que empezaron a crearles problemas al poder económico y político (reclamos, huelgas, manifestaciones), y que fueron severamente perseguidos y reprimidos.[1] Carlos Altamirano afirma:

> [E]n el curso de la primera década de este siglo [XX] había ido tomando forma la certidumbre—paralela a la imagen ya consolidada de la inmigración como "agente de prosperidad"—de que constituía un factor anárquico y disolvente para la convivencia social. Esa certidumbre brotó y halló eco sobre todo entre los miembros de la elite de "viejos criollos" y de

---

[1] Para las medidas represivas adoptadas contra "los perturbadores del orden social," véase Onega 15–17.

allí surgió también el movimiento dirigido a dotar a la figura del gaucho de una nueva función cultural. Es decir, ya no tema de evocación nostálgica, sino elemento activo de identificación [. . .]. ("La fundación" 112)

La imagen del gaucho, del criollo, otrora "ocioso e industrialmente incapaz" había también cambiado considerablemente, al igual que la de la inmigración, durante la reacción nacionalista que se produce alrededor del Centenario de la Revolución de Mayo: "la inmigración [. . .], de agente del progreso, se transformaría en la portadora de una nueva barbarie" (Altamirano y Sarlo, "La Argentina" 93–94). Al mismo tiempo la palabra "criollo," que durante tanto tiempo había arrastrado toda una serie de connotaciones negativas, pasaría a evocar "valores y virtudes positivas [. . .], generosidad, desinterés e, incluso, cierta disposición para la vida heroica, [que] se contraponían a la imagen de una laboriosidad sin elevación de miras, afán de lucro y mezquindad [atribuida al inmigrante]" (Altamirano y Sarlo, "La Argentina" 94–95). Es en este marco ideológico que se produce la canonización del *Martín Fierro* de José Hernández como poema épico nacional, y junto con ella, "la transfiguración mitológica del gaucho—convertido en arquetipo de la raza [. . .]" (Altamirano y Sarlo, "La Argentina" 98).

Después de 1930, sin embargo, cuando el flujo inmigratorio masivo llegó a su fin, la imagen de Argentina como un "enclave europeo en Sudamérica" habría de ganar una nueva vigencia (Grimson y Kessler 10). Por una parte, el Estado nacional moderno, que se consolida hacia 1880, fue tremendamente exitoso, a través de instituciones como la escuela pública y el servicio militar obligatorio, en la "argentinización" de los inmigrantes europeos, en la homogeneización cultural de la sociedad: "This Argentinization of European immigrants became part of the progress promised by the nation. In spite of its conflicts and contradictions, then, the immigrant process was an integral part of the story of how the Argentine nation was born" (Grimson y Kessler 9). Por otra parte, 1930 marca el momento en que entra en crisis, debido a las consecuencias mundiales de la Gran Depresión de 1929, el modelo agroexportador que había caracterizado el funcionamiento de la economía argentina desde 1880, y que es reemplazado por el modelo de "substitución de importaciones" para la industrialización del país, lo que habrá de generar un nuevo flujo migratorio, esta vez interno, a Buenos Aires, frente a una creciente demanda de mano de obra. Como señalan Alejandro Grimson y Gabriel Kessler, "1930 marked the beginning of a period of mass migration, from the provinces to the city of Buenos Aires. This internal migration transformed daily life in Buenos Aires and made its white middle-class residents feel that their world had been 'invaded' by these provincial 'foreigners' they referred to as *cabecitas negras* [. . .]" (10).

En este sentido, yo me preguntaría, sólo a modo de hipótesis, si no son precisamente estas migraciones internas las que, al amenazar con su presencia la imagen de una Argentina "blanca" proyectada desde Buenos Aires, disparan o refuerzan la recuperación del ideal de europeísmo de la sociedad argentina frente a la aparición de unos criollos bien reales (ya no gauchos de libros) y de piel oscura. ¿Nos encontramos ahora frente a una inversión de lo ocurrido en el Centenario con la idealización del gaucho y de lo criollo como esencia de una argentinidad no contaminada? Es decir, ¿es un nuevo *aluvión inmigratorio* (esta vez interno), al que se llamó despectivamente también "aluvión zoológico," lo que dispara la revitalización de la imagen de una Argentina europea, cuya identidad ya no se piensa en relación a una esencia definida en función de gauchos incontaminados (por inexistentes) por una inmigración europea no deseada, sino en contra precisamente de unos habitantes nativos bien reales, y asimismo no deseados, que son por eso vistos como "extranjeros"? Una vez que los inmigrantes europeos de "dudoso" origen social y geográfico (pobrísimos italianos y españoles) y sus descendientes se han integrado ya a la sociedad argentina, difuminándose de alguna manera su origen de clase y nación, pueden ser ahora recuperados como los representantes del vínculo con una Europa que hará una vez más de la nación argentina una nación europea en Latinoamérica: la Argentina que "desciende de los barcos."

Más allá de la posibilidad de verificar históricamente, o no, esta hipótesis, la misma puede servirnos para pensar, por analogía, la razón de la reaparición protagónica de la figura de la inmigración europea en estas películas realizadas en los años de la crisis, en los cuales, la recuperación de esta figura, sea como conjunto de valores a ser rescatados para la reconstrucción de la Argentina, sea como motor de la historia e instancia de un nuevo nacimiento de la Argentina en disolución, sea como ambas a la vez, no deja de tener un sabor antiguo, o por lo menos anacrónico. ¿Cuáles serían ahora, en los años de la crisis, las condiciones que dispararían la necesidad de reconfirmar el vínculo de Argentina con Europa?

En primer lugar, una de las imágenes de Argentina, es decir, una de las narrativas de identidad nacional que se desintegra precisamente con los cambios que llevaron a la crisis del 2001, es la imagen de la Argentina en su *excepcional diferencia* con Latinoamérica. Resulta sumamente significativo, en este sentido, que en los años previos a la crisis haya empezado a hablarse de una "latinoamericanización de la Argentina." En un debate realizado en la redacción de la revista *Punto de vista* a poco de las elecciones nacionales que dieran por vencedor a De la Rúa, afirma, por ejemplo, Adrián Gorelik:

> Además están las transformaciones socio-económicas que tuvieron lugar durante la transición democrática, en un proceso que podría definirse como la *latinoamericanización de la Argentina*: la extrema polarización social con un estado que, lejos de desaparecer o volverse pasivo, ha funcionado como garante de los negocios privados y, en consecuencia, como sostén activo de la polarización. (mi énfasis, Altamirano et al. 7)

En esa misma dirección, pocos meses antes de la crisis de diciembre del 2001, Sarlo analiza la clausura de "una imagen de la Argentina," de una identidad nacional. Sarlo señala que "ser argentino en los primeros sesenta años del siglo XX" significaba la posesión de tres cualidades: "ser alfabetizado, ser ciudadano y tener trabajo asegurado," que habrían constituido una identidad definida históricamente en su diferencia con Latinoamérica:

> Sería insensato afirmar que las tres cualidades se organizaban armoniosamente tanto en la esfera pública, como en el mercado y la política. [. . .] Sin embargo, durante la primera mitad del siglo XX, los episodios de injusticia y exclusión, las pérdidas identitarias de la masa inmigratoria, la represión de diferencias culturales, la violación de derechos y la desigualdad de oportunidades fueron menos decisivos, en la constitución de una identidad, que los procesos de alfabetización, la extensión de derechos sociales y económicos y la generalización de los derechos políticos. No es necesario tener una visión optimista del pasado argentino para reconocer que una identidad sostenida en las diferencias respecto de América Latina no era simplemente una ilusión de los sectores populares o el efecto de la ideología de los dominantes. La prueba de estos elementos identitarios puede buscarse, quizás, en sus expresiones más repudiables pero elocuentes, *en los episodios de racismo respecto de las migraciones internas o latinoamericanas* [. . .], y en las crisis de soberbia nacionalista [. . .]. (mi énfasis, "Ya nada" 5)

Esos "episodios de racismo" frente a las migraciones internas y a las de los inmigrantes latinoamericanos, que Sarlo menciona como prueba de la existencia "de estos elementos identitarios," demuestran que esa identidad diferencial, aun cuando sostenida en diferencias concretas con Latinoamérica, tiene asimismo un subtexto racista: el supuesto carácter europeo de la sociedad argentina, su imagen de "enclave europeo" en Latinoamérica.

En segundo lugar, la presencia de inmigrantes latinoamericanos de países vecinos, como hemos mencionado en la sección anterior, ha adquirido una enorme visibilidad en los años que preceden a la crisis del 2001. Sin embargo, no es la cantidad de inmigrantes latinoamericanos lo que habría aumentado en la década del noventa, sino tan sólo su visibilidad: desde el siglo XIX los inmigrantes de países limítrofes habrían constituido el 2.5% de la población, pero habrían sido invisibles como tales hasta la década de los noventa: "Especially in the case of Paraguayans and Bolivians, they were perceived of and placed in masse in the same category as the invisible *mestizo* Argentines: *cabecitas negras* [. . .]" (Grimson y Kessler 119). De acuerdo a los mismos autores, lo que sí ha ocurrido es un cambio en los lugares de asentamiento de estos inmigrantes de países vecinos (en el pasado: en zonas remotas del país; en las décadas del ochenta y noventa, en cambio, es la zona metropolitana de Buenos Aires la que contiene el porcentaje más alto de estos inmigrantes en el país), y en los países latinoamericanos de donde estos inmigrantes provienen: mientras que el número de inmigrantes chilenos y uruguayos ha disminuido, el de peruanos y bolivianos ha aumentado (125–126), y con ellos, su discriminación en tanto tales. Significativamente, en vez de seguir siendo considerados los inmigrantes latinoamericanos de países vecinos "*cabecitas negras* o *villeros*" como en el pasado, se ha producido el proceso inverso: "in certain contexts poor people traditionally referred to as *negros* are now generically called *bolivianos*" (Grimson y Kessler 126–127). Como afirman Grimson y Kessler, "the poor are turned into 'foreigners'" (127).

Si en los años treinta la aparición en la ciudad de Buenos Aires de los migrantes internos podría haber sido responsable, como hemos aventurado en forma de hipótesis, de la revitalización de la imagen de la Argentina como un "enclave europeo en Sudamérica," en los años noventa podría asimismo ser la creciente visibilidad de los inmigrantes latinoamericanos de países vecinos en Buenos Aires (que, como los migrantes internos en el pasado, vendrían a cuestionar desde su perfil racial la auto-imagen europeizada—es decir, racialmente blanca—de los argentinos) la que vendría a disparar, una vez más, la necesidad de reconfirmar el vínculo de Argentina con Europa, la necesidad de volver a hacer de la Argentina una nación "europea"; una necesidad de la que las películas que nos ocupan dan precisa y centralmente cuenta. No es casualidad, entonces, que los otrora "cabecitas negras" o mestizos argentinos hayan pasado ahora a convertirse en "extranjeros," excluyéndoselos así, junto a los inmigrantes de países vecinos, de la Argentina cuya imagen europea se quiere recuperar, en el contexto, además, de una *latinoamericanización de la Argentina*.

En este sentido, podríamos concluir que la renovada importancia que ha cobrado la figura de la inmigración europea en *Nueve reinas*, *El hijo de la novia* y *Herencia*, en un momento en que la importancia cuantitativa de esa inmigración es, como vimos, irrelevante, tiene que ver, por una parte, con una fantasía de negación de la *latinoamericanización de la Argentina*, es decir, de negación de la desintegración de esa narrativa de identidad nacional que hacía de la Argentina un país próspero, integrado, territorio del progreso y el ascenso social, con una amplia clase media y derechos civiles garantizados (acceso al trabajo, a la salud, a la educación) y lo asemejaba por tanto a los países europeos. Una nación a la que ahora una enorme polarización social, índices gigantescos de pobreza y desocupación, niveles insólitos de desigualdad, volverían *latinoamericana* y ya no un enclave europeo en Latinoamérica, transformándola en una sociedad de carácter emigratorio para los argentinos. Pero, por otra parte, el lugar prominente de la figura de la inmigración europea y de la sociedad descendiente de esa inmigración redunda asimismo en estas películas en una *invisibilidad* de esos inmigrantes latinoamericanos que vendrían a contradecir racialmente la imagen europeizada de la Argentina y, por tanto, su lugar de enclave europeo, esta vez en términos raciales, en

Latinoamérica; en otras palabras, redunda en una negación de la diversidad y heterogeneidad racial misma en Buenos Aires, desde cuya, no menos imaginaria, homogeneidad racial "blanca," se proyectó tradicionalmente la imagen de la Argentina como una nación europea. Esto último se aplica sobre todo al caso de *Nueve reinas* y *El hijo de la novia*, en las que se enfatiza que la sociedad que representan es hija o heredera de la inmigración europea (a través de la herencia de los abuelos italianos que se disputa en la primera; o de la herencia del restaurante/nación fundado por el padre inmigrante italiano que se vende y se recupera de alguna manera en la segunda). No se trata de que en estas películas no aparezcan en absoluto en la imagen de la sociedad que ponen en escena personajes o figuras representativas de una diversidad racial; pero éstos, si aparecen, son parte de la escenografía y de ninguna manera pasan a formar parte de las comunidades reconstituidas hacia el final de los films. El caso de *Herencia* es, en este sentido, ligeramente diferente, y ofrece una peculiaridad que estudiaremos luego, en la medida en que si bien en ella la inmigración europea ocupa un lugar aún más central que en las otras películas (ya que es la verdadera protagonista del film) y tampoco aparece representada la inmigración latinoamericana de países vecinos, sí aparece un migrante interno como uno de sus personajes centrales, que pasa a formar parte de la comunidad reconstituida al final del film y que desde su perfil racial cuestiona la homogeneidad "europea" de Buenos Aires.

En las dos películas que analizo en esta sección: *Herencia* y *El juego de la silla*, reaparece asimismo como trasfondo fantasmático la narrativa de progreso asociada a la inmigración y al trabajo que, como hemos visto en la sección anterior, era la narrativa a cuya crisis respondían *Nueve reinas* y *El hijo de la novia*. *Herencia*, al igual que *El hijo de la novia*, habrá de buscar la sutura de la desintegración de esta narrativa, volviendo a hacer posible no sólo el progreso asociado al modelo inmigratorio del trabajo como camino del mismo, sino encarnando ese modelo en un nuevo inmigrante europeo que emigra a la Argentina. En *El juego de la silla*, en cambio, la imagen de la inmigración como camino de progreso reaparece pero esta vez ha cambiado de dirección, de destino, transformándose así en una *emigración*: la inmigración como camino de progreso es posible, pero en otro lugar, ya no en la Argentina.

5

Herencia: Volver al futuro

Herencia, el primer largometraje de Paula Hernández,[1] fue filmado gracias a la obtención del premio "Opera Prima" para el guión de la película en el concurso del Instituto Nacional de Cine y Artes Audiovisuales en 1999. Terminada en el 2001, la película recorrió diversos festivales internacionales, cosechando numerosos premios,[2] antes de estrenarse en la Argentina en el 2002. La directora explica que prefirieron "recorrer festivales antes de mostrarla acá. La idea era ver cómo funcionaba y después decidir cuál era el mejor momento para su estreno en Argentina," pero que, con el advenimiento de la crisis del 2001, prefirieron esperar y la terminaron estrenando seis meses más tarde: "Igual funcionó muy bien: tuvo casi 90 mil espectadores y se mantuvo en cartel más de 15 semanas, que para una película independiente que se realizó en condiciones de producción muy precarias es un logro enorme" (Hernández, "Un debut").

A pesar de no haber alcanzado la meta de cien mil espectadores, una especie de medida dorada en el circuito de exhibición comercial de la Argentina, ya que asegura la permanencia de las películas en cartelera, *Herencia* se desempeñó muy bien para ser una película independiente debido, quizás, a su formato narrativo clásico. La película tuvo una recepción en general muy favorable en los principales medios periodísticos locales: una acogida *cálida*,

---

[1] Paula Hernández es egresada de la Universidad del Cine, donde se graduó en 1997 de la carrera de Guión; ha trabajado como asistente de dirección en cine y publicidad, y también en la dirección de comerciales nacionales e internacionales. Asimismo, antes de este primer largometraje realizó algunos cortometrajes: *Rojo* (1993) y *Kilómetro 22* (1996). En el 2008 se estrenó su segundo largometraje: *Lluvia*.

[2] Entre los premios cosechados por la película, pueden mencionarse los premios a Mejor Película y Mejor Actriz Protagónica (Rita Cortese) en el Festival Internacional de Cine de Viña del Mar (2001), el Premio del Público a Mejor Película y Mención Especial del Jurado a Mejor Interpretación (Rita Cortese) en el Festival International du Film d'Amiens (2001), el Premio del Público a Mejor Película y el Premio Mejor Actriz (Rita Cortese) en el Festival Internacional de Cine Independiente de Ourense (2001) y tres Cóndor de Plata de la Asociación de Cronistas Cinematográficos de la Argentina en el 2003 (Mejor Opera Prima, Mejor Actriz [Rita Cortese] y Mejor Actriz de Reparto [Julieta Díaz]).

que reproduce la misma calidez que la película procura y consigue transmitir.[3]

Herencia cuenta la historia de Olinda, una inmigrante italiana, que llegó a la Argentina después de la Segunda Guerra Mundial siguiendo a un hombre a quien amaba, y al que aparentemente sólo llegó a encontrar mucho después. En el presente de la película, Olinda es dueña de un restaurante de barrio, que presumiblemente ha conocido tiempos mejores, y que Olinda, a pesar de querer mantenerlo estrictamente fiel a lo que fue en el pasado, se ve, por otra parte, tentada a vender para cumplir su deseo secreto de volverse a Italia. Olinda tiene un empleado en el restaurante, Ángel, un joven cordobés con quien discute con frecuencia (y que más tarde en el film decidirá abandonar el restaurante para irse a trabajar a un "fast food"), y un amigo, Federico, con quien mantiene una relación sentimental que no es claro si ha llegado a concretarse alguna vez, y quien almuerza a diario en el restaurante mientras dibuja en el mantel de papel a Olinda y diversas escenas que tienen lugar en el restaurante. El motor que dispara la acción en este no tan tranquilo cuadro de costumbres es el ingreso en la vida del restaurante de Peter, un joven alemán que acaba de llegar a Buenos Aires, y que al igual que Olinda, ha venido en busca de un amor, una novia argentina que tuvo en Alemania y a la que no ve desde hace más de un año. Peter queda literalmente en la calle al ser despojado del poco dinero que tenía en el hotel barato en el que se hospedaba, y Olinda finalmente le da casa y comida en el restaurante, para que él pueda dedicarse a la búsqueda de su novia, a la que finalmente encontrará (ya casada y embarazada). Peter terminará poniéndose de novio con Luz, una muchacha asidua del restaurante que también es, como él, una inmigrante, pero en su caso de un país latinoamericano. Peter empezará a ayudar a Olinda con el restaurante, volviéndose cada vez más imprescindible, y cuando Olinda, al enterarse de la noticia de que su pueblo natal en Italia podría estar a punto de desaparecer a causa de un terremoto, decida volverse a Italia por un tiempo indeterminado, le ofrecerá a Peter hacerse cargo del restaurante. El final de la película nos muestra a Peter, Ángel (que ha vuelto) y Luz, trabajando juntos y en armonía en el restaurante que ahora luce más moderno y próspero, mientras veladamente sugiere que también Olinda habrá de volver a la Argentina, para finalmente tener una relación amorosa real con Federico.

En cuanto a la representación que hace del tema de la inmigración, Manuel F. Medina incluye a *Herencia* en un conjunto de películas recientes "que revisan la presentación [estereotípica] del inmigrante que llega al país, se establece, triunfa, se 'argentiniza' y vive feliz para siempre" (103), y aunque admite que "se podría defender el argumento de que la herencia a que alude el título representa la vida de Olinda que como inmigrante constituye un ejem-

---

[3] Véase, por ejemplo, las reseñas de Bernades ("Todo un mundo") en *Página/12* y de Martínez ("Una historia") en *La nación*.

plo digno de emular," cabiendo así Olinda "dentro del patrón tradicional de la presentación del inmigrante [. . .], que llegan pobres y luchan para subir en la escala social," sostiene que "el film tiende más hacia las historias no contadas de sufrimiento y sacrificio personal que experimentaron los inmigrantes provenientes de Italia y que según Fishburn la producción cultural ocultó o escogió no exponer [. . .]" (106). Estoy de acuerdo con Medina en que Olinda constituye una inmigrante "atípica" en algún sentido respecto de la representación tradicional del inmigrante, en la medida en que su insatisfacción en el presente y su deseo correlativo de volver a Italia la distancian de la figura del inmigrante representado como completamente integrado a la sociedad de llegada, "argentinizado." No estoy segura, sin embargo, de que la representación que hace la película de Olinda, enfocada principalmente en sus sentimientos (la nostalgia de su pueblo natal, su amor frustrado, su soledad en términos amorosos) o, incluso, de las dificultades y frustraciones que experimenta al llegar a Buenos Aires en el presente Peter, apunte a dar cuenta de las dificultades concretas de adaptación, integración y aceptación que pudieron haber experimentado los inmigrantes en la Argentina.

Antes bien, lo que quisiera proponer aquí es que la elección que hace la película de contar el "lado humano de la historia" (Medina 109) de la inmigración—los sentimientos de desamparo y frustración amorosa de Olinda y Peter, relacionados con la motivación misma que llevó a ambos a emigrar a Buenos Aires (la búsqueda de un amor)—produce más bien una romantización e idealización tanto de la figura de la inmigración europea, como de lo que ésta habría posibilitado en el pasado y habría de poder volver a hacer posible en el presente: la construcción, en el pasado, y la reconstrucción, en el presente, de la Argentina. Como me propongo demostrar en este capítulo, *Herencia*, a través de la representación del traspaso desde una generación a otra de inmigrantes europeos de un restaurante que puede leerse, al igual que el de *El hijo de la novia*, como representación metafórica de la nación (de una nación concebida como "hija" de la inmigración europea), proyecta en una nueva inmigración europea la posibilidad de reconstrucción de un país amenazado por una crisis en ciernes que entre el final de la filmación de la película y su estreno en la Argentina habrá de materializarse con toda su crudeza. En la recuperación de la figura de la inmigración europea como motor de la historia, como productora de un *re-nacimiento* de la Argentina, la película construye una alternativa de futuro que constituye un regreso a un pasado idealizado. Pero, sin embargo, la película resulta mucho más compleja de lo que en principio podría llegar a parecer. La idealización del pasado que pone en escena la película en su propuesta de futuro resulta cuestionada desde dentro de la película misma: por una parte, porque esa propuesta de futuro, modelada sobre la recuperación de la figura idealizada de la inmigración europea, aparece al mismo tiempo marcada por una propuesta de modernización que constituye, simultánea y precisamente, una crítica a la idealización del pasado representada por la voluntad de Olinda de negarse a transformar su restaurante en sintonía con los nuevos tiempos, de aferrarse a una Argentina idealizada del pasado que su restaurante representa. Pero, por otra parte, porque el viaje a Italia, es decir a un pasado también idealizado, como veremos, que realizará la propia Olinda, consistirá precisamente en un *descubrimiento de la historia* y de los cambios irreversibles que ésta produce en personas y lugares y, de este modo, vendrá a poner en cuestión también la idealización del pasado que produce el film en su propuesta de futuro.

En lo que sigue, me propongo analizar el modo en que visualmente se va constituyendo la figura de Peter como futuro heredero de Olinda; la caracterización en contraste que hace la película de los personajes del migrante interno y el inmigrante europeo; la construcción atípica de Olinda y Peter como inmigrantes europeos; la manera en que visualmente se va subrayando la transformación de Olinda en Peter y de Peter en Olinda en relación a los espacios físicos que ocupan y por los que transitan, para terminar con el análisis de los dos "regresos al pasado" que pone en escena la película: el de Olinda y el de la película misma.

El dilema en el que se debate Olinda es vender o no su restaurante. Olinda quisiera no tener que venderlo, porque no quiere que éste sea alterado, o transformado, o convertido en otra cosa. "Esto me costó muchísimo esfuerzo. Está toda mi vida acá," le explica Olinda al principio de la película al agente de la inmobiliaria que representa a potenciales compradores del mismo y quien insiste en que "el local no da para más" y que los compradores "le están pagando el barrio," y que, ante la respuesta reticente de Olinda, significativamente replica: "Lo que pasa es que esta gente lo piensa con la cabeza. Ud. piensa con el corazón, ellos no." Olinda quisiera en realidad legar el restaurante, dejárselo en herencia a alguien que lo mantenga fiel a lo que fuera en el pasado.[4]

El problema de Olinda, sin embargo, como la propia película pone inmediatamente de manifiesto, es que no tiene descendencia, algún hijo o hija a quien pudiera legarle su herencia, el restaurante, como condensación de un modelo de vida de trabajo y progreso y, por lo mismo, como metáfora del tipo de país que como inmigrante habría contribuido a construir.

La escena que abre la película inmediatamente antes del final de la secuencia de créditos se inicia con un plano picado desde el ángulo superior derecho de Olinda, que está sola en su habitación apenas iluminada tarareando y can-

---

[4] El hecho de que Olinda querría legar su restaurante en lugar de venderlo se confirmará más tarde en la película cuando, ante la defección primero de Ángel que se ha ido a trabajar al "fast food" y luego la posibilidad de que Peter se vuelva a Alemania al descubrir que la novia que vino a buscar está con otro hombre y embarazada, Olinda le revele a Federico: "Entonces [. . .] lo que tengo que hacer es vender el restaurante, vender todo y no más Ángeles, no más alemanes, no más nada [. . .]. Pero esa es toda mi vida, yo no se la puedo dar a cualquiera."

tando una canción de cuna en italiano. Mientras la cámara va descendiendo, acercándose a la cara de Olinda, vemos que ésta "mece" entre sus manos una llave, la llave del restaurante presumiblemente. La escena que abre la película consiste así en una nana que no se le canta a nadie, y lo que la película va a desarrollar a partir de aquí es precisamente la creación de una descendencia a quien Olinda pueda dejarle esa llave que, como la nana misma, no tiene en esta escena todavía un destinatario. La puesta en escena (los colores apagados, el despojamiento de la misma) produce el efecto de una pintura antigua: una mujer yaciendo en un cuarto despojado con las manos cruzadas sobre el pecho en actitud de plegaria. Lo que le falta precisamente a esta mujer es un niño al que sostener en sus brazos. Por el momento, Olinda sólo tiene entre sus manos una llave, una herencia. El deambular de su mirada, el movimiento de sus ojos de un extremo hacia otro, de arriba hacia abajo, único movimiento que se registra en la escena una vez que la cámara se ha detenido en el cuadro estático de Olinda enmarcada del pecho para arriba, vuelve manifiesta la búsqueda que constituirá a partir de aquí el objeto de la película: la búsqueda del "heredero" a quien legarle "la llave"—la Argentina—que al igual que el restaurante que la metaforiza, se encuentra en decadencia, en grave peligro, debatiéndose para su supervivencia entre la presencia de inversores, que "no piensan con el corazón sino con la cabeza" y que quieren "comprarla" para "modernizarla," y la ausencia de un "heredero" de esos inmigrantes que la fundaron que se haga cargo "con el corazón" de la tarea de su reconstrucción.

Es significativo, en este sentido, en primer lugar, que en esta escena inicial, luego de que escuchamos a Olinda cantar un verso en particular de la nana: "quando nascesti tu," sus ojos, que hasta ese momento habían permanecido fijos en un punto indeterminado frente a ella, miren por un momento hacia el ángulo superior derecho, *hacia arriba*, para luego desviarse y seguir recorriendo el espacio que no vemos (Figura 9). En segundo lugar, el final de esta escena da lugar a un fundido en negro sobre el que se dibuja el título de la película: *Herencia*, mientras escuchamos otra vez ese verso de la nana: "quando nascesti tu," sólo ese verso. Si ambas imágenes subrayadas por el verso "quando nascesti tu" son significativas es porque lo que vemos a continuación del título *Herencia* mientras todavía escuchamos a Olinda tarareando la melodía de la canción es la imagen de un avión de Aerolíneas Argentinas a punto de aterrizar en el aeropuerto de Buenos Aires, cuyo sonido característico de aterrizaje empieza superponiéndose a la melodía tarareada por Olinda hasta sustituirla, e inmediatamente vemos la imagen de un joven en el aeropuerto: Peter. La mirada de Olinda hacia arriba en la escena inicial mientras cantando afirma un nacimiento se encuentra con su objeto en la escena siguiente, en el avión que todavía se encuentra volando en el cielo. La escena inicial funciona así como una suerte de condensación anticipatoria: de ese avión descenderá, *nacerá*, su heredero, y con él, una nueva Argentina. La

Figura 9

nueva Argentina no habrá de descender, esta vez, de los barcos. Como corresponde a los tiempos que corren, descenderá de un avión.

La escena siguiente—intercalada por tomas de Peter y la ciudad—presenta al restaurante en su estado actual. La puesta en escena, al igual que en la escena inicial, subraya su aspecto antiguo: los colores apagados, como los del cuarto de Olinda; las ollas y utensilios viejos en la cocina, sumados a la escasa clientela del restaurante ese día, contribuyen a la construcción del restaurante como un lugar en decadencia. Las relaciones entre los personajes principales que habitan ese micromundo (Olinda, Federico, Luz y Ángel) apuntan asimismo a la construcción de una comunidad fragmentada, en ligera descomposición, ya que, pese a los lazos de solidaridad y afecto que ligan a estos personajes (y al carácter cotidiano, nimio e incluso gracioso de algunos de los conflictos que los enfrentan), parece existir asimismo una cierta fragilidad o incertidumbre en algunos de estos vínculos o en los de algunos de estos personajes con otros: Olinda y Federico parecen mantener una relación platónica que no llega a concretarse; Luz y su novio aparecen besándose al principio, para terminar luego discutiendo a los gritos; Ángel se marcha furioso, después de una acalorada discusión con Olinda debida a que rompió un plato para el que no habría dinero para reponer.

La irrupción de Peter en el mundo del restaurante habrá de introducir sin duda un cambio; habrá de poner en funcionamiento, por así decirlo, la historia, en más de un sentido. Hacia el final de la escena en que Peter hará su aparición, Olinda se encuentra nuevamente discutiendo con Ángel y, cada vez más enfadada durante la discusión, acaba por tomar un plato y arrojárselo a la cabeza. Pero Ángel se agacha y el plato va a dar directamente a la cabeza de

Peter, que está entrando por la puerta del restaurante por primera vez. Nos encontramos aquí nuevamente frente a un momento de condensación visual anticipatoria: el plato que debía ir a dar a la cabeza de aquel con quien "no se puede contar" (según describe Olinda a Ángel frente al agente de la inmobiliaria: "con Ángel no puede contar") le llega en cambio al futuro heredero (golpeándolo en la cabeza y desmayándolo). La figura del plato que se rompe y no debería romperse constituye de modo evidente una metonimia del restaurante mismo. Es significativo además que el plato le pegue a Peter *en la cabeza*, precisamente el lugar con el que no hay que pensar para no ser como los que le quieren comprar el restaurante a Olinda, o como Ángel, que también piensa con la cabeza, como veremos, es decir, haciendo cuentas. Sin embargo, Peter también habrá de romper un plato en esta misma secuencia, durante la comida que Olinda le sirve una vez que se ha recuperado del desmayo.

Es importante notar el contraste, no obstante, entre las reacciones de Ángel y Peter frente a los platos que han roto. A diferencia de Ángel, que rompe el plato, discute con Olinda y abandona furioso el restaurante para regresar al día siguiente como si nada hubiera pasado, Peter, además de disculparse repetidamente por la rotura del plato, juntará el poco dinero que le queda después de haber sido robado en el hotel para comprar un nuevo plato para Olinda con el que reaparecerá al día siguiente en el restaurante. El nuevo inmigrante europeo, por así decirlo, *sí paga los platos rotos*. Y de eso es de lo que se trata, ya que la importancia del plato que no debe romperse es doble: alude a la precariedad de la situación en que se encuentra el restaurante, pero también a lo que metonímicamente el plato por ende representa: el restaurante, la herencia, que no debe romperse.

Ahora bien, ¿por qué Ángel, el migrante interno, el cordobés, no es representado como una opción viable para heredar el restaurante de Olinda ("con Ángel no puede contar") mientras el inmigrante europeo, el alemán, sí lo es? Esta pregunta nos lleva a detenernos necesariamente en la representación que hace la película de cada personaje.

Ángel, desde su nombre mismo, es representado como bueno, inocente en alguna medida, con algo de niño, lo cual a su vez lo marca como poco útil en un sentido práctico, y también como irresponsable, como puede verse concretamente en relación a sus obligaciones para con Olinda y, en ese sentido, poco confiable (nos enteramos luego de que varias veces ha abandonado el restaurante de Olinda para ir a trabajar a otro lugar). En cuanto a su desempeño en el restaurante, además, es despistado (rompe platos), "díscolo" (le hace frente a Olinda, se marcha cuando se enoja en mitad del trabajo) y sin iniciativa (Olinda le pone la escoba en las manos para que limpie la vereda, o las bolsas de basura para que saque a la calle). Por otra parte, Ángel, por así decirlo, piensa con la cabeza, es decir, le importan los números, el dinero. Y quizá sea precisamente porque *hace cuentas* por lo que no se puede *contar* con él.

Sería injusto sin embargo asimilar a Ángel, porque "hace cuentas," a esos que quieren comprarle el restaurante a Olinda y que "piensan con la cabeza." La preocupación de Ángel con el dinero tiene que ver con la necesidad. De hecho, la fantasía de una salida individualista, de salvación personal, frente a la crisis, que le cuenta a Peter mientras está precisamente haciendo cuentas con su calculadora ("si tuviera plata, plata en serio, ¿no?, me compraría un auto, de esos que se le sacan el techo [. . .] desmontable [. . .] y me compraría, qué se yo, un montón de cosas. Y sabés qué, me voy a la miércoles, no, me voy a la mierda") contrasta notablemente con su situación y comportamiento actual. Ángel tiene una mujer, que está embarazada, y tiene, además de en el restaurante de Olinda, otro trabajo en el que hace poco lo tomaron, un restaurante de comida rápida, "King Hamburguer," y ha estado tratando de trabajar en ambos, sin dormir, "hecho un zombie," hasta que se da cuenta de que no puede con ambos y decide quedarse con el "fast food." Ángel elige precisamente el lugar que representa todo lo contrario de lo que el restaurante de Olinda significa: el signo mismo de la Argentina americanizada, globalizada de los noventa, frente al restaurante de barrio, *local*, en decadencia como la Argentina misma, como consecuencia de su pretendida entrada al primer mundo. Ángel representa en algún sentido al argentino típico de los noventa que "compró" la promesa de la modernización y globalización de la Argentina (y en la que Ángel, pese a que "ya las cuentas no cierran para nada," como le dice a Peter, sigue creyendo, al parecer, en la medida en que decide quedarse con el "fast food"). No es un dato menor, sin embargo, que Ángel no sea lo que se considera habitualmente un argentino "típico": no es de Buenos Aires—es un migrante interno—y no es de clase media, y su elección entre la "Argentina global" y la "Argentina local" parece más bien producto de la necesidad que una verdadera elección.

Ahora bien, contrapuesta a la figura de Ángel, se construye la de Peter. Peter, al igual que Olinda, "piensa con el corazón." Cuando, al haberse quedado sin dinero, le pide a Olinda que lo hospede en el restaurante a cambio de trabajo, insiste en que él no quiere dinero sino tan sólo un lugar donde dormir mientras busca a su novia. Una vez que Olinda ha aceptado acogerlo en el restaurante, Peter es representado haciendo por propia iniciativa las tareas que Ángel no hace, o hace por obligación o a desgano. Al volver de su rutina diaria de buscar a su novia, lo vemos un día apresurarse para tomar de manos de Olinda las bolsas de basura para sacarlas a la calle. Otro día, Ángel y Olinda se encuentran con que Peter ha arreglado una canilla que goteaba, lo que hace que Olinda le diga a Ángel: "Aprendé." Finalmente, la mañana en que Olinda decide no abrir el restaurante y marcharse al centro de la ciudad, Peter, al ver que Olinda no regresa y que se hace tarde, decide ponerse el delantal de Olinda y empezar a cocinar, manteniendo el funcionamiento normal del restaurante ese día. Su nombre no es, en este sentido, menos significativo y determinante: Pedro-Piedra, la piedra sobre la que en la tradición cristiana Cristo "edificó su iglesia." Peter será aquí la piedra, el fundamento sobre el cual Olinda proyectará la reconstrucción de su restaurante, la piedra sobre la que se edificará la nueva Argentina.[5]

En la contraposición que hace entre la figura de ambos, la película parece reproducir en cierto sentido la imagen del habitante nativo, criollo, versus la del inmigrante europeo de hace más de siglo y medio a la que nos hemos referido brevemente en la Introducción a esta sección. Si bien Ángel no es "ocioso" o "industrialmente incapaz," tiene del gaucho de Sarmiento algunos rasgos: es pendenciero, individualista, inconstante y sin iniciativa,[6] frente al "industrioso inmigrante europeo." Será precisamente Peter, el nuevo inmigrante europeo "civilizado," respetuoso, confiable y fiel, con su "laboriosidad" desinteresada y su toma de iniciativas, el que vendrá a "enseñarle a trabajar" a Ángel. Ángel empieza ya a cambiar de actitud y a volverse más cooperador, celoso ante el modelo de Peter, antes de abandonar el restaurante; si bien es en la escena final, en el restaurante ya a cargo de Peter, como veremos, cuando su transformación se vuelve más evidente.

Resulta interesante, en este sentido, que la nueva novia de Peter pueda ser pensada como una inmigrante latinoamericana; así la lee Medina, cuando señala que Peter sólo recibe apoyo en Buenos Aires de dos inmigrantes: Olinda y Luz (107). Luz nació en Venezuela, vivió en México y luego se vino a la Argentina con su madre. A partir del trayecto recorrido por Luz—Venezuela, México, Argentina—podría pensarse que es hija de argentinos exiliados durante la dictadura, pero la película no lo dice explícitamente en ningún momento. En cualquier caso, sea o no hija de padres argentinos, es interesante que su personaje pueda ser interpretado también como el de una inmigrante, ya que en tanto tal vendría a complementar el cuadro de diversidad de la sociedad porteña (y por extensión argentina) que la película traza a través del micromundo que construye, constituido por inmigrantes europeos (Olinda y Peter), argentinos descendientes de la inmigración europea (Federico, Elsa, Martín—el ex-novio de Luz), la "sociedad criolla" (Ángel) y una inmigrante latinoamericana (Luz). Esta microsociedad demográficamente heterogénea que la película pone en escena vendría precisamente a poner en cuestión esa imagen de un Buenos Aires homogéneo en términos raciales, "europeo." Y, sin embargo, no es en tanto hija de argentinos que ha nacido en otro lugar sino en tanto interpretada como inmigrante latinoamericana que la figura de Luz viene menos a complementar el cuadro de esa diversidad que a problematizarlo, en tanto se trata de una inmigrante latino-

---

[5] No es una coincidencia, sin duda, por sus resonancias bíblicas, que la novia que Peter vino a buscar se llame Belén, y que esté embarazada. Tampoco, que la búsqueda de Belén termine en un fracaso, ya que la *salvación* de la Argentina no habrá de depender de *un hijo del país* sino de Peter mismo en tanto inmigrante europeo.

[6] Véase la caracterización del gaucho que hace Sarmiento en *Facundo*.

americana que no responde al perfil demográfico de los inmigrantes latinoamericanos que como mencionamos en la Introducción a esta sección se
habrían vuelto extremadamente visibles durante los noventa. Y si bien Luz es
morena, y no encaja por tanto en el modelo anglosajón del inmigrante europeo
tan deseado en los tiempos de la organización nacional, sí se vincula, en cambio, con el de la Europa latina que constituyó en realidad el grueso de la
inmigración en Argentina y, en este sentido, su figura no es representativa de
la imagen tradicional de la inmigración de países latinoamericanos como
Bolivia, Paraguay y Perú, que constituyen ahora, como hemos visto, la inmigración preponderante en la Argentina. Luz (¿acaso su nombre no lo anticipa
ya, también?) es en tanto "inmigrante latinoamericana" una versión *europeizada* de aquella inmigración latinoamericana que desde su perfil racial
vendría a contradecir la imagen de Argentina como un país europeo en
Latinoamérica. En cualquier caso, sea Luz descendiente de padres argentinos
de ascendencia europea, o una venezolana descendiente de la inmigración
europea, no es su personaje el que vendría a darle visibilidad a la diversidad
racial "latinoamericana" que puebla las calles de Buenos Aires; ésta estará en
todo caso subsumida en la diversidad racial de la "sociedad criolla" que
Ángel representa.

Por su parte, Olinda y Peter son construidos como inmigrantes "atípicos,"
respecto de la inmigración histórica en la Argentina pero también de la mayoría de las situaciones de emigración; atípicos en cuanto a las razones que los
llevaron a emigrar. Si el horizonte de cualquier situación inmigratoria es
siempre una fantasía de promisión—sea ésta la búsqueda de oportunidades
económicas mejores, de escapar de la miseria, de la persecución política, de la
guerra la fantasía que preside el viaje de Olinda y Peter aparece frente a
esas motivaciones fuertemente romantizada: no se trata siquiera de una
decisión consciente de emigrar en el caso de ellos; antes bien, ambos vienen
siguiendo los dictados del corazón, en busca de un "amor." Y aunque la falta
de dinero, y también la falta del amor que vinieron a buscar, los obliguen a
buscar trabajo y, a través de ese trabajo, construir un futuro en el país, equi-
parándolos en este sentido a la representación tradicional del inmigrante que
"llega pobre y se hace rico," es innegable que las motivaciones del viaje inmigratorio en ambos casos han sido fuertemente estilizadas frente a las de los
inmigrantes históricos, produciéndose en consecuencia una idealización de la
figura de la inmigración europea misma, a la que representan. No pretendo
con esto negar que haya habido inmigrantes que vinieran como Olinda
siguiendo los dictados del corazón, pero la transformación de Olinda de una
inmigrante "atípica," en cuanto a sus motivaciones para emigrar, en una inmigrante "típica" como "ejemplo digno de emular" (Medina 106) parece claramente apuntar a una suerte de "purificación" de cierta imagen de la inmigración
europea, *purificada* precisamente de las motivaciones económicas preva-
lecientes en general en una situación inmigratoria.

Lo que deberíamos preguntarnos en consecuencia es por qué la película produce esta suerte de separación de la figura de la inmigración europea de todo interés económico, precisamente en el contexto de una crisis económica que constituye el peligro y la preocupación principal de la sociedad argentina, y la amenaza de su desintegración total. Para responder a esta pregunta, será útil volver por un momento a *El hijo de la novia*, en la cual la necesidad del heredero de la inmigración europea de pensar, o hacer justicia, *con el corazón* estaba vinculada a la necesidad de reparar la venta de la patria—el restaurante heredado de la inmigración europea—al capital extranjero, *europeo*. El enemigo frente al que era necesario replegarse, volviendo al pasado y a la familia, era precisamente la "inmigración" del capital europeo. En *Herencia* hay, como en *El hijo de la novia*, un "ellos" que quieren comprar el restaurante, que aunque no se los identifica como inversores extranjeros o locales, se insiste en que son los que, pensando con la cabeza y no con el corazón, quieren convertir al restaurante en otra cosa, ya sea tirando abajo la cocina para modernizarlo, o construyendo en su lugar una casa de videojuegos porque hay una escuelita cerca. Y si bien no hay referencias aquí a los capitales extranjeros, podría pensarse que es esa nueva "inmigración" europea, movida únicamente por el interés económico que aparecía en primer plano en *El hijo de la novia*, la que está en el fondo, como presencia fantasmática, de la elisión que hace *Herencia* del interés económico como motor de la inmigración. La insistencia en el corazón como razón para emigrar, o para permanecer en el país de llegada, tendría así que ver sobre todo con una voluntad de construir una imagen de la inmigración europea libre de toda contaminación con que la inmigración de los capitales europeos en el presente pudiera mancharla, en tanto es un nuevo inmigrante europeo el que será postulado por la película como artífice de la reconstrucción nacional. A diferencia de esa inmigración "impersonal" del capital europeo como agente de "modernización," pero que tiene en realidad al interés económico como única motivación, Peter pasará a representar una inmigración como la de antes, pero purificada ahora además de todo interés económico, que con su presencia real y su trabajo duro vendrá a constituir un modelo diferente de modernización, una modernización que no destruya sino restituya, mediante una actualización acorde a los tiempos que corren, lo "local"—el restaurante, el país—a su esplendor original.

A lo largo de la película, Olinda y Peter van a ir intercambiando lugares, cada uno de ellos va a pasar a ocupar el lugar del otro, si bien ambos son ya, como puede concluirse a partir de todo lo dicho, dos versiones generacionales de una misma figura: la figura del inmigrante ideal que la película construye. La progresiva transformación del uno en el otro es visualmente representada a través de la relación de cada uno de estos personajes con los espacios que ocupan o por los que transitan, esto es, la ciudad y el restaurante.

Medina afirma que "[e]l Buenos Aires de Peter definitivamente constituye un espacio nada invitador que constantemente lo rechaza al ofrecerle barreras y opciones sin salida" (107). Y en alguna medida ese parece ser el caso. El círculo que ha trazado Peter en su mapa de Buenos Aires alrededor de lo que cree es la ubicación de la casa de Belén (la novia que vino a buscar): la calle Bolívar en San Telmo, se transformará posteriormente en el círculo que enmarca a Peter vigilado desde el ojo de la mirilla de la puerta de la casa de San Telmo desde donde se le anuncia que se ha equivocado de barrio. Luego, al llegar a la dirección que tenía de Belén en San Isidro se encuentra con una casa deshabitada, con las persianas cerradas, que ha sido vendida, rodeada de rejas que debe saltar para acceder a su interior. Por otra parte, el hotel Asturias, donde se hospeda, que desde su nombre mismo parece un residuo de lo que fue la Argentina del progreso inmigratorio, ahora es más bien un *aguanta-dero*, donde lo roban y, finalmente, lo echan luego porque no tiene dinero para pagar la habitación. Un comentario de la propia Olinda parece corroborar explícitamente la hostilidad de esa ciudad que la película estaría repre-sentando: "Buenos Aires al principio parece que te come vivo pero después te acostumbrás, es más fácil."

Sin embargo, pese a sus primeras experiencias con la ciudad, Peter no tiene mayores problemas en moverse por una ciudad que no conoce, sin dinero y sin manejar bien el idioma. Es interesante en este sentido comparar la repre-sentación de la ciudad que hace *Herencia* con la que hace una película como *Mala época*. Gorelik señala que *Mala época* "reinstala la visión de la ciudad como máquina de expulsar y segregar al diferente, especialmente a los pro-vincianos y a los migrantes de países limítrofes que vienen a la ciudad como último recurso" ("*Mala*" 32) y "nos muestra una ciudad dura, despiadada, sin espacio para la amistad, la solidaridad o el candor [. . .]" ("*Mala*" 25). Refiriéndose al primer episodio de la película, "La querencia," en el que un muchacho venido del interior a la capital a probar mejor suerte acaba matando accidentalmente a un vecino de la pensión en que se aloja y termina final-mente abandonando la ciudad y volviendo al campo para ir a enterrar allí el cadáver del que no ha podido deshacerse en Buenos Aires, Gorelik apunta: "Lo único que le impide salvarse es su incomprensión de los códigos de la ciudad, que se le presenta como una masa opaca e impenetrable" ("*Mala*" 25). Ese Buenos Aires hostil y excluyente poco parece tener que ver con el de Peter, quien, a pesar de no conocer bien el idioma y de no recibir ayuda de los habitantes de la ciudad para encontrar a Belén, aprende rápidamente sus códi-gos, se enamora de una nueva chica, Luz, y hereda un restaurante y un *país*. El contacto de Peter con la ciudad parece menos en este sentido una experien-cia de segregación que sencillamente de frustración al no encontrar lo que busca. En cualquier caso, la poca invitabilidad o indiferencia de los espacios urbanos por los que Peter transita (y la falta de solidaridad o incluso la hostili-dad de sus habitantes) al principio de la película, apunta a subrayar, por con-traste, el carácter de refugio del restaurante, frente a una Argentina crecientemente disgregada en su lazo social: un lugar donde lo que hay precisamente es "espacio para la amistad, la solidaridad o el candor" (Gorelik, "*Mala*" 25). El restaurante de Olinda puede ser leído así como representación metafórica de una Argentina del pasado, o idealizada como tal, que, aunque afectada por la crisis económica, ha logrado mantener incólumes los valores de la solidaridad social y comunitaria, al igual que el restaurante ha logrado mantener su fisonomía porteña, barrial, frente a una creciente homogeneización e impersonalidad urbanas producidas por la "globalización" de los noventa.

Medina afirma que Peter "[c]onstantemente aparece transitando el puente de peatones que lo conduce a la estación del transporte urbano. La cámara lo muestra como un espacio sin salida que no lo lleva a ninguna parte" (107). Sin embargo, si bien es cierto que nunca se representa el principio y el final de ese puente (se lo enfoca siempre siendo transitado por Peter, u Olinda, en su tramo medio), no es tan claro que ese puente sea representado como no conduciendo a ninguna parte. Sabemos que, por lo menos, conduce al restaurante de Olinda, como lo confirma el hecho de que la primera vez que vemos a Peter cruzarlo la imagen siguiente nos muestre a Peter caminando frente al restaurante de Olinda, así como también veremos a Olinda cruzarlo en una de sus visitas al centro de la ciudad. El hecho de que nunca se muestre el origen o lugar de llegada del puente que conecta al restaurante con el resto de la ciudad, apunta más bien, a mi parecer, a subrayar, por una parte, la *desconexión*, el contraste, que acabamos de analizar, entre restaurante y ciudad y, por otra parte, a caracterizar el puente como el espacio mismo de la reversibilidad (de direcciones) o, más precisamente, a hacer del puente una representación metafórica de la conexión bidireccional entre dos generaciones de inmigrantes y dos lugares (el lugar dónde se nace y el lugar dónde se elige vivir) que la película pone en escena. Este carácter bidireccional del puente es subrayado justamente a través de la sustitución visual que en el tránsito por él se opera de la figura de Peter por la figura de Olinda. Por ese puente que conecta literal y metafóricamente al nuevo inmigrante que llega del exterior con el restaurante y la antigua inmigrante dueña del mismo, Olinda *se volverá* Peter y Peter, Olinda. Mientras Peter terminará firmemente establecido en el espacio del restaurante, será Olinda ahora la que salga a recorrer la ciudad.

Las dos incursiones de Olinda en la ciudad se centran, respectivamente, en la representación principal de dos espacios diametralmente opuestos: la primera, en la imagen de un restaurante de comida rápida; la segunda, en la de un ombú de frondosas raíces. Ambos espacios, podría decirse, aluden a tiempos opuestos en la vida de Olinda: el primero, al futuro de una Argentina transformada por los cambios producidos durante la década de los noventa que contrasta notablemente con la imagen de la Argentina que el restaurante de Olinda representa; el segundo, al pasado, a las *raíces*.

No casualmente, la primera visita de Olinda al centro se produce luego de que Ángel le ha anunciado que va a dejar el restaurante para ir a trabajar a un "fast food." Olinda se dirige entonces a conocer uno de esos lugares que Ángel ha preferido a su restaurante o, lo que es lo mismo, a enfrentarse a una ciudad que a diferencia de su restaurante y de su barrio, ha cambiado, y de cuya transformación el "fast food" es a la vez signo y emblema. El entorno aséptico e impersonal—el piso que es limpiado una y otra vez, las bandejas de plástico cuyo contenido los clientes mismos vacían en el lugar provisto para ello, el menú pegado en la pared donde los nombres de las comidas aluden más a tamaños y combinaciones que al contenido de las mismas—en el que se enfoca la mirada de Olinda, contrasta fuertemente con el espacio de su restaurante. Es precisamente luego de este primer encuentro con esa Argentina irreconocible que ha reemplazado a la Argentina antigua que su restaurante representa, que Olinda se sienta a leer en un banco un periódico italiano en el que se entera del terremoto en su pueblo natal, Siponto, que parece, como consecuencia del mismo, estar a punto de desaparecer; noticia que habrá de precipitar su idea de volver a Italia.

La segunda visita de Olinda al centro de la ciudad se producirá luego de que Peter le cuente en el desayuno que ha encontrado a Belén, embarazada, y sugiera que va a regresar a Alemania. Es entonces cuando vemos por primera vez a Olinda cruzar el puente de peatones por el que acostumbraba a pasar Peter. Luego, ya en el centro de la ciudad, los lugares en los que la cámara decide concentrarse aluden significativamente al ansiado regreso de Olinda a su pueblo en Italia: primero, como anticipamos, vemos a Olinda sentada en las *raíces* de un ombú. Su mirada deambula hasta detenerse finalmente mirando hacia arriba. La escena siguiente empareja nuevamente esa mirada hacia arriba, como en la escena inicial, con un avión, sólo que no se trata aquí ya de un avión volando en el cielo sino de un avión en miniatura en una agencia de viajes, en la que Olinda entrará para presumiblemente comprar el ticket que la llevará de vuelta a Italia.

Frente al pasado (las "raíces") y el futuro (el "fast food") de su presente (su restaurante en la Argentina), Olinda opta por volver a *sus raíces*, a su pasado extranjero. No casualmente el diálogo en que Olinda les revelará a Peter y Federico que ha decidido volver a Italia gira alrededor del tema de las raíces, prefigurado visualmente en su importancia a través de esa imagen de las raíces del ombú: "Cuando vos llegaste," dice Olinda dirigiéndose a Peter, "yo hacía mucho que no veía a un extranjero. Y bueno, no pude dejar de pensar que yo también soy extranjera. Bueno, que me hice argentina, pero que soy italiana. Y bueno, eso no te lo olvidás nunca estés donde estés [. . .] yo siempre soñé con volver. *Y no hay nada más que eso: volver* [. . .]" (mi énfasis).

Cabría preguntarse qué quiere decir Olinda con aquello de que *volver* es todo lo que hay. La vuelta de Olinda a Siponto es doble: supone una vuelta al pasado, a las raíces, a una *imagen del pasado y de las raíces*, pero también una vuelta a su propia juventud aventurera representada en el presente por el modelo de Peter, a una cierta imagen de sí misma (de lo que ella fue en el pasado), a la posibilidad de moverse por el mundo siguiendo un sueño. Olinda quiere volver a Italia para recuperar ese pasado que siente que está desapareciendo, como su pueblo natal. Frente a un presente que tiene todos los rasgos de la decadencia y la crisis tanto en lo personal como en lo laboral, se contrapone un pasado idealizado: el del pueblo de origen, el de la juventud.

No creo exagerado afirmar que los términos del dilema de Olinda se hallan inscriptos en su propio nombre: O-Linda. La primera conversación que mantiene Olinda con Peter luego de haber aceptado darle albergue en el restaurante, es ciertamente elocuente al respecto. Deteniendo su mirada en la fotografía en blanco y negro de la Olinda del pasado colocada sobre la pared de azulejos de la cocina, Peter le pregunta si tiene una hija. Olinda responde: "No, esa era yo, antes," a lo que Peter, no con demasiado tacto, observa: "Antes era bonita." Una apreciación similar se desprende de la reacción de Olinda frente al dibujo que Federico había hecho de ella en una de las primeras escenas: "Así era yo con quince años menos," y de la respuesta de Federico a la misma: "Pero Oli, si estás tan linda como siempre." Asimismo, los equívocos con el nombre de Olinda son reveladores: al despedirse de Olinda la primera vez, Peter le dice: "Adiós, señorita Linda," ante lo cual Olinda indignada rectifica una vez que se ha marchado: "Olinda," enfatizando la "o" en Olinda. La cuestión de la belleza y la juventud de Olinda, recordadas permanentemente a través de esa fotografía del pasado de la Olinda joven y linda, y perdidas con el paso del tiempo, apuntan menos a su supuesta vanidad, que a subrayar la importancia y vigencia del pasado como una alternativa todavía viva en la vida de Olinda.

Es significativo que a la imagen actual del restaurante marcada como vimos antes por los signos del deterioro se contraponga asimismo una fotografía del pasado, que Peter descubre un día. La fotografía muestra a Olinda, más joven, rodeada por dos ayudantes o empleados del restaurante presumiblemente. Los tres sonríen y sostienen en sus manos un plato de comida frente a la puerta del restaurante, en lo que parece ser un momento de esplendor del mismo.

No en vano al dilema inscripto en el nombre de Olinda le falta uno de sus términos: O-linda, ¿Linda, o . . .? ¿Cuál es la alternativa frente al pasado idealizado, el de Olinda linda y el del restaurante próspero, cuando el presente no parece ofrecer ninguna alternativa real que pueda implicar un avance y no un deterioro? Frente al presente insatisfactorio: el deterioro personal y del restaurante que constituyó durante tanto tiempo su vida y su proyecto, pero que, como ella misma, ya no es lo que era; frente a un futuro que no parece traer consigo ninguna alternativa, clausurado por un presente sin horizontes de mejoramiento visible, el pasado se erige como alternativa menos real que como fantasía, cargado con toda la fuerza de la idealización.

De hecho, la escena que sigue a la fiesta de despedida que se le hace en el restaurante a Olinda reproduce formalmente la estructura visual de la escena que abría la película, en la que Olinda, sola en su habitación en penumbras, mecía entre sus manos una llave mientras cantaba una canción de cuna. Una vez más vemos a Olinda sola en su habitación, recostada en su cama. Esta vez, sin embargo, Olinda no canta una canción de cuna ni luce desorientada; por el contrario, ahora sonríe, mientras sostiene entre sus manos, además de la llave del restaurante, el pasaporte en cuyo interior se encuentra el ticket de avión. Esta escena viene a clausurar, así, lo que aquella primera escena iniciaba: la búsqueda de Olinda, y de la película, del heredero a quien confiar la reconstrucción de la nación metaforizada por el restaurante. El heredero finalmente ya ha nacido, como la sonrisa de felicidad de Olinda confirma, pero la búsqueda de Olinda todavía no se ha completado; todavía se encuentra ella en busca de un nuevo nacimiento o, mejor dicho, *renacimiento* (de lo que ella misma fue). Su regreso al pasado resultará efectivamente en un nuevo nacimiento, sólo que en un sentido distinto al que ella imagina en este momento. La nueva Olinda que habrá de emerger de su vuelta al pasado será también el producto de un cambio en el presente que todavía la rodea y que tiene que ver asimismo con la posibilidad de otro nuevo nacimiento: el de una relación real con Federico; otra razón, quizá, de la sonrisa que la anima en esta escena.

En la escena de la fiesta de despedida, vemos por primera vez, junto a Federico, lo que ha estado haciendo Olinda con los dibujos que diariamente ha venido trazando Federico en el mantel de papel, dibujos que la representan a ella, a otros personajes del restaurante o a alguna escena del día en el mismo. Olinda ha poblado las paredes de su cuarto con esos dibujos, que han capturado a lo largo del tiempo y de la historia del restaurante esos momentos fugaces y rutinarios del trabajo de todos los días, estetizándolos y jerarquizándolos al dejarlos representados en el papel. Olinda ha guardado los dibujos de Federico como una manera de atesorar esos momentos que pasan sin darse uno cuenta, arrancándolos al paso inexorable del tiempo, y que, desplegados en el collage o mosaico que conforman juntos en la pared construyen una historia; una historia que es para Olinda una manera de darle sentido a su vida. Asimismo, esos dibujos son testimonio de los momentos que Olinda ha pasado con Federico (esas situaciones cotidianas que ha compartido con él están asimismo inscriptas en los dibujos mismos) pero, a la vez, son el signo y el sustituto de una ausencia: la ausencia de una relación amorosa real, no simplemente sentimental entre ellos.

Lo que Federico descubre al ver el collage, la historia que Olinda ha construido con sus dibujos, es que Olinda ha hecho con ellos lo mismo que él al dibujarlos: estetizar esos momentos compartidos por ambos, como eslabones de una historia amorosa que, por razones no del todo claras, ha quedado suspendida en el ámbito de la fantasía—colgada literalmente de la pared—sin haber llegado nunca a volverse completamente una realidad. Es este descubrimiento, sumado a la pérdida inminente y bien real de Olinda ante su viaje, lo que lo decide a Federico a declararle a Olinda su amor por ella, a pedirle una segunda oportunidad o, lo que es lo mismo en este contexto, una *segunda vuelta*: "No sé si es tarde, pero lo único que te pido es que lo pienses y vuelvas. Yo voy a estar aquí o dónde vos quieras esperándote, Oli [. . .]. Date otra oportunidad."

El deseo de Olinda de volver al pasado de sí misma se ve ahora complejizado por la posibilidad de una alternativa en el presente que consistiría en la transformación de esa fantasía que llenaba una ausencia en una presencia, en una realidad.

Pero Olinda habrá de volver al pasado de todos modos, como también lo hará la película al recuperar la imagen de la inmigración europea como agente del progreso en la figura de Peter. El regreso al pasado que realiza la película para construir una alternativa de futuro parece así complementar ideológicamente la elección de Olinda de volver a un pasado idealizado. Ambos "regresos," sin embargo, no podrían terminar siendo más diferentes. Porque lo que descubre Olinda en su vuelta a ese pasado que había mantenido idealizado, fijo, congelado (como una fotografía, o un dibujo), es precisamente el transcurso de la historia: el cambio inexorable que ese transcurso produce en los lugares y las personas; un cambio que hace imposible volver atrás en el tiempo. Como la postal que Olinda le envía a Federico desde Italia pone de manifiesto (postal con cuya lectura desde la voz en off de Olinda se cierra la película), el pasado al que vuelve Olinda se revela precisamente como lo que era, como una idealización: "Mi casa ya no está. ¿Sabe lo que hay ahí ahora? Un restaurante. En realidad Siponto sigue siendo el mismo, pero está distinto. A veces pienso que a las personas nos pasa igual, cuando encontramos lo que buscamos. ¿Qué piensa? Yo, que en la vida uno merece una segunda oportunidad. Extraño su compañía." La postal de Olinda sugiere que ella habrá de volver, al comprender que esa persona del pasado—ella misma—a la que iba a buscar es, como el Siponto que ha encontrado, la misma pero distinta. La vuelta al pasado de Olinda es lo que le permite volver, pero esta vez al futuro— a una segunda oportunidad en el presente que constituye una alternativa de futuro con Federico.

La visita de Olinda al pasado constituye así una verdadera epifanía, que le permite descorrer el velo de la idealización: Siponto vuelve manifiestos precisamente los signos del transcurrir de la historia, y no es una ironía menor que en el lugar donde se hallaba la casa de Olinda en Siponto haya ahora un restaurante, exactamente aquello que ella construyó en la Argentina cuando dejó su casa en Italia. Siponto ha cambiado, así como ha cambiado, o, mejor dicho, se ha ido deteriorando el restaurante de Olinda en la Argentina a lo largo del tiempo debido a las transformaciones del país, pero también debido a la insistencia de Olinda de mantenerlo fiel a lo que fuera en el pasado.

La revelación que Olinda experimenta frente al Siponto real ilumina a la vez que contradice, o precisamente porque la contradice, la idealización del pasado que el final de la película produce, en parte, en su propuesta de reconstrucción de un modelo de nación. La escena final está temporalmente localizada "dos meses más tarde" de la partida de Olinda. Medina al respecto afirma que "[l]a película cierra con una escena de esperanza donde los comensales del restaurante conviven en comunión. Peter ha reemplazado a Olinda en el restaurante, lo que sugiere un cambio de guardia, de una inmigrante europea a otro. Ángel ha vuelto al negocio, lo que se puede interpretar como que ha aceptado la herencia legada por Olinda" (109). Efectivamente, hay un clima de comunión y comunidad en el restaurante ahora en manos de Peter. Ángel parece haberse recuperado de la tentación de una Argentina "globalizada" o americanizada, representada por el "fast food" (y de su fantasía individualista de salvación personal), para volver a una Argentina *local*, al restaurante de barrio, donde una comunidad en comunión parece haber vuelto a ser posible, a reconstituirse. El restaurante está repleto de gente, como nunca antes lo habíamos visto; Peter, Ángel y Luz—el inmigrante europeo, el migrante interno y la inmigrante latinoamericana descendiente de la inmigración europea—comparten armónica y fraternalmente el trabajo del restaurante. El restaurante por lo demás se ha modernizado: ahora tiene un buffet; los platos lucen diferentes; a las mesas y sillas se ha agregado un mobiliario tipo *lounge*: sillones y mesas bajas; con los habitués de los tiempos de Olinda conviven ahora muchas personas, la mayoría jóvenes; y rodeando el entorno modernizado, donde también se proveen revistas para leer al estilo de los cafés europeos, reencontramos los dibujos de Federico, que han sido enmarcados y colocados en la pared (Figura 10). El restaurante ha vuelto a ese momento de esplendor que conoció alguna vez en el pasado.

Frente, por una parte, a la Argentina del pasado representada por el restaurante de Olinda—caracterizado por los valores de la solidaridad social y la amistad frente a una Argentina socialmente disgregada, pero también por el apego intransigente de Olinda a mantenerlo estrictamente fiel a lo que siempre fue (visible no sólo en la falta absoluta de renovación del restaurante sino también en la negativa de Olinda a alterar el carácter de las comidas que en él se sirven ["Acá se come como Dios manda, como yo digo"])—y, por otra parte, frente a una Argentina cuya "modernización" o "globalización" por parte de la "inmigración" de los capitales internacionales (representada por el "fast food" preferido por Ángel) se habría traducido en una americanización y pérdida de su fisonomía local, la figura de Peter, el nuevo inmigrante europeo, viene a representar una propuesta diferente de modernización. Una propuesta que, por una parte, supone el trabajo concreto, personal, del inmigrante en la Argentina a modernizar (y por eso era tan importante separar la figura de inmigrante de Peter de esa inmigración fantasmática, impersonal, de los capitales extranjeros, movida únicamente por el interés económico) y, por otra parte, no apunta a sustituir lo "local" por lo "global" sino más bien busca *negociar*, encontrar un compromiso entre lo moderno o global y lo local,

Figura 10

apropiándose de ciertos rasgos modernos, relacionados con un concepto global de consumo y entretenimiento (representados por los elementos de la estética *lounge* y de café europeo que tiene ahora el restaurante) y, a la vez, manteniendo los rasgos antiguos. El nuevo restaurante manejado por Peter seguirá llamándose Olinda y conservará, por fuera, su antigua fisonomía. *Sigue siendo el mismo, pero está distinto.*

En esa imagen del nuevo restaurante modernizado (pero fiel a su espíritu) y próspero, *Herencia* cifra asimismo la reconstitución de una plenitud comunitaria nacional, representada por la integración en el manejo del restaurante de la sociedad europea o descendiente de la inmigración y la sociedad criolla. En esa nueva/o Argentina/restaurante que la presencia de Peter habrá de hacer posible, el migrante interno (la sociedad criolla) tendrá un lugar; "Ángel ha vuelto al negocio," pero cabría preguntarse qué significa que su vuelta pueda interpretarse "como que ha aceptado la herencia legada por Olinda" (Medina 109). Me inclinaría a pensar que esa aceptación de la herencia de Olinda tiene que ver por una parte con la aceptación de esa propuesta de modernización de la Argentina que Peter encarna (versus la de la americanización como sinónimo de modernización a la que antes Ángel hubo sucumbido) pero asimismo con la aceptación del lugar de conducción del heredero europeo, a quien Olinda ha escogido como depositario de su herencia, de esa modernización y, en ese sentido, con la aceptación de su lugar *secundario* en ese proceso, de sumisión en algún sentido, que Olinda siempre había reclamado de él en sus innumerables peleas. La *vuelta* de Ángel (y su nueva actitud) dejan suponer que para su integración en esta nueva Argentina ha debido pasar por el mismo proceso de transformación por el que José Hernández habría de hacer pasar a su gaucho Martín Fierro: del gaucho pendenciero de la "Ida" al gaucho sumiso de *La vuelta de Martín Fierro*, para poder convertirse, a su vez, en material integrable a esta nueva Argentina. De hecho, aunque en la escena final veamos a Peter, Luz y Ángel trabajando fraternalmente en el restaurante, es preciso no olvidar que Peter es el que ha ocupado el lugar de Olinda, es decir, el que está verdaderamente a cargo del restaurante (aunque parezca tratarse de una comunidad totalmente horizontal) como sutilmente se revela en la palmadita que le da Peter a Ángel en el hombro cuando se cruza con él mientras ambos están sirviendo platos, o en el hecho de que sea Peter el que le lleve la postal de Olinda a Federico. Del mismo modo, es preciso no olvidar que Luz es novia de Peter, no de Ángel, y que en ese sentido, en esta pareja felizmente constituida (a diferencia de lo que hubo ocurrido con Olinda en el pasado) es posible anticipar cuál es la progenie *argentina* que puede proyectarse como futura *heredera* del restaurante/nación: una progenie que resultará de la unión de un inmigrante europeo y de una inmigrante latinoamericana pero de imagen tan europeizada como la que caracteriza la auto-imagen de los argentinos; es decir, una nación *nuevamente* descendiente de la inmigración europea.

El modelo de reconstrucción nacional que la película pone en escena ofrece ciertamente una alternativa tanto frente al modelo idealizado de una aldea global durante la pretendida entrada de Argentina al primer mundo como al de una Argentina antigua, ajena a los cambios transcurridos sobre todo en la década de los noventa, excepto a los que sobre ella se han hecho sentir negativamente. Esa alternativa es la Argentina local, pero modernizada, por Peter. Sin embargo, es precisamente en la recuperación de la figura de la inmigración europea como agente de esa modernización que la película vuelve a un pasado idealizado para proyectar una alternativa de futuro y, en este sentido, el modelo alternativo de reconstrucción nacional y comunitaria que la película propone termina siendo a su vez también un modelo idealizado, una fantasía de reparación, en el mismo sentido en que habíamos definido la fantasía en el capítulo anterior siguiendo a Žižek: "una pantalla que oculta una *imposibilidad* fundamental" (Žižek, *El acoso* 28). Al hacer de la Argentina una nación nuevamente *descendiente* de, o renacida gracias a, la inmigración europea, la película articula una fantasía de futuro que no sólo consiste en un regreso a un pasado idealizado sino que a la vez redunda en la negación de un presente inexorablemente transformado por la historia: el de la "latinoamericanización de la Argentina," es decir, el de la desintegración de aquella narrativa autoidentitaria que hacía de la Argentina un enclave europeo en Latinoamérica, no sólo (o menos en el contexto de *Herencia*) por el perfil racial de sus habitantes, sino por una estructura social que la asemejaba a los países europeos. Es esta pérdida la que *Herencia* viene a reparar, al restituirle a la Argentina en la comunidad/restaurante reconstituida/o al final del film la integración social y la posibilidad de progreso perdidos, y junto con ellos, metafóricamente, su carácter "europeo," al hacer de una inmigración europea rediviva el artífice de esa reconstrucción y re-integración. En este sentido, la *invisibilidad* en la película de la inmigración de los países latinoamericanos vecinos parece menos apuntar a una negación de la diversidad racial de la sociedad argentina, o porteña, que la figura de Ángel, por lo demás, pone, deliberadamente, de manifiesto, que a negar todo rastro de la "latinoamericanización" de la Argentina, que la creciente visibilidad de los inmigrantes latinoamericanos de países vecinos vendría, con su presencia, *literalmente* a confirmar, a hacer de la Argentina un país latinoamericano más. Es en este sentido que *Herencia*, al igual que *El hijo de la novia* y también *Nueve reinas* (aunque ésta última de modo más ambivalente), puede constituirse en un mecanismo, una fantasía, de reparación frente a la experiencia de la desintegración de la nación y de sus narrativas autoidentitarias, que aunque apenas se dibujan como contexto explícito en el caso de *Herencia*, no dejan de estar permanentemente aludidas. Una fantasía tanto más compleja en cuanto revela la idealización que realiza en la negación del presente que produce como reparación.

6

"How do I look?": La mirada reversible y el tiempo irreversible en *El juego de la silla*

La idea de *El juego de la silla*, la opera prima de Ana Katz,[1] tomó forma primero en un cuento con "la historia de una familia que jugaba al juego de la silla," escrito por la misma Katz, quien luego decidió convocar a un grupo de actores con los que estuvo ensayando sobre esta idea durante un año y medio, y a partir de esas experiencias fue creando el guión de la película, escrito y rodado en el 2000 (Katz, Entrevista). Al mismo tiempo, la directora ganó un concurso de coproducción del Teatro Municipal General San Martín para montar la obra teatral, que estuvo en cartel durante más de un año, y luego de finalizada la obra de teatro, se dedicó a editar el material filmado, terminando la película en el 2002. La película, filmada originalmente en video digital, "[s]e presentó en una sección paralela—muy chiquita—del Festival Internacional de Cine de Mar del Plata," comenta Katz, "y a raíz de esa participación el Instituto Nacional de Cine (INCAA) me dio el dinero para poder ampliarla a 35mm" (Entrevista). Coproducida por Tresplanos Cine, la Universidad del Cine y la propia Katz, la película recorrió diversos festivales internacionales, donde cosechó numerosos premios,[2] antes de estrenarse finalmente en Argentina en el 2003, y tuvo una recepción muy favorable por parte de la crítica.[3]

---

[1] Katz es egresada de la Universidad del Cine, donde actualmente es profesora titular de la Cátedra de Dirección Cinematográfica. También estudió actuación y participó en diversos proyectos teatrales. Trabajó como asistente de dirección de *Mundo grúa*, de Pablo Trapero; y ha dirigido varios cortometrajes, entre ellos: *Ojalá corriera viento* (2001). En el 2007 se estrenó su segundo largometraje: *La novia errante*.

[2] Entre los premios que obtuvo pueden mencionarse la Mención Especial del Jurado en la sección "Made in Spanish" del Festival Internacional de Cine de San Sebastián (2002), los premios Mejor Opera Prima y Mejor Actriz (Raquel Bank) en la Muestra de Cine Latinoamericano de Lérida (2003), el Premio Découverte de la Critique Française a la Mejor Opera Prima en el Rencontres Cinémas d'Amérique Latine de Toulouse (2003) y un Cóndor de Plata de la Asociación de Cronistas Cinematográficos de la Argentina en el 2004 (Revelación Femenina: Raquel Bank).

[3] Véase por ejemplo las reseñas de Forns-Broggi en *Chasqui* y de Martínez ("Un acertado") en *La nación*.

La historia narrada en el film es sencilla: Víctor, el hijo mayor de una familia porteña (los Lujine), que ha emigrado a Canadá por razones profesionales ocho años atrás, vuelve por primera vez a la Argentina enviado por la empresa para la que trabaja, y hace una escala de menos de un día en Buenos Aires para visitar a su familia a la que no ve desde que se fue. Su familia, a la que hay que agregar una ex-novia de Víctor de toda la vida, espera con gran emoción su llegada y ha preparado y cuidadosamente ensayado una apretada agenda de actividades para compartir con Víctor durante su visita, ante las cuales, como señala Mariano Kairuz, Víctor "se descubrirá observando viejas situaciones familiares con una mirada ligeramente extrañada" ("El que se fue").

En *El juego de la silla*, las referencias explícitas a la circunstancia histórica que constituye el contexto más amplio de la narración, es decir, al momento de descomposición que atraviesa el país, son pocas, aunque abundan, implícitamente, en las acciones cotidianas de los personajes, en su caracterización y en la puesta en escena del film. La narración, sin embargo, se centra en la representación de un grupo familiar que, pese a las características culturales que lo vuelven reconocible como una familia argentina, parece, en su construcción a partir de la cotidianeidad doméstica, pasible de ser extrapolado a otras latitudes y culturas. De hecho, el enorme éxito que la película ha tenido en festivales internacionales (Tirri) confirma que esa situación de reencuentro familiar a partir del regreso de uno de sus miembros antes ausente que la película pone en escena puede ser reconocible para audiencias de otros contextos nacionales, a pesar de, o incluso precisamente por, su carácter excesivo y desmesurado. La película ha sido leída, por lo demás, como dialogando con *Los idiotas* de Thomas Vintenberg y *Storytelling* de Todd Solondz y, en el terreno local, con *La ciénaga*: "*El juego de la silla* [. . .] dialoga con el film de Martel [. . .] de diferentes formas, pero principalmente, toma el malestar de la alta burguesía del interior profundo y transforma esa sensación de malestar en incomodidad; desde el registro de la comedia absurda posa su mirada sobre la clase media urbana en franco derrumbe" (Sánchez). Hay sin duda algo muy cierto en la idea de un malestar devenido incomodidad en lo que va de *La ciénaga* a *El juego de la silla*, aunque quizá sea exagerado afirmar que la familia Lujine se encuentra en franco derrumbe. La imagen del *estancamiento* parece más apropiada para caracterizar la clase media urbana que la película representa, y a la vez, sirve para dar cuenta de una conexión más profunda entre *La ciénaga* y *El juego de la silla*: la puesta en escena en ambas películas de una suerte de estancamiento temporal. Un estancamiento que en el caso de *La ciénaga* ha sido nombrado de diferentes maneras en la caracterización del modo en que el tiempo es tratado en el film, aunque éstas confluyen en definitiva en un mismo campo semántico: "suspensión," "detención,"[4] que cons-

---

[4] Oubiña, por ejemplo, señala que en *La ciénaga* "la ausencia de acontecimientos, los rituales repetidos una y otra vez, los movimientos cansinos de los personajes y su inacción [. . .]

tituye a la vez un referente social fuerte: el del estancamiento (temporal) debido a la falta de perspectivas de futuro. Si en *La ciénaga*, a pesar de una sensación de suspensión temporal, la acción involucra el transcurso de varios días, en *El juego de la silla* el tiempo de la acción enmarcada por la llegada y partida de Víctor se reduce a unas pocas horas, menos de un día, pero en ellas la reiteración de un mismo tipo de actividades, las diversas *performances* de la familia Lujine preparadas para Víctor, producen una sensación similar, como si el tiempo no transcurriera. El montaje de la película, en el cual Katz declara que "lo que intentaba era dejar esos pocos segundos de más que hacen que cualquier situación se vuelva incómoda" (cit. en Kairuz), no produce solamente el efecto deliberadamente buscado de patetismo, incomodidad o "vergüenza ajena" a partir de las acciones de los Lujine (Kairuz); también refuerza la sensación de que, así como el tiempo parece no haber transcurrido para los Lujine que se quedaron en la Argentina, tampoco parece transcurrir ahora, en el presente de la acción, en esas horas llenadas con infinitas variantes en la repetición del pasado previo a la partida de Víctor.

Entre las performances preparadas para agasajar a Víctor, es preciso distinguir entre los espectáculos "artísticos" montados para mostrar los "logros" de los miembros de la familia, y los rituales y actividades del pasado infantil, reactualizados en el presente para recuperar a Víctor, para reintegrarlo en esa comunidad de la que se ha excluido. La elección para este fin de la reiteración de rituales familiares no es, al fin y al cabo, sorprendente. Como señala Richard Schechner, el ritual es "a way for people to connect to a collective, to remember or construct a mythic past, to build social solidarity, and to form or maintain a community" (87).

En el caso de los Lujine, esta reactualización de los rituales del pasado apunta a retrotraer el tiempo a un pasado de supuesta plenitud familiar. En su repetición, en su encapsulamiento de un momento congelado de tiempo—el pasado perpetuamente vuelto presente y a la vez preservado del cambio histórico, o el presente perpetuamente convertido en pasado a través de la puesta en escena del ritual—los rituales familiares que actúa la familia de Víctor tienen como función reactualizar la comunidad familiar del pasado (la tradición, los valores, los vínculos comunitarios), para reintegrar en ella al Víctor que se ha marchado.

Ahora bien, una brecha insuperable parece haberse instalado entre ese modelo de familia y el Víctor que ahora vive en Canadá. Como la película habrá de poner de manifiesto, Víctor no puede volver al pasado, ni reintegrarse a ese modelo de familia que se le ofrece; tampoco ese pasado, ese modelo familiar, puede recuperarlo a él.

---

confieren una impresión de transcurso en cámara lenta o, incluso, de *suspensión*" (mi énfasis, *Estudio* 21). Amado, por su parte, señala que en *La ciénaga*, "[l]a inercia, la *detención*, anulan la percepción del tiempo con el efecto de la atracción de la física: hay algo que parece arrastrar a todo y a todos hacia abajo" (mi énfasis, "Cine argentino" 91).

El juego de la silla hace precisamente del tiempo y de la historia, o si se quiere, de la coordenada espacio-tiempo y de la irreversibilidad del transcurso de la historia, el objeto central de reflexión para la representación y discusión de modelos de funcionamiento de una comunidad nacional, o de una comunidad familiar que puede leerse como metáfora de la comunidad nacional. Y si lo que funciona como metáfora de la comunidad nacional aquí es nuevamente el modelo familiar, lo que *El juego de la silla* se plantea específicamente es cuál es el impacto de esta población nómade en el extranjero que Víctor representa en ese modelo anterior de comunidad familiar y nacional, qué transformaciones le impone a ese modelo.

En lo que sigue, voy a centrarme, en primer lugar, en el análisis de la relación con el tiempo, o el paso del mismo, que establecen, por un lado, la familia Lujine y, por otro lado, Víctor, tal como esta relación es representada a través de los preparativos de la familia para recibir a Víctor y a través de los rituales y espectáculos puestos en escena y de la reacción de Víctor frente a los mismos. En segundo lugar, voy a detenerme en el análisis de los lugares de identificación para el espectador que son ofrecidos por la película, es decir, en este caso, en el lugar o los lugares de la mirada dentro de la película misma. En tercer lugar, analizaré el significado de Víctor en relación al modelo de comunidad familiar (y nacional) que la película condensa en el grupo de los Lujine, para finalizar analizando el modelo de comunidad que la película sugiere frente a los cambios históricos producidos.

Las escenas previas a la llegada de Víctor, luego de finalizada la secuencia de créditos, sirven para presentar a los miembros de la familia y a la vez condensan y anticipan los núcleos centrales de significado del film. En la primera escena, vemos a la madre, Nélida, en la peluquería, advirtiéndole al peluquero: "tengo que parecer una *reina* hoy [. . .]. Llega mi hijo mayor de Canadá" (mi énfasis). La película corta y pasa a la presentación de Laura (hermana de Víctor), que está trabajando (atiende llamadas telefónicas para una empresa llamada "Conectel"). Luego de preguntarle a su compañera de trabajo por la máquina de café, que al parecer no funciona bien, Laura afirma: "A mí me gusta más ir a hacerme café por el placer de la máquina que por el café mismo [. . .]. Me gusta la maquinita, apretar el botón, no sé, eso me parece que es porque me hace acordar a mi infancia, a un viaje que hicimos con mi familia. El único viaje a Europa que hicimos con mi familia." La película corta entonces a la presentación de Andrés (hermano de Víctor), al que vemos llegar a la facultad para buscar las notas de un examen pegadas en la pared: el leve golpe con el puño que da en la pared al encontrar su nombre revela que ha fracasado en el examen. La película vuelve entonces a la escena primera de Nélida en la peluquería, en la que ella se encuentra precisamente afirmando: "No sé quién dijo que cuando uno envejece piensa menos y se acuerda más," y ante la objeción del peluquero de que ella no está vieja, de que está "bárbara," Nélida continúa: "Yo no estoy tan mal, [. . .] pero tengo mis cincuenta y tantos años.

Y además yo no quiero que Víctor me vea como esas señoronas que ve por la calle. Yo quiero que por lo menos me vea diez años más joven [. . .]." Incluso, según le revela al peluquero, Nélida se habría quitado diez años de edad en el documento de identidad con la ayuda de una amiga abogada. La película sigue luego presentando al resto de los personajes: Lucía, la hermana menor, fantasea frente al espejo con una entrevista imaginaria que le estarían haciendo como si fuera una celebridad; Silvia, la ex-novia de Víctor, que pese a su partida ha seguido frecuentando a la familia como si la relación con Víctor no se hubiera terminado, se arregla el pelo y cambia su ropa de trabajo por un vestido y unos zapatos de tacón alto en el baño del minimercado donde trabaja para dirigirse a tomar el autobús lleno de gente que la llevará, parada, durante más de una hora, de Lanús (en el Gran Buenos Aires) a la casa de los Lujine en la capital. Laura, la hermana "un poco 'tonta'" o muy infantil para su edad (Katz, Entrevista)—interpretada por la propia Katz—en vez de embellecerse, ha estado dibujando pósters para colgar en las paredes y recibir a Víctor: en vez de enfocarse en una representación estilizada o embellecida de sí misma, se ha dedicado a decorar la casa con dibujos que parecen infantiles, y que funcionan como representaciones estilizadas del pasado (momentos compartidos con Víctor), del presente (Víctor llegando al aeropuerto) y del futuro (la cara de Laura llorando ante la inminente partida de su hermano).

Estas escenas iniciales dejan planteados con claridad los problemas centrales con los que lidian los miembros de la familia Lujine y que se agudizan o precipitan precisamente ante la llegada del exterior del miembro exitoso de la familia: la preocupación por el paso del tiempo y la voluntad de retrotraerlo a un momento anterior a la partida de Víctor (Víctor ha estado fuera ocho años; Nélida se quita no casualmente diez años del documento); el amor por los rituales cotidianos que Laura vuelve manifiesto y la conexión de los mismos con momentos de plenitud y unión familiar ("un viaje hecho con toda la familia") y de prosperidad familiar en el pasado ("el único viaje a Europa hecho con la familia"); el fracaso (de Andrés en los estudios) y el estancamiento generalizado en lo personal, lo laboral y en la situación económica general (un trabajo de oficina o en un minimercado, sin horizontes de progreso).

Los preparativos a los que asistimos para la llegada de Víctor son así, como hemos visto, del orden de la *apariencia* y, en este sentido, anticipan las actividades y espectáculos preparados para actuar durante su visita. Como afirma Katz, "se trata de una familia que está montando una escena [. . .] en ningún momento son espontáneos [. . .]" (cit. en Kairuz). Ahora bien, ¿por qué la necesidad de la familia Lujine de construir una gigantesca performance para Víctor?

Las razones parecen claras cuando tomamos en cuenta la escisión familiar y la distancia espacial y temporal que la partida de Víctor al extranjero ha introducido en el seno de esa familia. La visita del Víctor profesional y económicamente exitoso en el exterior—como su nombre mismo anticipa: Víctor el victorioso—confronta a los que se han quedado con los cambios no deseados o los cambios deseados pero no producidos para ellos que el paso del tiempo les ha deparado u ocluido en la Argentina. Los confronta súbitamente al lugar, a la imagen, que de ellos habrá de forjarse Víctor y los lleva a la preparación de performances de embellecimiento y progreso para impresionarlo. Porque no se trata sólo de mostrarle a Víctor lo que ha ocurrido en la vida de la familia en los años que él ha estado ausente, sino más bien, o también, de *demostrarle algo*. Ese "algo" sin embargo es extremadamente ambivalente; se vincula sin duda con lo que el juego que da título a la película—el juego de la silla—significa o supone: el establecimiento de una dinámica de inclusión–exclusión y la asignación, en función de ella, de los lugares de perdedor o ganador para los que participan en el juego. Estos lugares, perdedor–ganador, son precisamente los que habrán de disputarse en la película, ya que tienen que ver no solamente con el progreso personal, económico y profesional cuya posesión o no pueda exhibirse como signo de la pertenencia indiscutible a uno de esos lugares, sino también con los valores asociados a uno u otro lugar desde perspectivas diferentes (desde la de los que se fueron, o desde la de los que se quedaron). Los rituales familiares y performances de "progreso" preparados para Víctor buscan precisamente cuestionar el carácter en apariencia indisolublemente asociado de perdedor y ganador a los que se quedaron y se marcharon respectivamente; vienen a poner de manifiesto que estos lugares son todavía espacios de definición incierta y relativa, objeto de lucha ideológica en su caracterización como "perdedores" o "ganadores," según el tipo de valores que se le asignen como definitorios.

Se trata de espacios que constituirán para Nélida el objeto de una lucha tácita (y a veces no tanto), y ambivalente contra Víctor: entre el lugar de "rey" victorioso que parece querer serle indiscutiblemente asignado a través de los homenajes y ceremonias que se le ofrecen, y el lugar de la madre en tanto "reina"—imagen que no casualmente ha elegido en la peluquería para expresar cómo quiere lucir frente a su hijo que hace tanto tiempo que no la ve. La elección de los términos de "rey" y "reina" no es, aquí, aleatoria, como se verá luego más en detalle. Traduce una lucha por el poder que Nélida entablará con su hijo: por el poder, y por el poder de asignar significado, fundamentalmente, frente a lo que se supone ganar o perder.

La película se abre con un contrapunto de miradas. El plano inicial de la película nos muestra un cuadrado de cielo; el plano siguiente nos revela que se trata de un plano subjetivo desde la mirada de Víctor, quien, desde la ventanilla del avión, mira ligeramente inclinado ese cuadrado de cielo, primero, y luego el paisaje que el descenso del avión sobre Buenos Aires le va deparando. A continuación de esta escena inicial yuxtapuesta a la secuencia de créditos, vemos un primer plano picado de la cara de la madre de Víctor, en la que se destacan los ojos de Nélida mirando fijamente *hacia arriba*: hacia la

Figura 11

cara del peluquero con el que está conversando, hacia el mismo cielo que
Víctor está mirando en la escena anterior y en el que todavía se encuentra;
metafóricamente hacia el "cielo" que Víctor parece representar para ella
(Figura 11). La toma detenida en la cara de Nélida mirando fijamente hacia
arriba contrasta con la de la cara de Víctor mirando hacia abajo, y anuncia los
lugares que en principio ambos habrán de ocupar: el de la fascinación de
Nélida en su mirada al "rey" que parece representar Víctor para ella, y el de la
condescendencia de Víctor mirando los espectáculos que han sido preparados
para recibirlo y reintegrarlo en la comunidad familiar.

Nada parece anunciar, en estos planos iniciales, que ese contrapunto devendrá un verdadero duelo de miradas. Un duelo que se desarrolla en dos sentidos: un duelo, el dolor, por la *mirada* (la presencia) que se ha perdido—la de
Víctor el hijo que ha emigrado—y que pese a los múltiples esfuerzos por
recuperarla y reintegrarla durante su breve regreso se va progresivamente
revelando como irremediablemente perdida, irrecuperable; pero también, un
duelo, una batalla, por parte sobre todo de Nélida, librada palmo a palmo,
pero fundamentalmente imaginaria, por el control de la mirada y, consecuentemente, por el poder de dirimir simbólicamente quién ha ganado y quién ha
perdido en la trama de disolución familiar, y metafóricamente nacional, que la
película representa. Un duelo, en definitiva, en el doble sentido de dolor y
lucha, por lo que se ha perdido y por el significado de aquello que se ha
perdido.

Katz señala que "el conflicto del film pasa por la lucha de esa mujer [la
madre] contra el tiempo" (cit. en Tirri). Y, en este sentido, podría decirse que
la distancia que separa a Víctor de su familia en el presente no es sólo espacial
sino ante todo temporal. Las estrategias que utilizan los Lujine para acortar

esa brecha son, así, en algún sentido contradictorias: por una parte se intenta retrotraer el tiempo, y a Víctor, al pasado, al tiempo de la infancia, congelando el tiempo en ese momento donde la familia estaba unida y "plena" (el padre no había muerto, Víctor no se había marchado). Por la otra, junto al intento desesperado de la madre de mostrarle a Víctor que el tiempo no ha pasado (están ahora tan jóvenes [la madre] o tan unida [la familia] como antes), también se trata de mostrarle a Víctor que los que se han quedado no por eso "son quedados," que como él, también han progresado. Es por eso que las actividades con que los Lujine han planeado abarrotar el tiempo que compartirán con Víctor van desde la reactualización de los rituales familiares a la puesta en escena de performances "de progreso" por parte de los miembros de la familia.

Si estos rituales, como hemos mencionado, tienen por función, por una parte, suspender el transcurso del tiempo y, por la otra, producir o reafirmar la cohesión de la comunidad apelando a un conjunto de valores compartidos, es preciso decir que *fallan* en su doble función y ahondan cada vez más, en vez de cerrar, la brecha temporal, experiencial y comunitaria entre Víctor y su familia. Cada ritual u homenaje para agasajar a Víctor acaba en un momento anticlimático. Apenas entra a la casa familiar, Laura lleva a Víctor a ver los pósters infantiles que ha dibujado para él. A pesar del entusiasmo y admiración mostrados por Víctor, Laura acaba por concluir que no le gustaron (y llora). Por otra parte, el ritual de la cena familiar, en el que la conversación, liderada por Víctor, gira alrededor de cómo los canadienses se vuelven locos por lo latino: el tango y la salsa (y en la que Víctor, al reafirmar el estereotipo de que eso se debe a que "somos más espontáneos," subraya, por oposición, precisamente lo que ellos no son: espontáneos), acaba no menos mal: el clásico "un aplauso para el asador" termina multiplicándose en un sinfín de aplausos para todos los presentes que acaban por ser insultantes: un aplauso para Andrés y para la madre que comen con la boca abierta.

Después de la cena y el brindis correspondiente, habrá de ponerse en escena el primero de los rituales seleccionados para Víctor: el canto a coro por parte de la familia reunida de la supuesta canción favorita de Víctor, que presumiblemente acostumbrarían a cantar en los tiempos de la infancia y que Víctor, como le advierte la madre, tendrá primeramente que "adivinar cuál es." La puesta en escena de la *re-unión* familiar en el canto a coro produce, sin embargo, decepción e incomodidad: Víctor no sólo no logró recordar cuál era su canción favorita antes de que la cantaran, tampoco naturalmente su letra mientras la cantan. La letra de la canción es, precisamente, muy significativa respecto del sentido y la función del ritual familiar al que estamos asistiendo: "L'inverno è passato / la neve non c'è più / e maggio è ritornato [. . .]." Al cantar este último verso, Nélida mira sugestivamente a Víctor, que no se da por interpelado. La canción habla de un ciclo: el paso del invierno, el retorno de la primavera, que alude al ciclo que ese ritual mismo está buscando expresar y producir: el invierno (los malos tiempos de la separación familiar) han pasado y con Víctor ha retornado la primavera, "maggio," la posibilidad de la comunidad "plena" que el ritual apunta a restituir. Pero Víctor no se acuerda la letra, canta *a destiempo*. Dice que no sabe cantar, que nunca supo. Víctor *falla*, pese a la esperanza de la madre ("Seguramente no vas a fallar"); o el ritual falla en hacer sentir a Víctor parte de esa comunidad. El ritual mismo (con su presentización del pasado) ocurre para Víctor *a destiempo*, está vacío de significado, remite a un pasado, a un modelo de familia, del que Víctor se encuentra a años luz.

Es significativo que luego de la puesta en escena de este ritual, fallido al fin, la siguiente actividad que los Lujine prepararon para Víctor sea ver una grabación de cuando él era bebé. Destacan particularmente en esta grabación, además de la figura de Víctor bebé y de la del cuerpo de la madre alimentándolo en algún momento, la figura del coche: un Falcon verde, en el que la figura del padre aparece apenas distinguible detrás del volante conduciéndolo. La grabación, que Víctor, a diferencia de los demás, sigue sin emoción, remite al momento de fundación de la familia. Es importante notar la presencia central que tiene el Falcon en estas imágenes, y resulta imposible no conectarla con la serie argentina de televisión "La familia Falcón," que se difundió entre 1962 y 1969 en la televisión argentina (patrocinada por la empresa de autos Ford, de uno de cuyos modelos, el Falcon, toma la familia su nombre), y que representaba el ideal de la familia de clase media porteña de la década del sesenta. "Una familia como todas, como la de usted, como cualquiera de su barrio, que vive la existencia de todas las familias porteñas"— anunciaba la publicidad del programa—"Usted sabrá de los sueños, de las alegrías, de los problemas de cada uno de los miembros de esta familia, que estarán frente a usted conviviendo la vida de todos los días bajo el techo común del cariño familiar . . . " (La familia Falcón). Este es precisamente el modelo de familia que se ha desintegrado para los Lujine, con la muerte del padre primero y la partida de Víctor luego, pero también con los cambios que transformaron la fisonomía del país y con él la de las familias porteñas de clase media.

Los Lujine no son una familia en descomposición. Pero son una familia incompleta; dividida en algún sentido por una distancia espacial y fundamentalmente temporal. Esta división marca un corte claro con una idealizada plenitud familiar del pasado. Si es cierto que, como señala Ana Amado, "el cine de la renovación—en estrecho paralelismo con la escena teatral más experimental e independiente—insiste con el universo familiar para montar distintas traducciones de la catástrofe" ("Cine argentino" 89), es claro que la catástrofe responsable aquí de la desestructuración familiar es la emigración de Víctor al exterior (y las razones históricas que subyacen a ella): "Víctor, el protagonista, integra esa inmensa legión de compatriotas que, en busca de mejores condiciones de vida, optaron por refugiarse en el extranjero"

(Martínez, "Un acertado"). Katz afirma: "en el momento que filmé la película no estaba sucediendo lo que pasa ahora. No había tantos jóvenes que se iban del país [. . .]. La verdad es que no era mi intención tocar ese tema, pero está bueno que haya cobrado otro significado posteriormente" (Entrevista). Y, sin embargo, ya para el año 2000, cuando se rodó *El juego de la silla*, había empezado a producirse la transformación de la Argentina que ya mencionáramos de una sociedad de recepción inmigratoria en una sociedad de emigración, si bien se trata por entonces todavía de la emigración de profesionales y no de la emigración/huida masiva que se produce como consecuencia de la crisis del 2001. En cualquier caso, la progresiva emigración de estudiantes y profesionales durante la década de los noventa es la consecuencia directa de la retirada del Estado en general, y en particular de la desaparición del apoyo estatal a la educación pública y la investigación científica y técnica; una situación a la que el juego que da título a la película hace referencia: la progresiva sustracción de lugares a ocupar que tiene como consecuencia la exclusión de los que se van quedando sin lugar.

Lo que provoca la emigración de Víctor y el consecuente carácter incompleto de la familia es la crisis de la ilusión de progreso a la que nos referimos a propósito de *Nueve reinas* y *El hijo de la novia*, o si se quiere, la desintegración de la narrativa de progreso asociada primero con la inmigración ultramarina y luego con las migraciones internas durante el peronismo: el viaje (in)migratorio como condición de mejoramiento social, la Argentina como tierra de las oportunidades (para los que vienen de afuera o se mueven dentro de sus fronteras). En *El juego de la silla*, sin embargo, esa fantasía de promisión encarnada en el viaje migratorio y su horizonte de expectativa de trabajo como condición de mejoramiento social ya no puede refundarse ahistóricamente en la Argentina; su única posibilidad de materialización reside en el viaje emigratorio hacia otro lugar.

La familia de los Lujine está así no sólo huérfana de padre (y en este sentido no sería exagerado leer esa orfandad de padre como la orfandad respecto de un Estado protector que se ha estado retirando) sino también despojada de lo que la ausencia del Estado trajo como consecuencia: la pérdida de uno de sus miembros, que pudo progresar en otro lugar y, paralelamente, la pérdida misma de la posibilidad del progreso para los que se quedaron, que están precisamente por eso, estancados en el tiempo, comparados con Víctor o desde su perspectiva. Es interesante, en este sentido, que Víctor afirme que se encuentra "un poco perdido en el tiempo," en este caso en relación a Lucía, que era una niña cuando él se marchó.

El caso de Lucía, la menor de los hermanos, es ligeramente diferente al de los demás, ya que, siendo todavía una niña cuando Víctor se fue, es la que menos experiencia ha tenido de ese modelo de familia—el condensado por "La familia Falcón"—y, por tanto, es la que parece menos permeable a esa sensación de inmovilización y fracaso que parece predominar en el resto de los miembros de la familia y que es lo que precisamente se trata de ocultar. A la puesta en escena de la grabación de Víctor bebé, sigue una performance artística por parte de Lucía: un baile a lo salsa al ritmo de una canción llamada "Caliéntate." Es la performance, podría decirse, que Víctor sigue con más despreocupada alegría, hasta que a ella se suma Laura, bailando torpemente en comparación con Lucía, y a partir de ahí la mirada de Víctor oscila entre la preocupación y la alegría, mientras su mirada va de Laura a Lucía respectivamente. Pero incluso la performance de Lucía, libre de toda carga o asociación con el pasado, habrá de culminar en una *vuelta* al pasado. Mientras Lucía y Laura bailan todavía, Nélida exige, refiriéndose a Víctor y a Silvia: "Que baile la pareja," frente a la negativa decidida de Víctor. A continuación, entonces, Nélida habrá de pedir permiso para recitar una poesía que está obviamente dirigida a Silvia, un poema de Evaristo Carriego, "Tu secreto," cuyo verso final reza: "De todo te olvidas ¡cabeza de novia!" La performance de Nélida no es una performance de progreso. Como dice Andrés, "[s]iempre dice lo mismo," al terminar su madre de recitar la poesía y justificar su emoción diciendo: "Lo que pasa es que una está enamorada del amor." La performance "artística" de Nélida es evidentemente la repetición de una performance del pasado, y en tanto tal tiene una doble función: apuntar a reavivar la relación entre Víctor y Silvia, y a oponer (como compensación), frente al progreso material de Víctor, la aptitud o talento artísticos de todos los miembros de la familia, incluida ella, que se han quedado. Ambas funciones, sin embargo, fracasan en su cometido frente a Víctor. El pretendido talento artístico de los Lujine vendría a erigirse así en una alternativa valiosa y jerarquizada que hace de contrapeso al progreso del que se fue (aun cuando el "talento artístico" que Nélida atribuye a todos sus hijos también se aplique a Víctor). Sin embargo, el enfático recitado de la poesía de Nélida, seguido de la performance artística de Laura tocando en la guitarra y cantando una canción que ha ensayado para Víctor—"Parado en el medio de la vida" de Serú Girán—más bien parecerían contradecir la afirmación de Nélida de que todos sus hijos son "un poco talentosos," "un poco artistas." Laura, que hace dos años y medio que ha estado estudiando guitarra, se equivoca al tocar la canción y desafina, ante la mirada de sufrimiento de Víctor.

La siguiente performance artística transcurre cuando todos se han ido finalmente a dormir. Nélida pone la alarma del despertador a las tres y media de la mañana; a esa hora, una música habrá de despertar a Víctor, que se incorpora entre sorprendido y francamente molesto para ver a su madre bailando, en el espacio reducido del living en cuyo sofá duerme, una suerte de ballet, en el que Nélida ha incorporado como parte de la coreografía las ramas de un potus que adorna el comedor. Esta última performance ocurre literalmente a destiempo, despertando a todos en medio de la noche y, por así decirlo, acaba por excluir a Víctor de ese pasado al que los rituales vinculados con una imagen de familia buscaban reintegrar.

Nélida no parece querer traer a Víctor al presente de su vida. Su insistencia misma en reavivar la relación de Víctor con su ex-novia de la adolescencia lo confirma una vez más. Silvia es la repetición de Nélida (la Nélida que no puede tener lugar en el presente), detenida en lo que fue su relación con Víctor. Antes del ballet de la madre a las tres y media de la mañana pero una vez que todos se han ido ya a dormir, vemos una escena en que Silvia, despierta, llora junto a Víctor al descubrir que la relación de ellos está terminada. El diálogo entre ellos es sumamente elocuente. Silvia le reprocha a Víctor que nunca le dijo que la relación se hubiera terminado, ante lo cual Víctor sólo atina a repetir: "Es que pasó mucho tiempo," "Hace mucho tiempo que no compartimos cosas juntos," a lo que Silvia responde: "A mí no me importa el tiempo." La exigencia de Silvia, *a destiempo*, viene a sumarse a los rituales a destiempo a que ha venido asistiendo Víctor.

Frente a la sucesión de performances y rituales fallidos, vacíos de significado para Víctor, su mirada se va enrareciendo, se va volviendo cada vez más ajena, extrañada. Desde la sonrisa inicial divertida, a la sonrisa condescendiente y preocupada más tarde, al gesto adusto de enfado e irritación que Víctor empieza a exhibir a partir del ballet de la madre en la madrugada, la mirada de Víctor, *extranjera* desde el comienzo frente a esa exhibición condensada del pasado en su cotidianeidad familiar, se aliena cada vez más, se vuelve irreductiblemente ajena.

Ahora bien, podría decirse que hasta cierto momento en la película la mirada de Víctor es claramente postulada como lugar de identificación para el espectador, momentáneamente vuelto "extranjero" frente a esa hipérbole de cotidianeidad familiar ofrecida como espectáculo. El espectador es así llevado a compartir con la mirada de Víctor esa sensación de ridículo, de vergüenza ajena frente a los espectáculos familiares. La película nos posiciona fuertemente en un comienzo en el lugar de una mirada ajena, extranjera, pero esta extranjeridad no supone solamente, o siquiera principalmente, como hemos visto, una distancia cultural o geográficamente espacial; antes bien, se trata de una distancia perceptual fundamentalmente temporal, histórica. Al mismo tiempo, no deja de ser significativo que la mirada "extranjera" de Víctor sea también una mirada extranjera *de género*: se trata, al fin y al cabo, de una mirada masculina para cuyo consumo se han montado los espectáculos de la familia Lujine, espectáculos casi en su totalidad femeninos.

Rara vez puede encontrarse en una película una puesta en escena más autoconsciente y literal de la largamente teorizada figura de la mujer en el cine y el arte en general como un espectáculo destinado a un espectador masculino que en *El juego de la silla*. En su clásico ensayo "Visual Pleasures and Narrative Cinema," Laura Mulvey observaba:

> In a world ordered by sexual imbalance, pleasure in looking has been split between active/male and passive/female. The determining male gaze pro-

jects its fantasy onto the female figure, which is styled accordingly. In their traditional exhibitionist role women are simultaneously looked at and displayed, with their appearance coded for strong visual and erotic impact so that they can be said to connote *to-be-looked-at-ness*. (203)

Numerosas revisiones y críticas habrían de hacerse desde la teoría del cine a las limitaciones y exclusiones que el planteo de Mulvey, a la vez que extremadamente fecundo al introducir "in an unprecedented way the question of sexual difference into the discusión of film theory" (Mayne 41), entrañaba (fundamentalmente, entre otras, la ausencia en su argumento de la posición de la espectadora femenina y sus modos de identificación frente al cine clásico, cuyo "espectador ideal" es concebido como "masculino" [Mayne 49]).[5] Sería interesante en este sentido leer la película de Katz en diálogo con el ensayo de Mulvey. Lejos de ratificar la representación dominante en la tradición occidental de la mujer como objeto de espectáculo erótico para consumo masculino, la literalización y multiplicación a que *El juego de la silla* somete esta representación la lleva al extremo del absurdo y el grotesco, vaciándola de su carácter tradicional de gratificación visual y sexual y, en consecuencia, colocando a la mirada masculina destinataria de la misma dentro del film en un lugar de condescendencia y extranjeridad: muy lejos del deseo y mucho más cerca de la vergüenza ajena (el hecho de que Víctor sea hermano o hijo de las mujeres que actúan esos espectáculos para él no es, sin duda, la razón fundamental de ese vaciamiento).

¿Pero es realmente la mirada de Víctor el único lugar de identificación ofrecido a los espectadores? Víctor mira los espectáculos femeninos representados para él, pero a su vez es *mirado* todo el tiempo para ver cómo mira, cómo reacciona frente a ellos, por la cámara y por las mujeres que mantienen alternativamente los ojos fijos en él, mientras actúan, o mientras las otras actúan. Víctor no es simplemente mirado, es vigilado y medido en cada una de sus reacciones frente a los espectáculos que se le ofrecen: mientras mira los pósters que Laura ha dibujado para él, por la propia Laura; mientras la familia canta a coro la canción en italiano, por todos ellos; mientras Nélida recita su poesía, por Silvia (Figura 12).

La progresiva incomodidad que va manifestando la mirada de Víctor no tiene que ver solamente con lo fallido de las performances a las que asiste sino también con el hecho de sentirse permanentemente vigilado, aunque por diferentes motivos, frente a ellas. La "espectatoriedad" femenina misma, podría decirse, adquiere un lugar central dentro de la película.

Cabría recordar aquí a John Berger cuando afirmaba: "*men act* and *women appear*. Men look at women. Women watch themselves being looked at. [. . .]

[5] Véase al respecto Mayne 48–49.

Figura 12

The surveyor of woman in herself is male: the surveyed female. Thus she turns herself into an object—and most particularly an object of vision: a sight" (47). Las mujeres de la familia Lujine han efectivamente preparado sus performances bajo el ojo estricto de su "vigilante masculino," proyectado hacia afuera de sí mismas en Víctor; se han transformado deliberadamente en objetos de la visión para él. Sin embargo, lo interesante es que estos objetos de la visión son simultáneamente sujetos activos de la misma, en escrutinio permanente de la mirada de Víctor.

Progresivamente, así, es la mirada de Víctor la que va constituyéndose en el espectáculo principal que la película pone en escena. Y si la mirada de Víctor es postulada en principio como lugar de identificación para el espectador, a la vez la película nos posiciona también en el lugar de los que miran a Víctor mientras mira, nos lleva a identificarnos progresivamente también con la tristeza y frustración que, pese a sus esmerados y fallidos esfuerzos, los que miran cómo son mirados temen y sienten frente a una mirada—la de Víctor— que ni se reconoce en lo que ve ni tampoco lo valora. La película nos posiciona simultánea, alternativamente, en el lugar de la mirada *extrañada* del que se fue, pero también en el lugar de la mirada de los que se quedaron. Y si de ese modo nos reímos frente a un espectáculo que deliberadamente se construye como ridículo, también nos apenamos frente a la indiferencia y la falta de reciprocidad de Víctor.

La expresión en inglés que da título a este capítulo, "How do I look?," tiene la ventaja de condensar dos sentidos opuestos que su traducción al español ("¿Cómo me veo?," "¿Cómo estoy?," "¿Cómo luzco?") no tiene. "How do I look?" significa "¿cómo me veo?" pero también "¿cómo miro?": "cómo miro y cómo soy visto/a."[6] En este sentido, alude por una parte a la idea tradicional de la mujer como visión, como espectáculo para consumo masculino (¿cómo me veo?), pero también a la mirada de la cámara, del que filma—la directora: ¿cómo miro?—y a la de las mujeres que miran cómo son miradas en el film: ¿cómo miro esa mirada que me define como ridículo, a destiempo o estancado? El ridículo del cómo me veo pierde sentido así frente al cómo miro al que me ve como ridículo, frente al cómo miro al que me ve desde afuera.

Si el tiempo se ha revelado irreversible en los fallidos intentos por acortar la brecha temporal que separa a Víctor de su familia, no ocurre lo mismo con la mirada que se pone en escena y circula en la película. En ese lugar de la reversibilidad: cómo me veo frente a los que me miran, cómo me ven los que me miran, cómo miro a los que me miran, instala su mirada la película, en el lugar precisamente del duelo de miradas.

Es en este sentido que esta reversibilidad de la mirada apunta también en otra dirección. Habíamos mencionado cómo en el contrapunto entre las dos escenas iniciales se anticipaba un duelo de miradas: una lucha por dirimir simbólicamente quiénes son los ganadores y quiénes los perdedores en esta nueva coyuntura nacional que la emigración de Víctor representa, la división de la familia o comunidad (familiar y nacional). Por eso es tan importante el juego de la silla ("el juego más importante de todos," declara Nélida), tan importante que da título a la película y que se deja para el final en la lista de actividades a realizar con Víctor, ya que en él esta disputa simbólica encuentra su punto de condensación. Se trata, como vimos, de un juego que encarna por antonomasia el ritual de la exclusión, reactualizado cada vez que se juega: los que se quedan sin lugar se van, sólo puede haber un ganador, el que se queda con la silla.

Ahora bien, ¿quiere la madre que Víctor gane el juego de la silla, como forma de compensación ante la exclusión que él ha sufrido? ¿O quiere ganar ella, sea como modo de compensación simbólica frente a lo que se ha perdido, a Víctor (pero también frente a todo lo que han perdido, a diferencia de Víctor, los que se quedaron) o como modo de reafirmar simbólicamente que los que se quedaron cuidando las tradiciones, estancados en el espacio y en el tiempo, fueron los que en realidad ganaron—una familia, una comunidad—y los que se fueron los que perdieron?

En cualquier caso, Víctor se autoexcluye rápidamente del juego (no puede correr más, está cansado); vuelve a elegir autoexcluirse, quizá como en el

---

[6] El título del capítulo está inspirado en el título de una conferencia y un libro luego sobre cine y video *queer* (*How Do I Look?: Queer Film and Video*). En ese contexto, el título hacía referencia a la censura o borramiento de la homosexualidad en las películas, en los medios, pero también en la teoría del cine misma a propósito de la orientación homosexual de los directores y de los espectadores: "A first answer to the question 'How do I look?' is, in theory, that I don't. I am neither there to be looked at, nor am I the agent of the look" (Bad-Object Choices 19).

momento de la primera exclusión; vuelve a elegir no perder sino quedar afuera: del juego, de la comunidad familiar, del país. La madre, en cambio, pierde en el juego, y la que gana es Laura, y ante la reacción desmedida de enojo y frustración de la madre, es inevitable suponer que planeaba y quería ganar. Como le dice Víctor a la madre una vez que el juego ha terminado y la madre le recrimina a Laura haber hecho trampa para ganar: "¿Sabés lo que me parece que te está pasando a vos?, que no soportás perder. Y te tocó perder esta vez [. . .]. Sacale trascendencia a lo que no tiene." La respuesta de Nélida es elocuente respecto a que hay más que un juego en juego aquí: "Para mí que soy tu madre tiene una enorme trascendencia: respetar las reglas del juego, y no es simplemente por el juego, es por la vida misma." Pero es precisamente frente a la afirmación de Víctor de que su madre es tramposa y de que él no va "a jugar [. . .] a ningún otro juego más" ("Te estoy diciendo que no juego más, punto"), que la madre va a hacer explícito por primera vez el lugar de "rey" de Víctor que le había sido tácitamente asignado a lo largo de toda la película, pero para *negarlo*: "El señor dijo punto, y todos nos tenemos que callar, como esclavos. Pero señor, es el rey, el rey, por favor, ni una palabra, eh, por favor, porque él dice la última palabra, es el rey, el rey y todos nos tenemos que rendir a sus pies [hace una reverencia]. ¡El rey, mirá vos! ¡El rey!" Al mismo tiempo, habrá de poner de manifiesto, por oposición, que lo que estaba en juego para ella era precisamente su lugar de "reina," es decir, un lugar de autoridad y de poder (recordemos que en la escena de la peluquería Nélida elige no casualmente la palabra "reina" para expresar cómo tiene que lucir para la llegada del hijo).

¿Cómo explicar esta ambivalencia de Nélida, que parecía querer incluir a Víctor y ahora parece querer excluirlo, que primero parecía haber asignado a Víctor el lugar del "rey" que vendría a completar su lugar de "reina," y que ahora, luego de la pérdida simbólica de su lugar de "reina," ridiculiza la posibilidad misma de que Víctor pueda ocupar ese lugar de "rey"? Hemos visto que en ningún momento esperaba Nélida que Víctor fuera el que se quedara con la silla. Ha quedado claro que Nélida esperaba ganar, ser la "reina" precisamente para la mirada de Víctor.

En este sentido, se podría leer el gesto de Nélida como la necesidad de volver a actuar, pero esta vez en una situación controlada—la del ritual del juego—la pérdida que ha experimentado (la pérdida de Víctor), transformando simbólicamente su lugar de "perdedora" en "ganadora," al actuar en el juego el control de una situación—la de la exclusión de Víctor—en la que antes no tuvo ningún control, como una manera de elaborar o lidiar con el dolor de la pérdida. Pero hay, sin duda, algo más, que tiene que ver, como anticipamos, con la ambivalencia misma de Nélida frente al lugar del Víctor ganador, con esa lucha imaginaria por parte de Nélida por definir y establecer el lugar de la victoria puesta en escena privilegiadamente en "el juego de la silla," que es por eso, para ella, "el juego más importante de todos." Ganar el juego vendría así a significar para Nélida la posibilidad de afirmar una victoria en el terreno simbólico frente a la pérdida en el terreno material: si Víctor ha triunfado en el terreno económico y profesional, ha vuelto victorioso, *ha ganado*, los que se quedaron han perdido claramente en el terreno material, pero a cambio *han ganado* al no haber perdido ciertas tradiciones, el "talento artístico," los valores de una familia unida. De ahí la ridiculización que Nélida hace al final del juego, luego de haber perdido "la silla de la reina," de la posibilidad misma de que Víctor pudiera ocupar el lugar de un "rey."

Es en este sentido que es posible pensar también el deseo de Nélida de ganar (en el juego de la silla) en el marco de los modelos de comunidad que la película expone y discute, como deseados o como posibles, frente a las alternativas del cambio histórico que ha sufrido la Argentina y del que la emigración de Víctor es una de sus características representativas.

Para hacerlo, nos resultará particularmente útil el concepto de "significante vacío" que Ernesto Laclau elabora en relación a su explicación del funcionamiento de la hegemonía dentro de la sociedad. La relación hegemónica, representativa, depende, de acuerdo a Laclau, de la posibilidad de que un sector social particular dentro de la sociedad asuma una función de representación universal (representativa de grupos particulares y de la equivalencia de sus demandas diferenciales en su común oposición a un sistema injusto u opresivo, es decir, a "aquello que está más allá de la frontera de exclusión que delimita el espacio comunitario—el poder represivo [. . .]" [79]). Para hacerlo, ese sector particular deberá lograr presentar su "particularidad," "como la encarnación" de un "significante vacío" (83), es decir, de un significante que al vaciarse "de aquello que lo liga a un significado diferencial y particular," se convierte en el significante "de una falta, de una totalidad ausente" (80), del "orden comunitario como ausencia, como objetivo no realizado" (83) por culpa de la "presencia del poder represivo" (80).

En este sentido, no es difícil ver a Víctor como la encarnación del "significante vacío" que alude, para la familia Lujine, precisamente a la plenitud de la comunidad familiar ausente; una plenitud que se habría perdido con su partida y como consecuencia de las razones que lo llevaron a emigrar. La muerte del padre de Víctor, y la partida de éste último a Canadá, que hemos mencionado ya pueden leerse como metáfora de la retirada de un Estado protector e inclusivo que ha abandonado a sus hijos en el estancamiento y la falta de futuro o ha excluido de la comunidad a otros haciéndolos emigrar, ha producido la rearticulación de la familia Lujine como una comunidad reorganizada en torno a la figura de autoridad de la madre. Hay otro hombre en esa comunidad que podría haberse convertido en sustituto del padre y de Víctor, Andrés, pero es un "vago," que no consigue entrar a la facultad, no trabaja, y pasa el tiempo tirado escuchando música, mirando TV y fumando en lo que parece una suerte de altillo en el piso superior de la casa, que fuera antes, como señala Víctor, el "boliche de los cachivaches." Andrés mismo es un "cachivache" (un "inútil") en contraste con la figura masculina profesionalmente exitosa de Víctor. Se trata sin embargo de una comunidad que a pesar de haberse reconstituido en torno a la figura de autoridad de la madre se sigue definiendo a sí misma no por la plenitud sino por la falta: la falta del padre, la falta del hijo que podría sustituirlo—Víctor (él único que en la fantasía de la madre tiene los ojos del mismo color del padre, aunque Víctor se encarga de negar tajantemente que el padre tuviera los ojos azules como él). En la ansiedad por la vuelta de Víctor, en los múltiples esfuerzos por reintegrarlo a esa comunidad, se revela que Víctor es ante todo el significante vacío de la plenitud comunitaria ausente, cuyo retorno viene a encarnar o significar la promesa de llenado de esa plenitud ausente, la posibilidad de reconstituir, en el presente, esa comunidad plena o imaginariamente plena del pasado, antes de su partida.

Ahora bien, como hemos visto a lo largo de la película, Víctor no tiene ninguna intención de reintegrarse a esa familia o comunidad, de llenar ese vacío cuya promesa de llenado en sí mismo representa. Los intentos fallidos de reintegrar a Víctor a la comunidad, la fantasía pronto frustrada de que Víctor encarne la posibilidad de la restitución de la plenitud comunitaria perdida, revelan a Víctor precisamente como lo que es, como un significante *vacío*, cuya encarnación de la plenitud familiar ausente no es más que una fantasía, que al ir resquebrajándose a lo largo de la película hasta llegar a la escena culminante del juego de la silla habrá de revelar a la vez la imposibilidad de la plenitud comunitaria misma, que como tal, no ha quedado simplemente en el pasado sino más bien ha sido idealizada en la imagen de un pasado no menos idealizado. El no retorno de Víctor precisamente en su retorno muestra que el tiempo es irreversible, ya que son los procesos históricos que lo excluyeron en primer lugar los que han puesto de manifiesto lo que separa a una plenitud imaginaria pero funcional de una plenitud que el paso del tiempo ha vuelto imposible siquiera como narrativa de identidad comunitaria familiar y, metafóricamente, nacional.

Ahora bien, si Víctor constituye ciertamente una encarnación del significante de una plenitud comunitaria ausente, representa asimismo, simultánea y paradójicamente, aquello que está afuera del límite externo del sistema, lo excluido, que es también aquello que funda este nuevo sistema como tal, como "incompleto"—la reconstitución de la comunidad familiar a partir de la exclusión de Víctor—en tanto encarna, en su carácter de excluido o autoexcluido y en su deseo de no retorno, la "pura anticomunidad" para decirlo en palabras de Laclau (79).

Luego de la partida de Víctor, el sistema de la familia se ha reconstituido, como dijimos, de alguna manera, con un lugar menos si se quiere; se ha reorganizado a partir de esa ausencia, y a partir de la construcción de una imagen fantasmática en la que esa ausencia vuelve a esa comunidad dividida, incompleta. El no deseo de Víctor de *completar* ese modelo de comunidad familiar "plena" congelado en el pasado, constituye una amenaza a la continuidad de ese modelo mismo como fantasía, en la medida en que revela la imposibilidad de seguir manteniendo ese modelo en el presente (en que un miembro de la familia ya no comparte, ni *quiere hacerlo*, el mismo territorio nacional con los demás). Así, la ambivalencia de Nélida que se revela en el juego de la silla acerca de la inclusión–exclusión de Víctor tiene que ver con que lo que se está disputando en el ritual del juego es también un modelo de familia y de comunidad.

Las palabras finales que Nélida pronuncia en frente de la familia para despedir a Víctor son altamente elocuentes en este sentido:

> Bueno Víctor, llegó la hora de tu despedida. Y bueno, pasamos menos de un día juntos, conversamos, comimos, nos divertimos; espero que lo hayas disfrutado. Seguramente hubo muchísimas cosas sin hacer . . . la búsqueda del tesoro, el juego de las canciones, otro juego, seguramente. Lo más importante, aquí, y esto es lo principal, es que compartimos, *nos unimos como familia, y así empezamos la familia con papá. Y así me gustaría que fuese hasta el último día de mi vida.* Bueno, y si bien vos no lo sabés, bueno, por haber estado tan lejos y porque bueno, es lógico y debe ser, vos hacés tu propia vida, estos tiempos han sido muy difíciles, muy difíciles. En realidad esta época es difícil. Y nuestra familia corre con los tiempos, y es víctima de lo que nos rodea. Y pareciera, hijo, que hay gente que no soporta, no soporta ver que otra gente pueda ser feliz. (mi énfasis)

Las palabras finales de Nélida, pronunciadas ante la mirada adusta, frustrada y/o desconfiada del resto de los presentes, señalan precisamente como lo más importante del breve encuentro con Víctor *la unión de la familia*, de ese modelo de familia al que nos hemos estado refiriendo, caracterizado por una unión *en presencia*; un tipo de unión que se remarca como característica definitoria de ese modelo de familia desde el momento de su fundación hasta, en el deseo de Nélida, "el último día de su vida." Es significativo en este sentido que luego de hacer referencia a los tiempos difíciles que se han vivido en los últimos años en la Argentina, y al carácter de víctima de la familia de esa situación, la referencia del discurso de Nélida se desplace a un ámbito más individual: la envidia de la gente. En la fantasía de Nélida esa envidia no puede tener que ver con un avance o progreso material que como hemos visto no se ha producido para su familia; la felicidad que la gente habría de envidiarles tiene sin duda que ver en la fantasía de Nélida con la conservación de ese modelo de familia *unida* (aunque incompleta), con el haber mantenido el pasado vivo, incólume, ante los cambios de la historia.

Esa *unión familiar* que la presencia de Víctor habría tenido que venir a confirmar, y a completar, ha sido sin embargo efímera, por no decir inexistente. La película, entre la llegada de Víctor a la casa familiar y su partida de la misma, parece abrirse y cerrarse del mismo modo, sin que la distancia temporal que separa a Víctor de su familia haya podido acortarse significativamente.

Sin embargo, el final propiamente dicho de la película parece ofrecer una alternativa comunitaria, tender un puente entre Víctor y su familia. El viaje en taxi que lo lleva al aeropuerto, esta vez solo, resulta en este sentido anticipatorio: Víctor mira pensativo las calles de la ciudad y le pide al taxista que suba el volumen de una chacarera que está escuchando; finalmente sonríe. La mirada de Víctor, su sonrisa mientras escucha la chacarera, parecen translucir una suerte de autoreconocimiento de Víctor en eso que mira y escucha, una suerte de recuperación de un pasado y una cultura a la que alguna vez ha pertenecido. Una vez en el aeropuerto, mientras espera para embarcar, su mirada se muestra pensativa y preocupada, hasta que finalmente abre la tarjeta que Laura ha hecho para él y que le ha entregado al subir Víctor al taxi, para que la lea cuando esté tranquilo. De la tarjeta de Laura sólo llegamos a leer el final, escrito en letras bien grandes: "Te quiero hasta el fin del mundo." Víctor, evidentemente conmovido ante la tarjeta, hace un gesto inesperado: llama a su madre, para darle el número de teléfono de su celular.

La película termina sugiriendo así un modelo de comunidad familiar (y nacional) diferente al de la familia Falcón del pasado; un modelo que tome en cuenta los cambios históricos producidos y que han afectado tanto a la nación como a la familia, y del que la emigración de Víctor al exterior es apenas un signo. Pero un signo que debe ser considerado en primer lugar en el caso de la familia Lujine: ¿cómo pensar un modelo de comunidad familiar que pueda incluir conjuntamente a la familia Lujine en Buenos Aires y a Víctor residente en Canadá? La frase final de la tarjeta de Laura: "Te quiero hasta *el fin del mundo*" (mi énfasis) sugiere un camino para pensarlo; un camino donde la comunidad, los lazos afectivos, la identidad no pasan por compartir un mismo territorio—nacional. La globalización y sus efectos en cuanto al flujo de personas, de fuerza de trabajo, ha vuelto necesaria la posibilidad de concebir modelos de familia y de comunidad más abiertos, más flexibles, donde la *unión* y la *pertenencia* no se definan por estar del mismo lado de la frontera. Se puede estar unido aunque no se esté físicamente presente. La tarjeta de Laura abre un canal de comunicación (no en vano es Laura la que gana la silla en el juego de la silla), al que Víctor responde dándole el número de celular a la madre—la forma más "personal" que la comunicación ha asumido hoy en día.

Conclusiones

Consideradas en su conjunto, las películas que he analizado en este libro construyen una narrativa—una narrativa de desintegración y de justicia; es decir, contribuyen, como eslabones de una cadena, a configurar un relato: el del desvanecimiento del Estado como horizonte de inclusión y árbitro de la justicia, de la disolución de la comunidad nacional, de los lazos sociales, de las narrativas identitarias nacionales. Es frente a esta desintegración generalizada puesta en escena que los films aquí analizados buscan, de una u otra manera, hacer justicia. De ahí el título de este libro.

Como hemos visto a lo largo de este estudio, una preocupación común recorre a estas películas: la preocupación por la comunidad y la herencia. Todas ellas ponen inicialmente en escena una comunidad fragmentada, dividida, disgregada o en vías de disolución. Esta *desunión* comunitaria en tanto metáfora de una *disolución nacional* es, como hemos visto, representada a través de la puesta en escena de conflictos amorosos, entre amigos, o en el seno de la familia: las parejas que se separan o no pueden llegar a constituirse en *Buenos Aires viceversa* o *Herencia*, el grupo de amigos que tratan de sacar ventaja los unos de los otros en *76 89 03*, las familias divididas por una pelea o una separación geográfica o atravesadas por desentendimientos y conflictos de intereses como en *Nueve reinas*, *El juego de la silla* y *El hijo de la novia*. Estas representaciones metafóricas de la disolución nacional a partir de la puesta en escena de comunidades pequeñas (parejas, amigos, familias) son contextualizadas asimismo, deliberadamente o no (tanto por lo que muestran como por lo que *no muestran*), en el marco de una sociedad polarizada en términos raciales y de clase.

Los modelos de interpretación de la experiencia de desintegración que marca los años finales de la década de los noventa, y que pueden ser leídos alegóricamente en estos films, son diferentes, pero todos ellos contienen como pieza central la existencia de una herencia o un pasado (patrimonio deseado o indeseado de esa comunidad) cuya preservación, recuperación o, por el contrario, destrucción, es postulada, implícita o explícitamente, como esencial para una reconstrucción comunitaria.

En *Buenos Aires viceversa*, el estado de la comunidad fragmentada y metafóricamente ciega en relación a su presente y a su pasado colectivo, a su *herencia*, es interpretado como consecuencia de la violencia del Estado dictatorial en el pasado y de la persistencia, en esa comunidad, de esa violencia, representada por el sistema económico neoliberal que sigue produciendo nuevas víctimas. Es precisamente el pasado dictatorial y sus desaparecidos, negado por la impunidad otorgada a sus perpetradores, la herencia cuya memoria la película señala como una de las condiciones indispensables para la reintegración de la comunidad, junto con la necesidad de incluir, en la representación en/de la Argentina, a los excluidos sociales por el Estado neoliberal en los noventa.

El carácter individualista, abusivo, inescrupuloso de los miembros de la comunidad disgregada que pone en escena *76 89 03*, es asimismo interpretado como consecuencia de la herencia macabra de la dictadura militar. Pero en este caso, esa herencia es leída en términos de la ideología que durante la dictadura se habría transmitido e inculcado a través de los aparatos ideológicos del Estado—los medios masivos (la publicidad, la televisión, el cine), la escuela y la familia—y que habría redundado en la constitución de ciudadanos-consumidores hipersexualizados y despolitizados, defensores del modelo neoliberal que habría de consumarse en los noventa y que, sin embargo, no ha dejado de excluirlos desde el momento mismo en que fueron exitosamente interpelados para desearlo y apoyarlo. Una herencia de la que, en tanto parte constitutiva de los sujetos mismos, no es posible despojarse con facilidad, y que por tanto vuelve imposible en la película toda reconstitución comunitaria.

Las comunidades familiares (decididamente dividida la una en el caso de *Nueve reinas* y ligeramente disgregada la otra en el de *El hijo de la novia*), erigidas en representaciones metafóricas de una nación concebida como producto de la inmigración europea, nos han enfrentado a una interpretación diferente acerca de las causas de su disolución. Como hemos visto, ambas películas postulan, a través de la alegoría que construyen, que la promesa de incorporación al primer mundo que la globalización neoliberal representara en la Argentina de los noventa resultó ser una estafa por parte del Estado y consistió en realidad en la entrega de la nación y su patrimonio al capital extranjero y en la disolución de los valores que constituían la herencia de la inmigración, y por ende, en la desintegración de la comunidad nacional misma. La herencia de la que se ha sido despojado (en *Nueve reinas*) o cuyo riesgo de desaparición es preciso conjurar (en *El hijo de la novia*) representa, así, tanto los valores del trabajo como camino de progreso y de la solidaridad social y unión familiar concebidos en tanto herencia de la inmigración europea, como el patrimonio nacional. Y es precisamente su *recuperación* o *restitución* metafórica (parcial y ambivalente en *Nueve reinas* a diferencia de en *El hijo de la novia*) la que posibilita la reconstitución final de la comunidad (aunque inestable, sin embargo, en el caso de *Nueve reinas*).

La comunidad agrupada, en *Herencia*, en torno al restaurante que representa metafóricamente la nación (una nación concebida asimismo como "hija" de la inmigración europea), se encuentra inicialmente, al igual que el restaurante, en ligera descomposición, necesitada de reconstrucción. Ese restaurante/nación, fundado/a en el pasado por la inmigración europea, y los valores de la solidaridad social y del trabajo como camino de progreso heredados de la misma y que en él se encarnan, son precisamente la herencia que ha de ser transmitida de una generación de inmigrantes europeos a otra a los efectos de su preservación y reconstrucción. El exitoso traspaso de esa herencia a un nuevo inmigrante europeo es, así, lo que habrá de volver posible la reconstitución de una comunidad nacional, en la que grupos social y étnicamente heterogéneos habrán de re-unirse en armonía para la reconstrucción del restaurante/país, bajo el liderazgo, sin embargo, del inmigrante europeo.

La comunidad familiar dividida e incompleta por la emigración de uno de sus miembros al exterior puesta en escena por *El juego de la silla*, y que puede ser leída asimismo como representación metafórica de una comunidad nacional disgregada por la retirada de un Estado protector e inclusivo, apela para reconstituirse como una comunidad plena a la continuidad de una herencia que tiene que ver con ciertas tradiciones y ritos familiares y con un modelo de comunidad familiar caracterizado por una unión *en presencia* de todos sus miembros. Frente a la imposibilidad de reactualizar ese modelo familiar del pasado en un presente transformado por la historia, la película termina sugiriendo un modelo de re-integración comunitaria no territorial, basado en lazos afectivos y no en la pertenencia a un mismo territorio nacional.

Resulta significativo que tanto en el caso de *Nueve reinas* y *El hijo de la novia*, como en el de *Buenos Aires viceversa*, se ponga en escena una interpretación del proceso de disolución nacional que en un punto, por más perturbadora que sea como en el caso de *Buenos Aires viceversa*, podría considerarse *tranquilizadora*. Sería tranquilizadora en la medida en que postula a los sujetos sociales (los personajes representados y ofrecidos como lugar de identificación y por ende los mismos espectadores a los que las películas se dirigen) como víctimas de procesos históricos que aunque los arrastran en su magnitud destructora y afectan poderosamente sus vidas, no parecen tener efecto alguno en la constitución misma de su subjetividad, en los roles simbólicos que son llamados a desempeñar (o, en el mejor de los casos, esos roles parecen ser susceptibles de ser fácilmente abandonados gracias a un "abrir de ojos," una cierta toma de conciencia de la situación y/o un acto de voluntad consciente). Sin embargo, no sólo *76 89 03* sino también *Nueve reinas*, a la vez que sostienen esa interpretación tranquilizadora y *exculpadora* puesta en escena, la complejizan y ponen en cuestión al señalar la participación o complicidad, voluntaria o involuntaria, no fácilmente modificable a voluntad, de los sujetos sociales en los procesos históricos que los constituyen.

Las películas en las que me he concentrado en este libro dan cuenta, en particular, de uno de los modos de funcionamiento de los textos culturales en un contexto histórico de crisis: responden a deseos y fantasías sociales de inteligibilidad, de auto-exculpación, de negación, de justicia, de reparación, de restitución, articulando esas narrativas sociales y proponiéndolas como modelos de identificación común, que podrán resultar exitosos o fallidos, o exitosos para algunos y fallidos para otros, de acuerdo a los lugares ideológicos desde los que esos modelos sean recibidos.

Estas narrativas sociales no agotan, desde luego, el espectro de interpretaciones sociales posibles de la experiencia de la crisis; su análisis aquí ha apuntado, sin embargo, a subrayar que se trata de interpretaciones de amplia proyección social. Asimismo, es preciso no olvidar que la experiencia social de la crisis de la que estas películas dan cuenta tiene una inscripción de clase determinada. Las películas que hemos analizado en este libro ponen en escena, mayoritariamente, sea desde una visión crítica o complaciente (o desde ambas a la vez), un mismo tipo de actor social, la clase media—una clase media empobrecida o amenazada por su destitución en tanto clase si se quiere, pero clase media al fin—y, por tanto, no dan cuenta de la experiencia social de la desposesión más acentuada (aunque en algún caso, como el de *Buenos Aires viceversa*, aludan centralmente a ella).

En este sentido, las fantasías reparatorias, de justicia y/o re-integración identitaria y comunitaria, que varios de los films analizados ponen en escena, son consistentes con el universo social de clase que representan. Me refiero aquí a las fantasías que construyen *El hijo de la novia* y *Herencia*, pero también a las que *Nueve reinas* y *El juego de la silla* articulan para señalar su carácter simulado o idealizado.

Las fantasías reparatorias que ponen en escena *Nueve reinas* y *El hijo de la novia* tienen como condición de posibilidad, como hemos visto, una operación de administración de justicia, que vendría a satisfacer sinecdóquicamente una demanda de justicia presente en el cuerpo social y a ofrecer, así, a los espectadores, una compensación simbólica por la experiencia social de pérdida, falta de justicia y corrupción estatal durante los noventa. Se trata de una compensación, en ambos casos, que atañe fundamentalmente a la clase media, cuya amenaza de empobrecimiento es lo que en estas películas, como vimos, se busca cancelar o reparar. En el caso de *Nueve reinas*, el resarcimiento ofrecido por el film está directamente vinculado al tipo de castigo infligido al que representa metafóricamente la corrupción del Estado: hacerlo víctima de una estafa por parte de un banco, cuyo directorio, con el conocimiento del Banco Central, se ha fugado con los fondos de los ahorristas. En el caso de *El hijo de la novia*, la compensación ofrecida por el film culmina en la compra de un nuevo restaurante para reparar la venta del antiguo—representación metafórica del país—a los capitales europeos, y viene a restituir, así, en el imaginario social, la posibilidad del progreso en la Argentina de la crisis para la clase media de origen inmigratorio que la película representa.

La recuperación en estas dos películas, al igual que en *Herencia*, del modelo de la inmigración europea como conjunto de valores a preservar o recuperar y/o como condición de posibilidad de la reconstrucción de una

Argentina en crisis, responde, en las fantasías reparatorias que construyen, a la desintegración de ciertas narrativas de identidad nacional que están en realidad estrechamente conectadas entre sí: la desintegración de la imagen de la Argentina en tanto enclave europeo en Latinoamérica, tanto en términos raciales como de su estructura social y en tanto sociedad de recepción inmigratoria como tierra de las oportunidades, el ascenso social y el progreso. En *Herencia*, al igual que en *El hijo de la novia*, es la Argentina del progreso inmigratorio la que vuelve a reconstituirse, merced a la reactualización de la figura o ejemplo de la inmigración europea como agente de progreso. El renovado papel protagónico de la inmigración europea en estas películas resta visibilidad, por oposición, a la inmigración latinoamericana de países vecinos cuya importancia, en términos cuantitativos, es en la actualidad comparablemente mayor a la de la inmigración europea. La invisibilidad en estas películas de la diversidad racial representada por los inmigrantes de Bolivia, Paraguay y Perú, resulta consustancial, sin embargo, a la reconstitución de las narrativas identitarias que estos films producen como compensación: la de una Argentina que podría volver a convertirse en un enclave europeo en Latinoamérica y, por tanto, en una sociedad de recepción inmigratoria en virtud de la posibilidad de progreso que podría volver a ofrecer, gracias a una nueva inmigración europea o a los descendientes de la antigua a los que se destina la reconstrucción del país. *Herencia*, por ser precisamente la película más inclusiva en la propuesta de reintegración comunitaria que articula, es la que llama paradójicamente la atención sobre lo que en ella y también en *Nueve reinas* y *El hijo de la novia* se revela como una ausencia significativa: la de los inmigrantes latinoamericanos de países vecinos que vendrían a contradecir con su presencia la imagen de una Argentina descendiente de los barcos, homogéneamente blanca en tanto tal en términos raciales. Una imagen que, en *Herencia*, a pesar de la invisibilidad de esos inmigrantes latinoamericanos, es, sin embargo, cuestionada por la inclusión del migrante interno representante de la sociedad criolla en el modelo de reconstrucción comunitaria propuesto. Una imagen que asimismo entra claramente en contradicción con la imagen del país que *Buenos Aires viceversa* y *76 89 03* ponen en escena. La imposibilidad de los ancianos amantes de las bellas artes de ver belleza en la diversidad racial y social de la ciudad en *Buenos Aires viceversa*, y el insulto que Dino propina al ladrón que los roba en la plaza en *76 89 03*, llaman la atención sobre el carácter racista de una sociedad que discrimina a los que contradicen la imagen tradicional de la misma.

Resulta igualmente significativo que las distintas alternativas o fantasías de reconstitución comunitaria que, con excepción de *76 89 03* y *El juego de la silla*, el resto de las películas proponen frente a la desintegración nacional que representan, tengan que ver con un repliegue frente a la globalización desintegradora de la nación, con una vuelta a lo local y/o a la familia como principio de reconstitución de la comunidad. "The return to the local," afirma Hall, "is often a response to globalization" ("The Local" 33). El retorno a lo local al que hemos asistido en estos films ha consistido fundamentalmente en un retorno a lo local como *espacio*, al barrio como encarnación de lo local. El taller de barrio donde se reparan televisores en *Buenos Aires viceversa*, el galpón también de barrio donde el grupo de estafadores se ha reunido luego de haberse completado el castigo a Marcos en *Nueve reinas*, el restaurante de barrio comprado por Rafael para volver a empezar en *El hijo de la novia*, o el restaurante de barrio modernizado por Peter pero fiel a su fisonomía barrial en *Herencia*, son los espacios físicos, *locales*, donde la comunidad inicialmente representada como desintegrada por las películas puede volver a reconstituirse. Es cierto que esta reconstitución comunitaria se ha traducido en la reintegración de una comunidad familiar, o de un grupo que, aunque no vinculado necesaria o solamente por lazos de sangre sino también por los del afecto, constituye de todos modos una suerte de familia en un sentido amplio. Pero se trata de una familia, cuyos miembros, ahora re-unidos, provienen, con alguna pérdida o adición significativa, de aquella comunidad cuya desintegración inicial podía ser leída en las películas como metáfora de la desintegración de la comunidad nacional.

En este sentido, el retorno a lo local en estos films como lugar de imaginación y reconstrucción de una comunidad, de una colectividad, más acá de la nación y de la aldea global, tiene un carácter paradójico. Por una parte, señala, en las comunidades "familiares" que articula como alternativa, el agotamiento tanto de la imaginación de la nación y del Estado nacional como horizonte de inclusión y representación, como de la utopía de una comunidad transnacional o global que pudiera actualizar los principios de inclusión, representatividad, igualdad y fraternidad que la nación como modelo de comunidad horizontal prometía.[1] Pero, por otra parte, este retorno a lo local aparece al mismo tiempo fuertemente marcado por la imaginación nacional; tiene como punto de referencia fundamental la reconstrucción de la nación. Las comunidades reconstituidas hacia el final de *Nueve reinas*, *El hijo de la novia* y *Herencia* son, al mismo tiempo, comunidades privadas, familiares, locales—proyectos de comunidad alternativos frente a una nación desintegrada—y alegorías de la nación, propuestas de reconstrucción de la misma. El retorno a lo local, al barrio, para la reconstrucción de la comunidad, tiene que ver con regresar a un espacio que se concibe o idealiza como no contaminado por los cambios producidos en la ciudad por la globalización neoliberal, y que se opone así a los espacios representados en estas películas como emblemas de una Argentina "global": el "fast food" en *Herencia*, el shopping center

---

[1] Como señala Benedict Anderson en su ya clásica definición de la nación, ésta "se imagina como *comunidad* porque, independientemente de la desigualdad y la explotación que en efecto puedan prevalecer en cada caso, la nación se concibe siempre como un compañerismo profundo, horizontal" (25).

en *Buenos Aires viceversa*, el hotel Hilton de Puerto Madero en *Nueve reinas*. El retorno a lo local constituye, así, un regreso al pasado, a una imagen de la Argentina preservada de los cambios producidos durante los noventa, lo que si puede ser leído en algunos casos como la construcción de un refugio, de una comunidad de espaldas a la realidad de la nación o a los cambios producidos por la historia, debe verse asimismo como una vuelta al pasado de la Argentina previo a su modernización o globalización, a un pasado idealizado localizado en el barrio, a un espacio local temporalizado, desde donde proceder a la reconstrucción de una Argentina local, como reacción inversamente proporcional al modelo de la Argentina global que constituyó primero una ilusión y luego una profunda decepción. El barrio viene así a erigirse en el lugar de reconstitución de una nación local, que no necesariamente o no siempre excluye una modernización de acuerdo a modelos *globales*, siempre y cuando esta apropiación de lo global consista en una apropiación desde lo local y no a la inversa, como puede verse en el restaurante modernizado por Peter en *Herencia*. Si, en el caso de *Nueve reinas* y *El hijo de la novia*, se trata de la reconstitución de una Argentina local de *clase media*, en el de *Buenos Aires viceversa* y *Herencia*, las propuestas de reconstrucción de una Argentina local que presentan o sugieren apuntan precisamente a la inclusión de grupos sociales excluidos, en el primer caso, o cuanto menos marginalizados, en el segundo, más allá de las condiciones de esa inclusión.

En tanto propuestas de reconstitución nacional, por otra parte, estas comunidades son asimismo paradójicas, aparecen fundadas en una imposibilidad radical: en un caso, porque la comunidad se funda en la misma simulación que la había desintegrado y que caracterizaba el funcionamiento mismo de la comunidad nacional (y que podría así volver a desintegrarla) como en *Nueve reinas*; en otros, porque la comunidad sólo puede reconstituirse mediante una anulación imposible de la historia como en el caso de *El hijo de la novia* y en cierta medida también en *Herencia*. La propuesta de reconstrucción comunitaria familiar que articula *El juego de la silla* es diferente, en la medida en que postula un modo de identificación comunitaria no espacial, que no pasa por la pertenencia a un mismo territorio nacional sino por los lazos afectivos que vinculan a sus miembros, pero que en tanto metáfora de un modelo diferente de comunidad nacional constituye apenas un interrogante: ¿cómo concebir una comunidad nacional fuera del marco de la nación como espacio de pertenencia? Del mismo modo, la representación cultural y social de los excluidos del pasado dictatorial y el presente neoliberal, necesaria para una integración y reconstitución de la Argentina según sugiere *Buenos Aires viceversa*, es, como en el caso de la película y también en el de la Argentina, asimismo un interrogante, o por lo menos, una tarea todavía por realizar.

La imaginación nacional en la Argentina desintegrada de fin de siglo parece así mayormente atrapada en una doble imposibilidad: la de su desaparición, la de su realización exitosa. El hecho no debería, sin embargo, sorprendernos.

La retirada del Estado nacional como horizonte de inclusión social y árbitro de la justicia en los noventa o, por el contrario, su permanencia, en palabras de Gorelik, "como garante de los negocios privados y, en consecuencia, como sostén activo de la polarización" (Altamirano et al. 7), dieron lugar a una crisis económica, social y político-institucional de enorme magnitud, que alcanzó su culminación en diciembre del 2001. Pero pese a la experiencia que se tuvo de ese momento histórico como una desintegración definitiva y total, la Argentina, finalmente, no se desintegró. Si es cierto que el país habría de emerger de esa crisis con una alta tasa de desempleo y un enorme porcentaje de la población debajo de la línea de pobreza, luego de los primeros meses de inestabilidad institucional, la situación político-institucional, al menos, se estabilizó, y no se produjeron aventurerismos políticos por fuera del pulso de las instituciones democráticas.

La aventura de la globalización neoliberal, con sus expectativas e ilusiones de ingreso al primer mundo, tuvo un final drástico. Como señala Hernán Feldman, "la explosión de la individualidad y el lucro desenfrenado que imperaron en los años 90 fueron precisamente los factores que causaron la necesidad de detenerse a considerar la comunidad de intereses alejados del capital global [. . .]" (93). Pese a los pronósticos que desde hace años vienen augurando el fin de los Estados nacionales, "[t]he nation-state," como señala Levinson, "still stands as a force" (1). Y si es difícil predecir qué pasará con los Estados nacionales en un futuro lejano, en Argentina es por lo menos fácil anticipar su permanencia e importancia en los años inmediatamente por venir. El hecho de que sea una imaginación *nacional*—aunque contradictoria, paradójica o incluso atravesada por una imposibilidad radical—la que se pone de manifiesto en estos films, prueba que de lo que se trata en primer lugar, en ellos, es de la reconstrucción de la nación (más allá de cuán inclusiva sea representada en su carácter de tal) frente a las ruinas de la historia.

OBRAS CITADAS

76 89 03. Dir. y guión Cristian Bernard y Flavio Nardini. Intérp. Sergio Baldini, Diego MacKenzie, Gerardo Chendo y Sol Halac. 1999.

Aguilar, Gonzalo. *Otros mundos: Un ensayo sobre el nuevo cine argentino*. Buenos Aires: Santiago Arcos, 2006.

Ahmad, Aijaz. "Jameson's Rhetoric of Otherness and the 'National Allegory.'" *Social Text* 17 (Fall 1987): 3–25.

A los cirujanos se les va la mano. Dir. y guión Hugo Sofovich. Intérp. Moria Casán, Susana Giménez, Alberto Olmedo, Jorge Porcel. 1980.

Altamirano, Carlos. "La fundación de la literatura argentina." Altamirano y Sarlo, *Ensayos* 109–115.

—— y Beatriz Sarlo. *Ensayos argentinos: De Sarmiento a la vanguardia*. Buenos Aires: Centro Editor de América Latina, 1983.

—— y Beatriz Sarlo. "La Argentina del Centenario: campo intelectual, vida literaria y temas ideológicos." Altamirano y Sarlo, *Ensayos* 69–105.

—— et al. "Debate sobre la transición." *Punto de vista* 65 (1999): 1–12.

Althusser, Louis. *Ideología y aparatos ideológicos de Estado*. Trad. Alberto J. Pla. Buenos Aires: Nueva Visión, 1984.

Amado, Ana. "Cine argentino. Cuando todo es margen." *Pensamiento de los confines* 11 (2002): 87–94.

Amado, Ana y Nora Domínguez. "Figuras y políticas de lo familiar: Una Introducción." Amado y Domínguez, *Lazos* 13–39.

——, comps. *Lazos de familia: Herencia, cuerpos y ficciones*. Buenos Aires: Paidós, 2004.

Anderson, Benedict. *Comunidades imaginadas: Reflexiones sobre el origen y la difusión del nacionalismo*. Trad. Eduardo L. Suárez. México D.F.: Fondo de Cultura Económica, 1993.

Antonelli, Mirta Alejandra, coord. *Cartografías de la Argentina de los '90: Cultura mediática, política y sociedad*. Córdoba: Ferreyra Editor, 2004.

Avelar, Idelber. *Alegorías de la derrota: La ficción postdictatorial y el trabajo del duelo*. Santiago: Cuarto Propio, 2000.

Avellaneda, Andrés. "Lecturas de la historia y lecturas de la literatura en la narrativa argentina de la década del ochenta." *Memoria colectiva y políticas de olvido: Argentina y Uruguay 1970–1990*. Comps. Adriana J. Bergero y Fernando Reati. Rosario: Beatriz Viterbo, 1997. 141–184.

Bad-Object Choices, ed. *How Do I Look?: Queer Film and Video*. Seattle: Bay Press, 1991.

Batlle, Diego. "Buen año para films argentinos." *LANACION.com* 29 diciembre 2000. 24 septiembre 2004 <http://buscador.lanacion.com.ar/nota.asp?nota_id=46657&high=bielinsky>.

——. "De la virtual extinción a la nueva ley: el resurgimiento." Bernades, Lerer y Wolf, *El nuevo cine* 17–28.

Baudrillard, Jean. *Simulacra and Simulation*. Trad. Sheila Faria Glaser. Ann Arbor: U of Michigan P, 1994.

Beceyro, Raúl. "*Nueve reinas*: la última estafa." *El amante* 103 (2000): 2–3.

——, Rafael Filipelli, David Oubiña y Alan Pauls. "Estética del cine, nuevos realismos, representación." *Punto de vista* 67 (2000): 1–9.

Berger, John. *Ways of Seeing*. London: BBC and Penguin Books, 1972.

Bernades, Horacio. "Todo un mundo alrededor de Olinda." *Página/12.com* 20 junio 2002. 5 junio 2008 <http://www.pagina12.com.ar/diario/espectaculos/6-6509-2002-06-20.htm>.

——, Diego Lerer y Sergio Wolf, eds. *El nuevo cine argentino: Temas, autores y estilos de una renovación*. Buenos Aires: Ediciones Tatanka/Fipresci, 2002.

——. "De la industria al cine independiente: ¿Hay 'autores industriales'?" Bernades, Lerer y Wolf, *El nuevo cine* 119–132.

——. Introducción: "Una historia breve." Bernades, Lerer y Wolf, *El nuevo cine* 9–14.

Bernard, Cristian y Flavio Nardini. Entrevista. *Mabuse* 9 noviembre 2003 <http://www.mabuse.com.ar/mabuse/bernardini.htm>.

Bernini, Emilio. "Un proyecto inconcluso. Aspectos del cine contemporáneo argentino." *Kilómetro 111* 4 (2003): 87–106.

Bielinsky, Fabián. "El ilusionista del millón." Por Cynthia Sabat. *HolaCine* 12 septiembre 2004 <http://www.holacine.com.ar/interview/interview.asp?interview=2>.

——. Entrevista. *ClubCultura.com* 11 noviembre 2003 <http://www.clubcultura.com/clubcine/nuevereinas/nuevereinas2.htm>.

Birgin, Alejandra y Javier Trímboli, comps. *Imágenes de los noventa*. Buenos Aires: Libros del Zorzal, 2003.

Bolivia. Dir. y guión Adrián Israel Caetano. Intérp. Freddy Waldo Flores, Rosa Sánchez, Enrique Liporace, Oscar Bertea y Héctor Anglada. 2000.

Borges, Jorge Luis. "El fin." *Obras completas: 1923–1972*. Buenos Aires, Emecé: 1974. 519–521.

Botana, Natalio R. (conversaciones con Analía Roffo). *La república vacilante: Entre la furia y la razón*. Buenos Aires: Taurus, 2002.

Buenos Aires viceversa. Dir. y guión Alejandro Agresti. Intérp. Vera Fogwill, Nicolás Pauls, Fernán Mirás, Mirta Busnelli, Nazareno Casero y Carlos Roffé. 1996.

Butler, Judith. *The Psychic Life of Power: Theories in Subjection*. Stanford: Stanford UP, 1997.

Caistor, Nick. "Argentina: 1976–1983." King y Torrents 81–91.

Campanella, Juan José. Entrevista. *NuReel.com* 21 marzo 2002. 15 agosto 2003 <http://www.nureel.com/highlights/campanella.htm>.

——. Entrevista. *USATODAY.com* 18 marzo 2002. 15 agosto 2003 <http://usato-day.com/community/chat/2002-03-18-campanella.htm>.

Ciria, Alberto. *Más allá de la pantalla: Cine argentino, historia y política.* Buenos Aires: Ediciones de la Flor, 1995.

De la Fuente, Flavia. "II Festival de Cine Independiente." *Elamante.com* 8 abril 2000. 27 mayo 2005 <http://www.elamante.com/nota/0/0157.shtml>.

El hijo de la novia. Dir. Juan José Campanella. Guión Juan José Campanella y Fernando Castets. Intérp. Ricardo Darín, Natalia Verbecke, Norma Alcandro, Héctor Alterio y Eduardo Blanco. 2001.

El juego de la silla. Dir. y guión Ana Katz. Intérp. Raquel Bank, Diego de Paula, Ana Katz, Luciana Lifschitz, Verónica Moreno, Nicolás Tacconi. 2002.

Eseverri, Máximo y Ezequiel Luka. Introducción. Peña, *60/90* 11–27.

España, Claudio, comp. *Cine argentino en democracia 1983/1993.* Buenos Aires: Fondo Nacional de las Artes, 1994.

——. "Introducción: Diez años de cine en democracia." España, *Cine argentino* 12–53.

Falicov, Tamara L. *The Cinematic Tango: Contemporary Argentine Film.* London: Wallflower Press, 2007.

Feldman, Hernán. "La f(r)actura de la imagen: crisis y comunidad en el último nuevo cine argentino." Rangil 89–101.

"Filo." Def. 1.4. *Diccionario de la lengua española.* Tomo 1. Vigésimo primera ed. 1994.

FLV. "Figuras englobantes." *Otrocampo.com* 20 junio 2003 <http://www.otro-campo.com/criticas/9reinas.htm>.

Forns-Broggi, Roberto. "El juego de la silla." *Chasqui* 32.2 (2003): 193–194.

Foster, David William. *Contemporary Argentine Cinema.* Columbia: U of Missouri P, 1992.

Foucault, Michel. *Historia de la sexualidad. 1: La voluntad de saber.* Trad. Ulises Guiñazú. México D.F.: Siglo XXI, 1984.

Franco, Jean. *The Decline and Fall of the Lettered City: Latin America in the Cold War.* Cambridge: Harvard UP, 2002.

Freud, Sigmund. "Mourning and Melancholia." *The Standard Edition of the Complete Psychological Works of Sigmund Freud.* Ed. y trad. James Strachey. Vol. XIV. London: The Hogarth Press and the Institute of Psycho-analysis, 1957. 243–258.

García Canclini, Néstor. *Consumidores y ciudadanos: Conflictos culturales de la globalización.* México D.F.: Grijalbo, 1995.

Gorelik, Adrián. "*Mala época*: Los imaginarios de la descomposición social y urbana en Buenos Aires." Birgin y Trímboli 19–46.

Grimson, Alejandro y Gabriel Kessler. *On Argentina and the Southern Cone: Neoliberalism and National Imaginations.* New York: Routledge, 2005.

Gundermann, Christian. *Actos melancólicos: Formas de resistencia en la post-dictadura argentina.* Rosario: Beatriz Viterbo, 2007.

Gunderman [*sic*], Christian. " 'Filmar como la gente': La *imagen-afección* y el resurgimiento del pasado en *Buenos Aires viceversa* (1996) de Alejandro Agresti." Amado y Domínguez, *Lazos* 85–109.

Hall, Stuart. "Culture, Community, Nation." *Cultural Studies* 7 (1993): 349–363.

——. "The Local and the Global: Globalization and Ethnicity." *Culture, Globalization and the World System: Contemporary Conditions for the Representation of Identity.* Ed. Anthony D. King. Binghamton, N.Y.: Department of Art and Art History, State University of New York at Binghamton, 1991. 19–39.

——. "Signification, Representation, Ideology: Althusser and the Post-Structuralist Debates." *Critical Studies in Mass Communication* 2.2 (1985): 91–114.

Halperín Donghi, Tulio. *Proyecto y construcción de una nación (1846–1880).* Buenos Aires: Ariel, 1995.

Hart, Stephen M. *A Companion to Latin American Film.* Woodbridge: Tamesis, 2004.

Herencia. Dir. y guión Paula Hernández. Intérp. Rita Cortese, Adrián Witzke, Martín Adjemián y Héctor Anglada. 2001.

Hernández, José. *Martín Fierro.* Zaragoza: Ebro, 1975.

Hernández, Paula. "Un debut ideal." *Clarín.com* 4 febrero 2003. 11 mayo 2008 <http://www.clarin.com/diario/2003/02/04/c-00403.htm>.

Hortiguera, Hugo y Carolina Rocha. *Argentinean Cultural Production during the Neoliberal Years (1989–2001).* Lewinston: Edwin Mellen Press, 2007.

Jameson, Fredric. "Third-World Literature in the Era of Multinational Capitalism." *Social Text* 15 (Fall 1986): 65–88.

Kairuz, Mariano. "El que se fue a Sevilla." *Página/12.com* 27 julio 2003. 16 febrero 2008 <http://www.pagina12.com.ar/diario/suplementos/radar/9-863-2003-07-27.html>.

Kantaris, Elia Geoffrey. "The Last Snapshots of Modernity: Argentine Cinema after the 'Process.'" *BHS* LXXIII (1986): 219–244.

Kaplan, Betina. *Género y violencia en la narrativa del Cono Sur 1954–2003.* Woodbridge: Tamesis, 2007.

Katz, Ana. Entrevista. *CHC* 7 agosto 2003. 16 febrero 2008 <http://www.como-hacercine.com/articulo.php?id_art=310&id_cat=2>.

King, John. *Magical Reels: A History of Cinema in Latin America.* London: Verso, 2000.

—— y Nissa Torrents, eds. *The Garden of Forking Paths: Argentine Cinema.* London: British Film Institute, 1998.

La ciénaga. Dir. y guión Lucrecia Martel. Intérp. Graciela Borges, Mercedes Morán, Juan Cruz Bordeu, Sofía Bertolotto, Martín Adjemián, Silvia Bayle, Diego Baenas, Leonora Balcarce. 2000.

Laclau, Ernesto. "¿Por qué los significantes vacíos son importantes para la política?" *Emancipación y diferencia.* Buenos Aires: Ariel, 1996.

La familia Falcón. Publicidad. *Mágicas ruinas* <http://www.magicasruinas.com.ar/publicidad/piepubli484.htm>.

Levinson, Brett. *The Ends of Literature: The Latin American "Boom" in the Neoliberal Marketplace.* Stanford: Stanford UP, 2001.

Los simuladores. 2003. 29 diciembre 2003 <http://www.lossimuladores.com.ar/ personajes.asp>.

Ludmer, Josefina. *El género gauchesco: Un tratado sobre la patria*. Buenos Aires: Sudamericana, 1988.

Luka, Ezequiel. "Flavio Nardini y Christian Bernard." Nota. Peña, *60/90* 137–139.

Mala época, Dir. y guión Nicolás Saad, Mariano de Rosa, Salvador Roselli y Rodrigo Moreno. Intérp. Nicolás Leiva, Diego Peretti, Daniel Valenzuela, Pablo Vega y Martín Adjemián. 1998.

Martínez, Adolfo C. "Un acertado debut en el largometraje." *LANACION.com* 7 agosto 2003. 16 febrero 2008 <http://www.lanacion.com.ar/archivo/nota. asp?nota_id=517308>.

———. "Una historia que conmueve con legítimos recursos artísticos." *LANACION. com* 20 junio 2002. 11 mayo 2008 <http://www.lanacion.com.ar/archivo/Nota. asp?nota_id=406685>.

Mayne, Judith. *Cinema and Spectatorship*. London: Routledge, 1993.

Medina, Manuel F. "Orgullosamente (no) argentinos: la estética de la migración y la identidad en el cine argentino contemporáneo." Rangil 103–117.

Moretti, Franco. *Atlas of the European Novel 1800–1900*. London: Verso, 1998.

Mulvey, Laura. "Visual Pleasure and Narrative Cinema." *Narrative, Apparatus, Ideology: A Film Theory Reader*. Ed. Philip Rosen. New York: Columbia UP, 1986. 198–209.

Nardini, Flavio y Christian Bernard. Entrevista. Por Laura Tusi y Diego Vila. Peña, *60/90* 133–136.

Newman, Kathleen. "Cultural Redemocratization: Argentina, 1978–89." *On Edge: The Crisis of Contemporary Latin American Culture*. Eds. George Yudice, Jean Franco y Juan Flores. Minneapolis: U of Minnesota P, 1992. 161–185.

Nueve reinas. Dir. y guión Fabián Bielinsky. Intérp. Ricardo Darín, Gastón Pauls, Leticia Brédice, Tomás Fonzi y Elsa Berenguer. 2000.

Onega, Gladys S. *La inmigración en la literatura argentina (1880–1910)*. Buenos Aires: Centro Editor de América Latina, 1982.

Oubiña, David. "Between Breakup and Tradition: Recent Argentinean Cinema." *Senses of Cinema* 30 diciembre 2003 <http://www.sensesofcinema.com/contents/04/31/recent_argentinean_cinema.html>.

———. "El espectáculo y sus márgenes. Sobre Adrián Caetano y el nuevo cine argentino." *Punto de vista* 76 (2003): 28–34.

———. *Estudio Crítico sobre* La ciénaga. Buenos Aires: Picnic Editorial, 2007.

Peña, Fernando Martín, ed. *60/90 generaciones: Cine argentino independiente*. Buenos Aires: MALBA Colección Constantini, 2003.

———. "¡Qué lindo es tener amigos! Sobre *76 89 03*, *El amante* y la omisión." *Filmonline* 9 noviembre 2003 <http:www.filmonline.com.ar/42/editorial. htm>.

Plata dulce. Dir. Fernando Ayala. Guión Jorge Goldenberg, Héctor Olivera, Oscar Viale. Intérp. Federico Luppi, Julio De Grazia, Gianni Lunadei, Alberto Segado. 1982.

Poggi, Alberto. *Cine argentino en democracia: Una historia no oficial.* Buenos Aires: n.e., 1989.

Potash, Robert A. "The Military under Alfonsín and Menem: The Search for a New Role." *Argentina in the Crisis Years (1983–1990): From Alfonsín to Menem.* Eds. Colin M. Lewis y Nissa Torrents. London: Institute of Latin American Studies, 1993. 53–72.

Quintín [Eduardo Antín]. "De una generación a otra: ¿Hay una línea divisoria?" Bernades, Lerer y Wolf, *El nuevo cine* 111–117.

Rangil, Viviana, ed. *El cine argentino de hoy: Entre el arte y la política.* Buenos Aires: Biblos, 2007.

Ricagno, Alejandro. "Los nuevos realizadores argentinos: El cine en los pliegues o la otra independencia." *Cinémas d'Amérique Latine* 7 (1999): 123–128.

Rocha, Carolina. "Crímen/es irresuelto/s en *Cenizas del Paraíso* de Marcelo Piñeyro (1997)." *Revista de Estudios Hispánicos* 41 (2007): 117–134.

Rose, Jacqueline. *States of Fantasy.* Oxford: Clarendon Press, 1996.

Sábato, Hilda. "¿Democracia en agonía?" *Punto de vista* 72 (2002): 41–48.

Salas, Hugo. "*Buenos Aires viceversa.*" *El amante.com* 12 febrero 2001. 19 octubre 2003 <http://www.elamante.com/nota/1/1483.shtml>.

Sánchez, Hugo Fernando. "Final de juego." *Subjetiva* 16 febrero 2008 <http://www.subjetiva.com.ar/view_article.php?id=1097>.

Santí, Enrico Mario. *Por una poliliteratura: Literatura hispanoamericana e imaginación política.* México D.F.: Ediciones del Equilibrista, 1997.

Sarlo, Beatriz. *Escenas de la vida posmoderna: Intelectuales, arte y videocultura en Argentina.* Buenos Aires: Ariel, 1994.

——. *Tiempo presente: Notas sobre el cambio de una cultura.* Buenos Aires: Siglo XXI, 2001.

——. "Ya nada será igual." *Punto de vista* 70 (2001): 2–11.

Sarmiento, Domingo Faustino. *Facundo.* Buenos Aires: Ediciones Culturales Argentinas, 1962.

Schechner, Richard. *Performance Studies: An Introduction.* New York: Routledge, 2006.

Schettini, Adriana. "Una película argentina que promete." *LANACION.com* 30 agosto 2000. 24 septiembre 2004 <http://buscador.lanacion.com.ar/nota.asp?nota_id=30845&high=bielinsky>.

Schwarzböck, Silvia. "Los muchachos menemistas." *El amante* 98 (2000): 16–17.

Shaw, Deborah, ed. *Contemporary Latin American Cinema: Breaking Into the Global Market.* Lanham: Rowman & Littlefield, 2007.

——. "Playing Hollywood at Its Own Game?: Bielinski's [*sic*] *Nueve reinas.*" Shaw, *Contemporary* 67–85.

Shohat, Ella y Robert Stam. "From the Imperial Family to the Transnational Imaginary: Media Spectatorship in the Age of Globalization." *Global/Local: Cultural Production and the Transnational Imaginary.* Eds. Rob Wilson y Wimal Dissanayake. Durham: Duke UP, 1996. 145–170.

Sidicaro, Ricardo. *La crisis del Estado y los actores políticos y socioeconómicos en la Argentina (1989–2001)*. Buenos Aires: Libros del Rojas (Universidad de Buenos Aires), 2001.

Tirri, Néstor. "Jóvenes realizadores nacionales." *LANACION.com* 31 mayo 2003. 24 junio 2008 <http://www.lanacion.com.ar/Archivo/Nota.asp?nota_id=500037>.

Torrents, Nissa. "Contemporary Argentine Cinema." King y Torrents 93–113.

Triquell, Ximena. "Del cine-testimonio al cine-testamento: El cine político argentino de los 1980 a los 1990." *Changing Reels: Latin American Cinema Against the Odds*. Eds. Rob Rix y Roberto Rodríguez-Saona. Leeds: Trinity and All Saints College, 1997. 59–74.

Vezzetti, Hugo. "Escenas de la crisis." *Punto de vista* 72 (2002): 32–37.

——. "Lecciones de la memoria. A los 25 años de la implantación del terrorismo de estado." *Punto de vista* 70 (2001): 12–18.

——. *Pasado y presente: Guerra, dictadura y sociedad en la Argentina*. Buenos Aires: Siglo XXI, 2002.

Žižek, Slavoj. *El acoso de las fantasías*. Trad. Clea Braunstein Saal. México D.F.: Siglo XXI, 1999.

——. *The Plague of Fantasies*. London: Verso, 1997.

——. *El sublime objeto de la ideología*. Trad. Isabel Vericat Núñez. México D.F.: Siglo XXI, 1992.

——. *The Ticklish Subject: The Absent Centre of Political Ontology*. London: Verso, 2000.

ÍNDICE

Agresti, Alejandro: 2
  Boda secreta: 21
  Buenos Aires viceversa: 2, 3, 7, 9–10,
    21, 23, 24, 25–44, 45, 64, 87, 165,
    167, 168, 169, 170, 171
  como precursor del nuevo cine
    argentino: 7, 9 y n.9
  e imaginario postdictatorial: 21–2
  El acto en cuestión: 21
  El amor es una mujer gorda: 21
  El viento se llevó lo que: 21
  The Lake House: 22 n.5
  Un mundo menos peor: 22 n.5
  Una noche con Sabrina Love: 22 n.5
  Valentín: 22 n.5
Aguilar, Gonzalo: 7 y n.6, 9 y n.9, 11
Ahmad, Aijaz: 13 y n.13
Alberdi, Juan Bautista: 118
alegoría nacional
  en *76 89 03*: 49–50, 51, 62, 63–4
  en *El hijo de la novia*: 68, 95–6, 104,
    107
  en *Nueve reinas*: 68, 86, 87–8, 94
  véase Jameson
Alfano, Graciela: 58
Alfonsín, Raúl: 3, 19, 21, 48
Alonso, Lisandro
  La libertad: 7
Altamirano, Carlos: 118–19
Altamirano, Carlos y Beatriz Sarlo: 119
Althusser, Louis: 47–8 n.7, 59
Amado, Ana: 146–47 n.4, 153
Amado, Ana y Nora Domínguez: 3 n.1
Anderson, Benedict: 170 n.1
años noventa
  contexto histórico: 3–5
  véase también experiencia social de
    pérdida
aparatos ideológicos de Estado: 47–8 y
  n.7

en *76 89 03*: 48, 50–4, 55–6
  véase en *76 89 03 bajo*
    despolitización
  véase en *76 89 03 bajo*
    hipersexualización
  véase también en *76 89 03 bajo*
    comedias picarescas
Argentina
  imagen de: 117, 119, 120, 122, 123,
    169
    en *76 89 03*: 169
    en *Buenos Aires viceversa*: 34–6
    en *El hijo de la novia*: 122–23, 169
    en *Herencia*: 122–23, 132, 133,
      143–44, 169
    en *Nueve reinas*: 122–23, 169
  latinoamericanización de: 120, 121,
    122, 143
  sociedad de emigración: 67, 122, 153,
    154
  véase de narrativas de identidad
    nacional *bajo* desintegración
Avelar, Idelber: 19, 23, 24, 39
Ávila, Benjamín
  Nietos: Identidad y memoria: 23
Ayala, Fernando
  Abierto día y noche: 29 n.3
  El arreglo: 19
  Hotel alojamiento: 29 n.3
  Plata dulce: 85–6

Bad-Object Choices: 159 n.6
Batlle, Diego: 5, 6–7, 9, 76
Baudrillard, Jean: 78 n.3
Beceyro, Raúl: 77
Bechis, Marco
  Garage Olimpo: 21
  Hijos: 23
Berger, John: 157–58

Bernades, Horacio, Diego Lerer y Sergio
   Wolf: 6, 8 y n.7, 9, 10 y n.10, 75, 93
Bernard, Cristian: 45 n.1, 47 n.6, 58 n.13
   Encuentros lejanos: 45 n.1
   La ceguera: 45 n.1
   Skinhitler: 45 n.1
Bernard, Cristian y Flavio Nardini: 45, 58
   76 89 03: 2, 3, 7, 9–10, 13, 14, 15,
      23, 24, 45–64, 165, 166, 167, 169
   Regresados: 45 n.1
Bielinsky, Fabián: 2, 10, 76 n.1, 77, 79
   Nueve reinas: 2, 3, 10, 12–13, 14, 15,
      67, 68, 69, 70, 72, 73, 74, 75,
      76–94, 95, 96, 104, 108, 117, 122,
      123, 144, 154, 165, 166, 167, 168,
      169, 170, 171
Borges, Jorge Luis: 27, 44
   "El fin": 92
Botana, Natalio R.: 69–70, 71 n.2
Buenos Aires Festival Internacional de
   Cine Independiente: 6, 45
Butler, Judith: 47

Caetano, Adrián
   Bolivia: 67–8 n.1
   Crónica de una fuga: 23
Caetano, Adrián y Bruno Stagnaro
   Pizza, birra, faso: 6, 7
Caistor, Nick: 51, 55 n.11
Campanella, Juan José: 1, 2, 10, 95–6, 95
   n.1, 104, 106
   El hijo de la novia: 1, 2, 3, 10, 12–13,
      14, 15, 67, 68, 69, 70, 72, 73, 75,
      94, 95–114, 117, 122, 123, 126,
      134, 144, 154, 165, 166, 167, 168,
      169, 170, 171
   El mismo amor, la misma lluvia: 95
      n.1
   Love Walked In: 95 n.1
   Luna de Avellaneda: 95 n.1
   The Boy Who Cried Bitch: 95 n.1
Carri, Albertina
   Los rubios: 23
Carriego, Evaristo
   "Tu secreto": 155
Cedrón, Lucía
   En ausencia: 23
Ciria, Alberto: 57, 85
ciudadanos como consumidores
   en 76 89 03: 46, 61, 62

clase media como objeto de
   representación: 68–9, 95, 168
comedias picarescas: 57, 58, 59–60
   en 76 89 03: 48, 57, 58–9, 60
compensación/reparación simbólica
   en El hijo de la novia: 104, 109, 110,
      168, 169
      véase también en El hijo de la
         novia bajo restitución
   en Herencia: 143, 144, 169
   en Nueve reinas: 77, 79, 90, 94, 168,
      169
comunidad: 2–3
   alternativa
      en El hijo de la novia: 111, 170,
         171
      en El juego de la silla: 164, 171
      en Herencia: 141–43, 170, 171
      en Nueve reinas: 91–4, 170, 171
   modelo de funcionamiento de la
      comunidad nacional
      en El hijo de la novia: 111, 171
      en Herencia: 141–43, 171
      en Nueve reinas: 93–4, 171
continuidad entre pasado dictatorial y
   presente neoliberal
   en 76 89 03: 45–6, 47–8
   en Buenos Aires viceversa: 25, 31–4,
      33 n.4, 36–7
crisis del 2001: 1, 172
   véase contexto histórico bajo años
      noventa
crisis hiperinflacionaria: 21, 61, 62
   en 76 89 03: 61, 62

De la Rúa, Fernando: 5, 120
desintegración/división
   de la familia o de la comunidad
      en 76 89 03: 61, 165
      en Buenos Aires viceversa: 28, 43,
         165
      en El hijo de la novia: 165
         véase en El hijo de la novia bajo
            alegoría nacional
      en El juego de la silla: 149, 153,
         159, 162, 163, 165
      en Herencia: 129, 165
      en Nueve reinas: 165
         véase en Nueve reinas bajo
            alegoría nacional

de narrativas de identidad
    nacional: 120, 121, 122, 169
deshistorización
    en *El hijo de la novia*: 108, 109, 110,
        111, 112
despolitización
    en *76 89 03*: 54–5, 59
    en *El hijo de la novia*: 109, 110, 111
dictadura militar y desaparecidos
    como condición de posibilidad de la
        globalización neoliberal: 23–4
        en *76 89 03*: 23–4
        en *Buenos Aires viceversa*: 23–4,
            39
    como debate público y objeto de
        representación: 19 y n.2
        desvanecimiento de interés en: 20 y
            n.2, 21
        resurgimiento de interés en: 22–3
Doria, Alejandro
    Darse cuenta: 19
    Esperando la carroza: 101

Eseverri, Máximo y Ezequiel Luka: 7
espacios
    globales
        en *Buenos Aires viceversa*: 38, 41,
            42, 170–71
        en *Herencia*: 136–37, 170
        en *Nueve reinas*: 84–5, 87, 90, 170
    locales
        en *Buenos Aires viceversa*: 41, 42,
            170
        en *El hijo de la novia*: 107, 111,
            170
        en *Herencia*: 136, 141–42, 170
        en *Nueve reinas*: 170
España, Claudio: 20 n.2
estancamiento temporal
    en *El juego de la silla*: 146, 147, 149
experiencia social de pérdida: 11–12
    modelos de interpretación: 2, 14
        en *76 89 03*: 14–15, 166
            véase en *76 89 03 bajo* alegoría
                nacional
        en *Buenos Aires viceversa*: 14–15,
            25–6, 165–66
            véase en *Buenos Aires viceversa
                bajo* continuidad entre
                pasado dictatorial y presente
                neoliberal

en *El hijo de la novia*: 15, 166
    véase en *El hijo de la novia bajo*
        alegoría nacional
en *Nueve reinas*: 15, 79, 94, 166
    véase en *Nueve reinas bajo*
        alegoría nacional

Falicov, Tamara L.: 5, 6, 57
familia como metáfora de la comunidad
    nacional
        en *El hijo de la novia*: 110
        en *El juego de la silla*: 148, 151
        en *Nueve reinas*: 83, 84, 86
fantasía
    en *El hijo de la novia*: 99–100, 114,
        168, 169
    en *El juego de la silla*: 162, 163
    en *Herencia*: 138, 143, 144, 168, 169
    véase fantasía *bajo* Žižek
    véase Rose
Feldman, Hernán: 172
Festival Internacional de Mar de Plata: 6,
    7, 145
Filipelli, Rafael y Emilio Alfaro
    Hay unos tipos abajo: 19
Filo: 80
Fischerman, Alberto
    Los días de junio: 19
FLV: 82, 89
Foucault, Michel: 24, 47, 53, 59
Franco, Jean: 71, 84–5, 86, 90
Freud, Sigmund: 12, 37
    duelo y melancolía: 37

García, Santiago: 46
García Canclini, Néstor: 46 n.3
gaucho/criollo
    imagen/valoración: 119, 120
globalización neoliberal: 11–12, 71–2, 86,
    174
    repliegue frente a: 104, 111, 169
        véase también locales *bajo* espacios
        véase también contexto histórico *bajo*
            años noventa
Gorelik, Adrián: 120, 135, 136, 172
Grimson, Alejandro y Gabriel Kessler: 67,
    117, 119, 121, 122
Gunderman [*sic*], Christian: 33 n.4, 38

Hall, Stuart: 41, 47–8 n.7, 93, 169–70
herencia: 2, 3

de la dictadura militar
  véase continuidad entre pasado
    dictatorial y presente neoliberal
de la inmigración europea
  en *El hijo de la novia*: 123, 133
    véase también reactualización de
      experiencia y figura *bajo*
      inmigración europea
  en *Herencia*: 126, 127, 128, 129,
    139, 142
  en *Nueve reinas*: 86, 123
    véase también reactualización de
      experiencia y figura bajo
      inmigración europea
  como patrimonio del Estado
    en *Nueve reinas*: 87–8
Hernández, José: 142
  La vuelta de Martín Fierro: 83, 107,
    142–43
  Martín Fierro: 105, 106, 107, 142–43
Hernández, Paula: 2, 11, 124 y n.1
  Herencia: 2, 3, 10, 11, 14, 15, 67, 68,
    117, 122, 123, 124–44, 165, 166,
    168, 169, 170, 171
  Kilómetro 22: 124 n.1
  Lluvia: 124 n.1
  Rojo: 124 n.1
hipersexualización
  en *76 89 03*: 53–5, 59

ilusión/narrativa de progreso: 70
  crisis: 70
    en *El hijo de la novia*: 70–1, 100,
      103
    en *El juego de la silla*: 123, 154
    en *Herencia*: 123
    en *Nueve reinas*: 70–1
inmigración del capital transnacional
  en *El hijo de la novia*: 103 y n.4, 104,
    106, 110, 134
  en *Herencia*: 134, 141
inmigración europea/inmigrante europeo
  imagen/valoración: 67, 117–19
  reactualización de experiencia y figura
    en *El hijo de la novia*: 69, 70, 71,
      72, 100, 103, 107, 117, 122, 123
    en *Herencia*: 117, 122, 123, 125–
      26, 131, 132, 133, 134
    en *Nueve reinas*: 69, 70, 71, 72,
      117, 122, 123

inmigración latinoamericana de países
  vecinos: 67, 121–22
invisibilidad
  en *Herencia*: 122–23, 133, 144,
    169
  en *El hijo de la novia*: 122–23, 169
  en *Nueve reinas*: 122–23, 169
interpelación ideológica
  en *76 89 03*: 46
    véase en *76 89 03* bajo aparatos
      ideológicos de Estado
    véase interpelación ideológica *bajo*
      Žižek

Jameson, Fredric: 13 y n.13, 14 y n.14
justicia
  alternativa
    en *El hijo de la novia*: 73, 104–05,
      107
    en *Nueve reinas*: 73, 88–9, 90
  falta de: 73, 74, 75
  y simulación
    véase en *El hijo de la novia* y en
      Nueve reinas bajo simulación

Kairuz, Mariano: 146, 147
Katz, Ana: 2, 11, 145 y n.1, 147, 149,
    151, 154
  El juego de la silla: 2, 3, 10, 11, 14,
    15, 123, 145–64, 165, 167, 168,
    169, 171
  La novia errante: 145 n. 1
  Ojalá corriera viento: 145 n.1
Kirchner, Néstor: 22

Laclau, Ernesto: 161, 162
La familia Falcón: 153, 154, 164
Levinson, Brett: 42, 172
Ley de cine: 5–6
Ley de convertibilidad: 4
leyes de impunidad: 20 y n.3, 22
Ludmer, Josefina: 83–4, 106 y n.5, 107
Luka, Ezequiel: 51–2 n. 9

Mala época
  comparación con *Herencia*: 135–36
Martel, Lucrecia: 7
  La ciénaga: 7, 8, 146, 147, 146–47 n.4
Martínez, Adolfo C.: 153–54
Mayne, Judith: 12, 157

Medina, Manuel F.: 125, 126, 132, 133, 134–35, 136, 141, 142
Meerapfel, Jeanine y Alcides Chiesa
    Amigomío: 21
Menem, Carlos: 4, 23, 26, 62, 63
migraciones internas/migrante
    interno: 119, 120, 121
    en *Herencia*: 130, 131, 132
modos de relación con el pasado
    en *Buenos Aires viceversa*: 34, 36–8
    véase duelo y melancolía *bajo* Freud
Moretti, Franco: 86
Mulvey, Laura: 156, 157
mujer como espectáculo
    en *El juego de la silla*: 156–57, 158

Nardini, Flavio: 45 n.1
    La caída de Tebas: 45 n.1
    Qu'est-ce que c'est?: 45 n.1
    The End: últimos diez minutos: 45 n.1
    Tiempo de descuento: 45 n.1
narrativas de desintegración: 11–12
Neustadt, Bernardo: 40
Newman, Kathleen: 20 n. 2
Noriega, Gustavo: 46 n.4
nuevo cine argentino: 3
    antecedentes: 7
    películas emblemáticas: 7–8
    rasgos-caracterización: 8–9
    surgimiento-factores: 6–7
    y alegoría: 8–9
    y representación de la dictadura militar: 22
nuevo cine argentino independiente
    véase nuevo cine argentino
Nunca más: 19

Olivera, Héctor
    La noche de los lápices: 19
Olmedo, Alberto: 57, 58
Onega, Gladys S.: 118
Oubiña, David: 8, 22, 146–47 n. 4

Pavone Rita: 81, 82, 93, 94
    "Il ballo del mattone": 81, 82, 93, 94
Peña, Fernando Martín: 47 y n.5
performances de progreso
    en *El juego de la silla*: 150, 152, 155, 156
perpetuación de la violencia dictatorial
    en *76 89 03*: 63–4

en *Buenos Aires viceversa*: 31–2, 37–8
Piñeyro, Marcelo
    Caballos salvajes: 73–4
    Cenizas del paraíso: 73–4
    Kamchatka: 23
Poggi, Alberto: 19
Porcel, Jorge: 57, 58
postdictadura: 19
    cine: 19
Potash, Robert A.: 20 n.3
Puenzo, Luis
    La historia oficial: 19

Quintín: 9, 22, 95

reactivación de la industria cinematográfica argentina: 5
reconstitución comunitaria
    en *Buenos Aires viceversa*: 39–40, 42–3, 166, 169, 170
    véase también en *Buenos Aires viceversa bajo* locales *bajo* espacios
    en *El hijo de la novia*: 111, 112, 113, 166, 169, 170
    en *El juego de la silla*: 164, 167
    en *Herencia*: 141–43, 167, 169, 170
    en *Nueve reinas*: 91–4, 166, 169, 170
regreso al pasado
    en *El hijo de la novia*: 108, 109, 170–71
    véase en *El hijo de la novia bajo* deshistorización
    en *Herencia*: 126, 127, 137, 140, 143, 170–71
    en *Nueve reinas*: 170–71
Rejtman, Martín
    Silvia Prieto: 7
restaurante como representación metafórica de la nación
    en *El hijo de la novia*: 95, 126
    véase en *El hijo de la novia bajo* alegoría nacional
    en *Herencia*: 126, 128, 136, 142–43, 166–67
restitución
    en *El hijo de la novia*: 111, 112, 113, 114
    véase Santí
Ricagno, Alejandro: 8
rituales

en *El juego de la silla*: 147, 152, 153,
    159, 160
véase Schechner
Rocca, Jorge
    Patrón: 45 n.1
Rocha, Carolina: 74
Roqué, María Inés
    Papá Iván: 22–3
Rose, Jacqueline: 12, 13

Sábato, Hilda: 4
Salas, Hugo: 43, 44
Sánchez, Hugo Fernando: 146
Sarlo, Beatriz: 26, 38, 39, 41, 61, 62, 121
Sarmiento, Domingo Faustino: 114, 118,
    132 y n.6
    Facundo: 114, 118, 132 y n.6
Schechner, Richard: 147
Schwarzböck, Silvia: 46, 47
Shaw, Deborah: 77
Shohat, Ella y Robert Stam: 12
Sidicaro, Ricardo: 21, 23, 24, 61, 62
significante vacío
    en *El juego de la silla*: 161, 162
    véase Laclau
simulación
    en *El hijo de la novia*: 75, 96, 104–07,
        114
    en *Nueve reinas*: 75, 78, 79, 93, 94
    véase Baudrillard
Sofovich, Hugo
    A los cirujanos se les va la mano: 57,
        59–60
Solanas Fernando
    El exilio de Gardel: 19
    Sur: 19

Solomonoff, Julia
    Hermanas: 23
Spinetta, Luis Alberto: 28, 29
    "Poseído del alba": 28
Stantic, Lita
    Un muro de silencio: 21
Subiela, Eliseo: 95
    Hombre mirando al sudeste: 19
sujeción
    en *76 89 03*
        véase en *76 89 03 bajo* aparatos
            ideológicos de Estado
        véase y comedias picarescas *bajo*
            transgresiones compensatorias
    véase Butler
Szifrón, Damian
    Los simuladores: 74–5

Thayer, Willy: 23
Tinayre, Daniel
    La cigarra no es un bicho: 29 n.3
Tirri, Néstor: 146
Torrents, Nissa: 20, 57–8
transgresiones compensatorias
    y comedias picarescas: 59–60
Trapero, Pablo
    Mundo grúa: 7, 145 n.1

Vezzetti, Hugo: 4

Žižek, Slavoj: 46, 60, 98, 99, 114, 143
    fantasía: 99, 114, 143
    interpelación ideológica: 46